洪夢鮮 易術人生 40年

易 占 實 話

[上]

東洋書籍

머리글

21세기의 문턱에 선 오늘날 우리나라는 물론 이웃 일본을 비롯한 선진 구미 각국에서도 周易(易經)을 인생의 보배로운 경전으로서 활용하는 사람이 늘어가고 있습니다. 易에는 인지를 초월한 신비로운 진리가 담겨져 있음을 많은 사람들이 알게 된 때문인 것입니다.

易은 고대 동방 황하유역에서 발상한 상수문화의 정수로서 여러세대에 걸쳐 초일류급 두뇌들에 의해 완성되어진 동양정신문명의 정화입니다.

易의 내용은 아주 간단한 원리에서 출발 —— 陰·陽, 4象, 8卦, 64卦, 384爻 속에 대자연 삼라만상의 우주법칙을 총망라한 것으로써 사회·정치·경제·종교 등의 진화의 법칙을 총괄하는 것입니다. 특히 卜筮 즉 미래예지를 구하는 易占은 '우연 중에 상징된 뜻'에서 과거·현재·미래의 모두를 알아내고 이해하려는 「哲理의 書」이며, 인생처세술이 담겨져 있습니다.

易占은 인간의 운명에 관한 우연의 요소불확정적인 요소를 개개인에게 적용했을 때 그 높은 적중율에는 누구나 놀라움을 금치 못할 것입니다. 이러한 흥미롭고도 신비스러운 역점의 세계로 그 편린이나마 동호인 제현들에게 제시하고자 엮은 것이 본서입니다.

지난 40년간 역술 현역에 종사하면서 실지로 占斷한 實占例 중에서 그동안 회보 「易理」, 계간 「人間時代」, 월간 「易學誌」 상에 발표했던 것을 한데 묶어서 펴낸 것입니다. 본서가 역점동호인 제현에게 실점시 길잡이로서 조금이나마 도움이 된다면 더할나위 없는 보람으로 알며 감사드리는 바입니다.

갑술년 초여름

서울·정릉 청수천변 산방에서 홍 몽 신 아룀

주소 : 서울시 성북구 정릉3동 산 1번지
清水易理院
전화 914-4188

| 명 역술인 탐방기 |

淸水山房 洪夢鮮 論

― 고치지 못할 운명이 왜 없겠는가―

　　지금의 자리에서 31년째 역점과 사주를 보아온 홍몽선(洪夢鮮) 선생. 이제 예순 둘이 된 그가 역술을 업으로 시작한 것은 41년째. 신장 165센치의 단신에 시력은 3미터 전방을 보기 힘들 정도로 나쁜 그는 단지 사주 여덟 글자로 사람의 운명을 감정하고 역점으로 사람의 미래를 예시하는데 그 적중률이 높은 것으로도 유명하다.

　청수학인(淸水學人)
　　아직도 맑은 정릉천 주변에 명리(命理)와 역점(易占)에 달통한 한 명인이 30여년이 넘도록 명역술을 펼치고 있다는 말은 진작부터 들어왔으나 정작 그와 만난 것은 93년도 입춘 하루 전날인 2월 3일 오후 3시 반 경이었다.
　　버스 정류장으로부터 물어물어 한 구비를 돌아 골목길을 빠져나가 정릉청수천을 가로지른 작은 다리를 건너서 그가 살고 있다는 오두막산방을 발견했을 때 기자가 느낀 것은 실망스러운 마음 뿐이었다.
　　고만고만한 세 채의 집중에서 가운데 차지. 비라도 많이 오면 금방 쓸려가 버릴 것만 같은 그집이 바로 그의 집임을 확인시켜 주는 것은 나무로 만든 작은 문패 '홍몽선'이었다.
　　활짝 열린 낮은 나무판자 문안 댓돌 위에는 신발 두 켤레가 나란했다. 다행한 일은 아직도 정릉청수천은 고요하고 맑았다는 것이며 정릉청수천의 정기를 모으듯 거북 모양을 한 암반의 머리가 바로 그의 집을 가리키고 있다는 점이었다.

말없이 방 한구석에 앉아 그의 얼굴을 살펴보았다. 환갑이 지난 나이를 감안하더라도 맑아보이기만한 얼굴이었다. 첫인상에 그는 따뜻한 마음씨를 가진 사람처럼 생각되었다. 신발의 주인들이 모두 돌아가고 기자의 차례가 되었을 때 그제서야 그는 안경 너머로 물끄러미 기자를 쳐다보았다.

미래 예지에 놀라운 적중률 - 역점(易占)

"귀한 손님이 오셨으니 좋은 얘기들이 나와야겠는데…"

그가 운을 떼었다.

역술학에는 관상 사주 단역 육임 기문둔갑등 여러 분야가 있는데 홍몽선(洪夢鮮)선생의 장기는 사주말고도 역점(易占)이라는 것. 쉽게 말해서 주역(周易)을 이용해서 점을 치는 것이다.

서둘러 역점에 대해서 물어보았다.

"일제때 다카시마(高島呑象)라는 사람이 있었어요. '고도역단(高島易斷)'이라는 것을 만들어 점술로 유명한 인물인데 그는 이등박문이 중국대륙 시찰길에 나섰을때 미리 출행점괘를 내어 두었다가 이등방문이 출국인사차 들렸을때 그것을 주었다. 득괘는 간위산(艮爲山~重山艮)의 3효동이였다. 산넘어 산이요 위험하다는 것으로 간(艮)은 멈추라는 뜻이니 원행을 중지하지 않으면 위태로운 지경에 이른다는 것이었다. 또 그를 사살한 대한의 안의사 이름자 중근(重根)을 미리서 부터 예시 했던 것으로 볼 수 있는 것이었지. 역점은 이런 것이오."

역술학에서 점을 보는 방법은 여러가지여서 초씨역림(焦氏易林)으로 괘를 뽑기도 하고, 기문둔갑을 보기도 하고 대육임이라는 것도 있다. 지금 전해오지는 않지만 태을점이라는 것도 있었다.

역점은 주역에서 나온 것으로 64괘 384효 중 한 괘를 뽑아 미래를 예측하는 것이다. 아울러 이 작괘에는 정신통일과 같은 지주정성이 필요하다.

그렇다면 과연 그런 정성을 들여서 낸 괘가 실제로 맞느냐 하는 것은 독자의 입장에서도 최고의 궁금사가 아닐 수 없는데… 그는 '경험적으로 적중률 시험을 하면 최하 80% 이상 100%가 맞아 떨어졌다.'고 단정한다.

지난 대선결과를 미리 예측했었다는 술객들도 많지만, 홍몽선 선생은 지난해 12월에 역점을 통해 이미 대선후보의 당락은 물론 득표율도 미리 예측한바 있었다. 그 내용을 잠깐 소개하면 이렇다.

−1번 후보의 괘상은 본, 지괘가 모두 좋아 기운이 통하며, 결과는 잉어가 폭로를 거슬러 올라가 용문에 오름을 암시하고 있다.

2번 후보의 괘상은 처음에 높은 산에 나무를 심어 사다리를 오르는 듯 일보 발전하지만 결과는 짙은 구름이 해를 가리고 있는 상태.

3번 후보는 새가 깃들 둥지집이 불타는 형세. 새가 너무 높이 날아 날 저문 후 제집을 찾지 못해 우는 소리를 내고, 아래는 순종하나 위의 뜻을 거슬리는 기상이 된다는 괘상이 나왔다.

다음에는 괘와 함께 오행수리로 고찰해 각 후보의 최소에서 최대득표율은 각각 35~45%, 25~34%, 16~24%로 나타났다. 실제 결과와 비교하더라도 높은 정중률을 보이고 있다.

같은 목적으로 두번 점칠 수 없다

그와 실제의 사안을 놓고 주역점을 치기로 했다.

우선 손을 씻고 향을 사른 후 목표와 부합되도록 '좋은 결과를 내달라'는 축원을 하고 마음을 비워야 한다.

주역점을 치는 데는 '산목'라고 부르는 괘막대 여섯 개와 '서죽'이라는 쉰 개 가느다란 대나무가 필요하다. 자세한 방법은 생략하겠으나 독자들의 이해를 돕기 위해 잠시 설명하면,

마음을 가라앉히고 점을 치고자 하는 사안을 깊게 생각한 후 50개의 산가지에서 한 개를 내려놓는다. 한 개의 산가지는 '태극'이라는 의미를 갖고 있다. 나머지 49개를 부채꼴로 펴서 마음 속으로 절반이 되도록 가른 다음 오른 손의 것은 다시 책상 위에 내려놓고 거기에서 한개를 뽑아 왼손새끼 손가락사이에 끼운다. 왼손에 쥐고 있는 산가지를 8개씩 제해가면 1에서 8까지의 수가 남는다. 남은 산가지의 수로 내괘(허괘)를 삼는다.

1건천, 2태퇴, 3이화, 4진뢰, 5손풍, 6감수, 7간산, 8곤지.

이상의 과정을 다시 반복해서 나온 수로 외괘(상괘)를 삼는다(이것으로 6획괘인 대성괘가 이루어진다). 다음에는 동효를 얻기 위하여 다시 같은 과정을 되풀이 하는데 이번에는 6개씩 제해가서 1에서 6까지의 수를 얻는다. 1이 남으면 맨아래 효인 초효동이고, 2는 아래서 두번째, 3은 세번째, 4는 네번째, 5는 다섯번째 6은 맨위의 상효동이다. 이처럼 세번의 과정으로 득괘(得卦)하는 것을 3변서(三變筮)라고 한다.

실제 득괘는 '산뢰이(山雷頤)'괘였다.
'지금은 장래의 성장을 위하여 준비하고 있는 과정이니 당장 이루어지기를 바라지 말라'는 것이 괘의 내용.
"역점은 커다란 분야에서 아주 작은 분야로 가는 것이오. 알고자 하는 문제의 범위를 가능한 압축시켜야 하고 점을 치는 사람의 자세와 정신적 준비가 중요한 것이지. 또 같은 이유로 두 번 쳐서도 안되고 부정한 일에 사용해서는 안되는 것이니…"
이 대목에서 독자들은 한가지 의문이 생길 것이다. '그 점이라는 것이 어떻게 맞을 수 있느냐'고. '괘라는 것도 이현령비현령 격으로 갖다 붙이면 다 비슷하게 보이는 것이 아니냐'고….
이름 밝히기를 거부한 역술전문가 송모씨의 말.
"맞기는 맞거든요. 그런데 그 이유를 과학적으로 설명할 수 없는 어려움이 있어요. '점기(占機)'라고 해서 점을 치는 사람과 점을 치러온 사람 그리고 타이밍이 맞아 떨어지면 점을 칠 수 있는 기회가 사람에게 부여되는 것이지요. 곧 시간과 공간과 영적인 능력이 한 순간에 결합하게 되는 것인데 그 신성한 의식이 괘로 나타나는 것입니다."
그는 '과학적으로 본다면 설명이 어렵지만 있는 것을 없다고 말할 수 없는 것이 현실'이라는 말을 보탰다. 현대물리학에서도 과학적으로 설명할 수 없지만 현상으로 나타나는 문제에 대해 추정적(stochastic)이거나 확률론적(probabitistic)인 것을 연구하고 있다.
역점이 맞는 이유를 현대의 과학으로는 도저히 설명할 수 없다. 단지 그것이 역술의 신비이고 오묘함인 것이라는 것만 알면 되는 것이다.
'占'이라는 한자는 '丨'와 '一'과 'ㅁ'이라는 세가지가 결합된 글자다. 여기에서 '丨'는 연속되는 시간을 나타내고 '一'는 시간선상에서 취해진 어느 한 순간을 나타내므로 이 두개가 결합하면 '卜'으로 점칠 복자가 된다. 이것에 상황을 인식하고 결정을 내리는 의미의 'ㅁ'자가 결합되어 '占'이라는 글자가 이루어졌다.
"점"의 한자를 풀이해보면 '연속되는 시간선상의 삶 속에서 취해진 한 순간이 나의 물음에 해답을 주는 시간으로, 그때 나타나는 상황을 인식하여 길흉 또는 가부를 결정한다'는 뜻이 된다.
그러므로 점을 친다는 것은 점을 칠 안(案)과 사람 그리고 시간이라는

3자의 우연성이 성립됨으로써 결단을 얻게 되는 것을 말한다.

사람이 생각하고 판단하는 데에는 한계가 있다. 아무리 경험과 지식을 동원한다 하더라도 미래의 일을 정확히 예측한다는 것은 신이 아닌 이상 힘들다. 사람에게 다가오는 미래의 시간은 엄청난 변수를 가지고 있기 때문에 일년 후나 한달 후의 일은 고사하고 엄밀한 의미에서 내일 아니 바로 한 시간 후에 일어날 일도 정확히 예측하기는 어렵다.

불안한 미래에 나타날 일을 사람이 알 수 있는 방법은 '시간 속의 변수를 파악해내고 예측하여 대비하는 일'이다. 여기에서 '점'이 비롯되었다.

율곡 이이나 퇴계 이황 그리고 성웅 이순신과 같은 선현들도 국가를 위하고 국운(國運)을 알기 위해서 점을 쳤다는 사실은 이미 알려져 있다. 사람들이 피상적으로 알고 있는 '점'이라는 것이 단지 심심파적, 흥미의 차원에서 벗어나 한 나라와 그 구성원들에게 도움을 주었다는 사실을 입증하는 일이다.

'역(易)은 군자를 위하여 도모해 주고 소인을 위해서는 도모해주지 않는다'는 역학의 격언이 있듯이 도덕적인 판단을 위해서는 역이 충실히 이용될 수 있지만 사사로운 일에 역을 사용할 때에는 아무런 힘을 발휘하지 않는다는 의미를 실감나게 해주는 대목이다.

이른바 국운이라는 것에 대해서 홍몽선씨는 이렇게 말하고 있다.

"원래 중국과 우리나라에서 많이 보았던 것이 국운 괘(卦)지요. 최근에 와서는 일본에서도 유행하고 있다고 하는데 그렇다고 덮어놓고 뽑을 수 없는 것이 바로 국운입니다. 국운은 원래 동지(冬至) 때에 보았고 실점가(實占家)의 몸과 마음을 깨끗이 해야 바른 괘가 나오는 것이지요."

16세부터 한학과 역술공부

그는 오늘날까지 어떤 길을 걸어 이곳 정릉까지 오게 되었을까.

부조의 고향은 평남 대동군, 출생지는 평북 초산읍. 임신생(壬申生). 조부(洪鍾協)는 조선조 사간원의 '정언(正言)'이라는 벼슬을 했고 부친(洪淳鳳)은 후에 경찰고위간부를 지낸 뼈대있는 집안의 3남 2녀중 막내로 출생.

부친을 뒤따라 만주로 이주, 용정에서 홍중학교와 동흥중학을 다녔다. 해방을 맞고 나서는 자그마한 체구에 동안(童顔)의 얼굴을 한 그의 재능을 높이 산 연출가 김진수씨에게 픽업되어 어린 나이로 연변, 용정, 연길 등지로 다니며 연극배우로 활약했다.

한때는 중국인민해방군 공작대 연예반에서 활약한 적도 있어 지금 생각하면 이적행위를 한 셈. 어머니와 단둘이 떨어져 있던 그에게, 뒤늦게 평양의 둘째 형님이 내려오라는 전갈을 해와 어머니와 국경을 넘을 계획을 짰다.

"어머니는 '칠성신앙'을 믿었거든, 가방속에는 7.7척 포목에 '북두대성칠원성군(北斗大聖七元星君)'이라는 글을 쓰고 일곱개의 도장을 찍은 일종의 부적을 넣었지. 국경선까지 가보니까 중공군의 약탈이 심해요. 국경을 넘으려는 한국사람들은 돈이 될만한 물건들을 모조리 빼앗겼으니까, 그런데 우리 가방을 열어본 중공군은 커다란 면포에 씌어진 부적을 보고 놀라 '콰이조우(快走)'라고 소리치더군. 빨리 가라는 소리야."

공민증도 없이 북한에 들어온 이들 모자는 평양 근교인 본향에 정착했고 홍몽선 소년은 고등학교 2학년에 편입할 수 있었는데 '지주출신의 월남반동'이라고 들볶는 공산당의 횡포를 피해 그의 형은 결국 처가가 있는 철원으로 야밤도주를 했다.

다시 모자만 남게 되었고, 시간이 갈수록 먹고 살 걱정이 태산같았다. 16세 되던 해인 48년.

역술의 스승이라고 할 수 있는 집안 어른 홍진사(洪淳慜)와의 만남은 지금 생각해도 운명처럼 여겨지는 일이다. 홍진사는 그를 특히 귀여워하면서 식량을 대주며 한학을 가르쳤다.

"그 집엔 책들이 산더미처럼 많았어요, 책을 좋아하니까 허구한날 책보는 것이 일이었어. 그중에 '매화역수'라는 책이 있었는데 일종의 점술서였어. 그때부터 역술서, 점술서를 통달했지. 사주도 그때 처음 배운거여."

밤늦게까지 책을 읽어 시력이 나빠지기 시작했고 그는 지금도 상당한 근시. 6.25가 발발하자 내무성 직원들은 청소년 사냥에 나섰다. 청년들은 그들을 피해 달아났는데 함께 달아나던 그는 그 와중에 점을 쳤다. 점괘는 '지산겸지상효'. 가만히 있으라는 점괘였다. 결국 먼저 달아나던 청년들은 폭격을 맞아 몰사하고 내무성 직원들도 돌아가 버렸다. 이 사건은 그가 지금까지 점괘를 중시하게 된 동기였다.

그러다가 50년 10월, 국군이 평양에 입성할 대쯤 웬 찦차가 그의 집에

왔다. 번쩍이는 헌병찦차에서 내려선 그 사람은 국군 제2군단 헌병 대장인 그의 부친이었다. 실로 10년만의 극적인 부자상봉이었다.

이순자씨 통해 전대통령의 사주 보기도

월남해서 경찰에 투신하기도 했던 그는 다시 역학대강좌, 역학통변 등의 책을 읽고 역경, 심리학, 심령술 등에 심취, 결국 부산에서 성명, 역점, 사주, 궁합을 봐주기 시작했다. 자신이 좋아서 시작한 일이었고 지금도 그 시작에 대한 후회는 없다.

그러다가 아이를 잃어버린 여인이 찾아와 '교상왕래지상'이라는 괘를 내게 되고 결국 그의 말대로 아이를 찾아 젊은 역술인으로 명성을 날리기 시작했다.

그후 대구 신암동에서 역술업을 하다가 5. 16 이후 국토건설대를 제대후 62년도에 부형이 살고 있는 서울로 올라와 금호동 신당동을 거쳐 지난 65년부터 지금까지 줄곧 정릉에서 역점과 사주를 보아왔다. 이제 예순 둘인 그가 역술을 업으로 시작한 것은 41년째, 정릉에 자리 잡은 것은 31년째.

"그래도 후회는 없어요. 많은 사람들을 만날 수 있다는 것이 이 직업의 좋은 점이라면 좋은 점이랄 수 있지. 군왕에서 밑바닥 인생에 이르기까지 남녀노소 불구하고 만나 얘기할 수 있으니 얼마나 좋은가. 따라서 사회 각계인사들과도 친교를 가질 수도 있고…."

지난 80년에는 한 중년부인이 찾아와 사주를 내놓고 감정을 의뢰해 온 적이 있었다. 여러 곳을 다녀온 것 같았는데 사주도 상당히 쎄고 '지풍승괘'라는 것이 나와 거듭거듭 승진할 괘였다.

그가 '반드시 승진할 것'이라고 말하니 그 부인은 '이미 승진을 했다'고 답하는 것이었다. 그는 '많은 사람이 우러러 보는 군왕의 격인데 다소 생사의 고비가 있을 수 있다'는 사주의 해석을 해주고 '이 괘는 반드시 승진을 할 괘니 기다려라'라고만 말해주었다.

그 부인은 전두환 당시 국보위 상임위원장의 부인 이순자씨였다. 당시에는 이순자씨의 얼굴이 잘 알려져 있지 않아 그도 알아보지 못했는데 가만 생각하니 군왕이 될만한 사주의 사람이 거듭 승진하다니 이는 곧 전두환씨가 대통령이 될 것이라는 암시였다.

숱한 사람들의 운명을 판단하고 미래를 예견해온 그이지만 여지껏 그는 재물과의 인연이 멀다고 했다.
"나는 사주에도 '재다신약'으로 나와 있어서 돈하고는 거리가 멀지. 그대신 재물에 탐을 내지 않으면 수명은 길게 되어 있어."
여기까지 말을 마치고 고개를 조금 숙인채 그는 "껄껄껄 웃었다. 그의 모습은 천진난만한 소년과도 같았다. 당대의 명인이라는 역술가가 그렇게 순진무구한 마음을 갖고 있다는 것도 기자에게는 의문이었다.
소찬으로 그와 늦은 저녁을 들었다. 잠시 쉬어갈 틈을 찾아 기자의 사주를 조심스럽게 내놓았다. 그런데 그는 사주를 보는 것이 아니라 그림을 그리기 시작했다.
"고요한 호수에 태양과 나무와 숲이 비친다. 옆에는 조용한 탑도 있고 언덕도 있어 가지가지를 다 갖고 있는 풍경화로군. 조상의 음덕으로 많은 사람들의 마음을 흔드는데…."
그는 계속해서 대운을 풀어갔고, '성명의 신비'라는 책을 펴서 큰 이름을 얻었던 일본인 '구마자키 갱요'라는 기자출신 역학대가를 예로 들어가며 후회없는 인생을 사는 방법에 대해서도 언급하기 시작했다. 화제는 자연스럽게 숙명과 운명 그리고 이를 대하는 사람의 자세로 옮겨갔다.
"사람의 운명이라는 것은 미리 걱정해봐야 필요없는 것이오. 사람이 숙명에 매달려 있을 것만은 아니지. 어길 수 없는 것이 숙명이긴 하지만 어느 정도 개척할 여지가 있는 것이 운명이거든. 좋건 나쁘건 팔자탓만 하고 있는 사람보다는 자신의 운명을 개척할 의지를 가진 사람이 되어야 하는 것이오."
수십년 동안 수많은 사람들의 사주와 역점을 보아온 그가 중요시하는 것도 역시 개인의 의지와 선행(善行)이었다. '예외적으로 사주에는 나와 있지 않은데 한 사람의 운세가 급속히 나빠지는가 하면 사주에 나와 있는 어려움을 능히 피해가는 사람들을 볼 때마다 조상의 음덕(陰德)과 사람의 의지를 생각하지 않을 수 없다'는 것이다.
굳이 중국의 원효범이라는 사람이 쓴 '음덕록'을 들쳐보지 않더라도 선인(善因)이 선과(善果)를 맺는다는 평범하지만 무서운 진리를 피할 수 없음을 염두에 두라는 말이다.

'운명을 잘라 말할 수 있는가'

그는 한때 수상학, 자미두수에도 심취했었으나 지금은 보지 않았고 명리학 또는 명학이라는 사주의 이론에 있어서도 그는 정통한 것으로 알려져 있으며 10여년 동안 학회 주최 강좌에서 주역과 역점을 강의하기도 했다.

그를 찾아오는 이른바 '단골'은 무려 수천여명. 자주 찾아오는 것은 고마운 일이나 그는 '자신을 너무 맹신하는 것도 좋지 않다'고 생각한다.

한번은 한 중소업체의 사장이 그를 찾아왔는데 괘를 뽑아보니 이화(離火)가 되는 내용이었다. 두 번 불이 날 괘라 조심하라고 일렀는데 그의 대답은 '이미 불이 났다는 것'. 해서 다시 불이 날지도 모르니 조심하라고 했는데 결국에 가서 보니까 그가 구설수에 올라 있었다. 혀(舌)도 같은 불이었던 것.

괘의 해석도 중요한 것이지만 명인이라고 해도 실수가 있을 수도 있는 것이다. 그는 '의사도 실수를 할 수 있고 법관도 실수가 있을 수 있는데 유독 역점이나 사주판별의 실수를 문제 삼는 것이야말로 문제'라고 지적한다.

"나이가 드니까 말이요. 그 사람의 운명을 딱 끊어서 말해줄 수 없더군. 이제는 너무 많은 것을 겪어봐서 그런지 몰라도 본인이 여러가지로 생각할 수 있는 여지를 주게 돼. 나쁜 것을 말해주면 그것이 본인에게 나쁜 암시를 주게 되서 그대로 되는 경우도 있거든. 그러면 그것이 적덕(積德)도 못돼고 적악(積惡)이 되지 않느냐 말이지."

그가 다시 한번 웃었다.

그는 '권할 것은 못되지만, 앞으로 젊고 유능한 젊은이들이 이 학문을 발전시켜 줄 것을 기대하고 있다.'고 한다. 그는 자신에게 명리와 역점을 배우는 후학 그리고 성남에서 상당한 바람을 일으키고 있는 신예 명리학자 유래웅씨 등에게 많은 기대를 걸고 있었다.

신장 165센치 단신의 그는 지난 80년 '만월병'에 걸려 고생을 한 적도 있지만 단식을 통해 건강을 회복했다. 지금도 왼쪽 다리가 불편하고 시력은 3미터 전방을 보기 힘들 정도로 나쁘다. 나쁜 시력 때문에 관상을 볼 수도 없으며 그는 단지 사주 여덟 글자로 사람의 운명을 감정하고 역점으로 사람의 미래를 예시한다.

청수학인이라 불리는 홍몽선씨와 인터뷰를 마쳐갈 때 그의 작은 오두막은 단지 어둠과 정적에 묻혀 있을 뿐 지나다니는 사람 하나 눈에 띄지 않았다. 불편한 다리를 이끌고 그가 문밖까지 배웅을 나왔다. '살펴가시오.' 정릉의 정기가 한군데로 몰려가듯 신비스럽게만 보이는 거북돌을 다시 한번 쳐다보고 그와 헤어졌다.

정릉청수천 물줄기는 제 갈길만 재촉할 뿐, 숱한 질문들을 함께 머금고 말없이 흐르고만 있었다. 역점과 사주로 대변되는 역학과 명리의 신비는 여전히 묻어둔 채로 그냥 그렇게….

글 : 김성률

易 占 實 話
[上]

차 례

◉ 머리글   홍몽선
◉ 탐방기 정릉 청수산방 홍몽선(洪夢鮮)론   글·김성률

역경(易經) 　상경(上經) 　실점예화(實占例話)

1. 重天乾 〈求官進職占〉
   하늘 건　벼슬을 구하는 젊은이 ……………… 26
2. 重地坤 〈迷兒失踪占〉
   땅 곤　길잃은 소년을 찾아줌 ………………… 32
3. 水雷屯 〈再娶後嗣占〉
   어려울 준　외숙의 재혼과 득남기 …………… 40
4. 山水蒙 〈學校選擇占〉
   어릴 몽　입학가능 사립교 선택 ……………… 48
5. 水天需 〈年運身數占〉
   기다릴 수　이산가족 노부부 상봉 …………… 51
6. 天水訟 〈難事解決策〉
   송사 송　소청을 들어준 아버지 ……………… 53
7. 地水師 〈所望達成占〉
   군사 사　거듭승진 대권등극(외) ……………… 58
8. 水地比 〈處世對應策〉
   견줄 비　관직진퇴 최상방안? ………………… 63
9. 風天小畜 〈身病安危占〉
   작게 머물 소축　노부인 하혈과 완쾌거 ……… 66

10.	天澤履 밟을 리	〈大人進學占〉 부친 뒤를 이어 밟아감	69
11.	地天泰 클 태	〈痼疾夫病占〉 땅 밑에 누워 있는 남편	71
12.	天地否 비색할 비	〈抱負大志占〉 비운시절의 청운의 꿈	77
13.	天火同人 동아리 동인	〈創業前途占〉 대한종합식품 창업기	84
14.	火天大有 부유할 대유	〈慈母問女占〉 미녀 탤런트의 재기(외)	91
15.	地山謙 겸손할 겸	〈大選豫斷占〉 박후보 대선전 승리(외)	96
16.	雷地豫 먼저 예	〈前途運勢占〉 민.전주불대사 발령	100
17.	澤雷隨 따를 수	〈名占師逸話〉 가출소녀 동반자살(외)	106
18.	山風蠱 고혹할 고	〈難處打開策〉 곤혹! 유부녀와 세 사내	112
19.	地澤臨 임할 림	〈夫君入閣占〉 권총장 입각 임박 예단	116
20.	風地觀 볼 관	〈無筮來情占〉 유아급환 병증과 회생	120
21.	火雷噬嗑 씹고깨물서합	〈電話問卜占〉 중국대륙 입국시일단	126
22.	山火賁 꾸밀 비	〈年筮及病占〉 어머니와 아내의 중환	133
23.	山地剝 깎을 박	〈難事解決策〉 미인계에 넘어간 남편	139

24.	䷗ 地雷復 다시 복	〈紛失物問占〉 잃었던 보석반지 찾음(외) ············· 146
25.	䷘ 天雷无妄 거짓 없을 무망	〈難事對處策〉 신방초야 탈출신부! ··············· 151
26.	䷙ 山天大畜 크게 기를 대축	〈發福地名斷〉 끝자가 기구한 여이발사 ············ 158
27.	䷚ 山雷頤 턱 이	〈身數運勢占〉 우씨부인과 주씨부인 ··············· 162
28.	䷛ 澤風大過 크게 지날 대과	〈家運挽回策〉 방생공덕으로 가운만회 ············ 165
29.	䷜ 重水坎 구덩이 감	〈年筮不吉斷〉 장군예편 영오예단(외) ············ 170
30.	䷝ 重火離 떠날 리	〈各爻占斷例〉 건각 황영조 오륜제패(외) ········· 175

역경(易經) 하경(下經) 실점예화(實占例話)

31.	䷞ 澤山咸 다 함	〈婚姻問卜占〉 여약사의 만혼기(외) ············· 190
32.	䷟ 雷風恒 항상 항	〈慈親問女占〉 노처녀의 탈선을 간파 ············· 199
33.	䷠ 天山遯 달아날 돈	〈名占師逸話〉 명점사와 지식인(외) ············· 207
34.	䷡ 雷天大壯 장대할 대장	〈所望遠成占〉 귀성·귀향에 얽힌 얘기 ············ 214

역경 상경 실점

① 〈求官進職占〉

벼슬을 구하는 젊은이

重天乾 하늘건

官途志望의 꿈은 霧散되나 轉禍爲福 됨을 豫斷한 占例

1960년 초봄, 당시 대구시 신암동 등성이.
「감밭」이라 불리던 달동네 기와삼칸 흙벽돌 집을 영덕으로 부임하는 김목사한데 집값을 할부식으로 매입해서 살아온지 4년째.

대문옆에 높히 세운 판자에는 「고동운명철학관(攷童運命哲學館)」이란 한자 간판이 내걸려 있었다.

어느날 말쑥한 차람새의 젊은 청년이 고급자전거를 끌고 활짝 열린 대문 안으로 들어섰다. 뜰안 한쪽에 자전거를 세우고 그는 성큼 감정실로 들어왔다. 고개마루를 올라오느라 힘들었던지 아직도 가쁘게 숨을 몰아 쉬었다.

문점사(問占事)는 당면 현실문제로 그 일의 성사여부를 판단해 달라는 주문이었다.

먼저 생년월일시를 물어서 사주명식과 대운을 내어 적고 살펴 본 다음 역괘를 내었다.

乾之小畜
「六龍御天 因龍得水之象」

「匣藏寶劍 密雲不雨之象」

〈乾九四〉「或躍在淵하면 无咎리라」

우선 문점사를 〈당면목적 성취여부〉로 정하고 분향고축 서죽(筮竹)을 잡고 입서(立筮) 삼변서(三變筮), 건지소축(乾之小畜~重天乾의 九四)을 얻었다.

나는 득괘와 효사를 찬찬히 살피면서 점고(占考)를 가다듬고는 말을 건넸다.

"당신은 지금 공직자거나 관직을 바라고 계시군요?"

그는 아무말 않고 고개를 끄덕했다.

"그렇다면 이 점문(占問)은 「求官進職占」으로 보아야겠는데……"

그는 여전히 부정도 않고 묵묵히 내 대답만 기다리는 눈치다. 그래서 일단 점단(占斷)의 결과부터 딱 잘라 결연히 말해 주었다.

"이 괘는 중천건(重天乾). 주역의 첫 괘로서 드높은 하늘을 상징합니다. 그리고 이 양효 여섯은 용에 비유 육용이 하늘을 다스리는 상징으로 삼기도 합니다. 이괘에서 가장 귀하게 여기는 자리는 밑에서 위로 다섯번째인 구오(九五~五陽)로써「역」의 말씀에〈飛龍在天〉즉 하늘 위로 날으는 용에 비유했습니다.

그런데 당신의 현재 싯점은 4효자리를 가리키고 있습니다. 이것은 예를 들면 비행기를 타려고 탑승트랩까지 올라갔는데 방해를 받아 당신은 탑승하지 못하고 비행기가 떠나가버린 형상입니다."

여기까지 잠자코 듣고만 있던 청년의 안색이 변하며 표정이 굳어졌다. 나는 하던 말을 계속 이어갔다.

"…이괘는 이번 기회가 어떤 부인의 방해를 받아 막판에 번복당해 일이 틀어짐을 예고하고 있습니다. 그러나 너무 실망하지 마십시오. 오히려 이번에 안됐던 것이 나중에 다행이 될 수도 있습니다. 그것은……"

청년은 뒤엣말은 더 듣지 않았고 들리지도 않는것 같았다. 안색이 확 변한채 벌떡 일어섰다. 그는 안주머니에서 지갑을 꺼내어 지폐 몇장을 끄집어 내어 점상 위에 내던지고 황망이 방밖으로 나가는 것이었다.

순간적으로 나는 청년의 서슬에 눌려 약간 당황했으나 침착을 되찾자 얼른 상위에 놓인 돈을 집어들고 뒤쫓아 나갔다.

"기분이 몹시 언짢은 모양인데 그렇다면 이 돈은 받을 수 없으니 도로 가지고 가십시오!" 하면서 돈을 내밀자,

"당신은 점을 봐준거니까 감정료는 받아야죠!" 했다.

말투는 퉁명스러웠으나 경우만은 매우 바른 성미인성 싶었다.
 그는 자전거를 끌어내어 대문 밖으로 나가자 어느새 쏜살같이 떠나가 버렸다.
 감정실로 되돌아온 나는 그 청년의 사주를 다시 찬찬히 살펴 보았다. 더 해주고 싶은 말도 있었는데, 다 들어보지도 않고 후딱가버리고 만 청년, 성미 급한 젊은이-를 생각 하면서….
 그 사주팔자는 관직으로 나가면 앞으로 큰 인물로 성장할 재목임을 암시하고 있었다. 허지만 그것이 금년은 아니고 2,3년 뒤부터가 진짜 상승운기가 트일 것으로 판단 되었다.

〈뒷 이야기〉
 그 일이 있은지 4,5일 지나서 바로 그청년이 다시 우리집을 찾아왔다. 전번처럼 고급외제 자전거를 여전히 끌고…….
 약간 겸연쩍은 표정이었으나 웃음을 띠고 들어섰다. 그는 마중나온 나에게 손부터 내밀면서
 "홍도사! 전번엔 초면에 실례가 많았소" 했다.
 나는 내민손을 가볍게 잡으면서,
 "원 별말씀을 다하십니다. 그때는 제가 지나쳤어요. 미안 합니다. 너무 직설적인 망언을 했나 싶습니다." 하면서 앉기를 권했다.
 "아닙니다. 안되는 것은 안된다고 딱 부러지게 판가름 해줘서 고맙게 생각합니다." 하면서 자리에 앉자 그간의 사정을 자초지종 전부 말해 주었다. -그는 외국에서 수학. 학위를 받고 귀국후 대학교수로 봉직하고 있었다. 그런데 작년말경 집권여당(자유당)의 인사와 교분을 갖게되자 그분의 후원으로 고위측의 추천을 받아 경상북도 도청의 고관직으로 발령이 날 것으로 기다리는 중이었다고 한다. 그런데 해가 바뀌고 달이 지났는데도 자꾸 지연되기만하자 하루가 여삼추(一日如三秋)로 답답하고 초조해져서 소위 유명 역술가 몇분을 찾아가 감정해 보았단다.
 그때마다 그들은 이구동성으로 한결같이 관상과 사주팔자가 좋아 어느날 희소식이 있겠다고 판단해 주더란다. 그때마다 기분도 흐뭇해져 기쁘기도 했으나 예언한 날짜는 아무일 없이 그냥 허망하게 지나갔고 빗나갔다고 한다.

그러던 차 누가 전하기를 성당못 근처에 **용한 무당이** 있으니 가보라고 해서 찾아가 봤다. 그때 그는 하도 신기하고 신통해서 깜짝 놀랐다고 한다. 이 신들린 만신무당은 정말로 용했다.

그녀는 먼저 조상때 일, 부모형제의 현재 상황을 죄다 알아맞히고 나서 본인에 대해 말하기 시작했다. 외국에서 학업을 마친일이며, **현재 큰일을** 도모해서 추진중인데 그일을 도와 밀어주려는 귀인(빽)이 세사람이고 더욱 놀란것은 그들 성씨를 알아 맞치고 용모와 언행까지 그대로 그려 **내더란다.**

그는 그만 무당의 신통함에 흠딱 반해 버렸다. 그래서 요점인 발령이 언제쯤 날것인가 물었더니 바로 엊그제 날짜까지 알아내더란다. 그러면서 하는 말이 무슨 귀신이 시샘 훼방을 해서 늦어졌으니 자기가 모시는 신통한 신명님께 공양미 30가마를 바치면 잘 빌고 달래서 일이 순통하리라는 공수를 주더란다.

그 말에 약간 질려서 우선 10가마 **값을** 쳐서 현찰로 주고, 발령이 난뒤 나머지를 지불하기로 약조하고 나왔단다.

한 보름이 지나 날짜가 임박할 무렵, 후원자한테서 전화가 걸려왔다. 서울서 온 장거리전화였다. 난데없이 강력한 라이벌이 나타났다고 알리면서 그렇지만 너무 염려말고 자기들을 믿고 있으라고 했다. 그러나 그 소리가 더 걱정되고 초초해셔서 다시 성당못 무당을 찾아갔다.

그런데 이게 웬일인가 아웃사람들의 전하는 말에 의하면 10여일 전부터 미친 발작을 해서 손님을 일체 받지 않고 있다고들 했다. 그래서 **혹시나** 해서 방문 앞에 가서 "보살님 계시오? 내가 왔소!"하고 불러봤다. 그러자 그녀는 방문을 벌컥 열어 젖히면서 고래고래 욕설을 퍼부어대는 것이었다. 게다가 그 모습은 귀신이 따로 없었다. 머리는 산발한채 눈을 치켜떠서 흰자위가 드러나게 까뒤집히고 입에서는 게거품을 물고 침을 튀기며 덤벼드는 품이 제정신이 아니었다.

쫓겨나다시피 돌아나오면서 생각해보니 참으로 어처구니 없고 어이가 없었다. 시내로 들어가 단골식당에서 점심을 먹고 안주인에게 물으니 신암 농 감밭에 총각점사가 주역과 육효점을 잘 치니 그리 가보라고 권하더란다.

그길로 자전거을 타고 찾아나서 막상 점을 쳤더니 거두절미 안된다는 주역괘가 나오자 너무 낙담한 나머지 화가 치밀어 그만 뛰쳐나갔단다.

이윽고 바로 다음날 다른 사람이 그 자리에 발령이 났다는 전갈을 받고나니 그만 절망감과 실의에 빠져 종일토록 횟술을 들이키다 골아 떨어졌단다.

오늘 아침 심한 갈증 때문에 일찍 일어나 냉수를 들이키고 나서 곰곰히 생각해 보니 로비자금만 날려보낸 자기모습이 새삼 한심스럽기 짝이 없었다. 또 한편으로는 한껏 부추켜 춤추 게한 자칭 역술대가들이 야속하기만 했다.

그중 엊그제 찾아갔던 감밭 홍모만은 진실한 점괘풀이를 해 주었는데 자기는 그말이 고깝다고 화를내며 뛰쳐나온 해프닝…. 생각이 거기에 이르자, 전날의 본의 아닌 비례를 사과도 할 겸 앞으로의 운세도 다시 듣고 싶어 염치를 무릅쓰고 다시 찾아 왔노라는 것이었다.

나는 그의 말을 다 듣고난 뒤,

"위로의 말로 들리겠지만 이번에 안된 것이 도리어 전화위복 올시다. 그것을 차후에 알게 됩니다. 그 시기는 앞으로 40일 아니면 4개월쯤이 될 것입니다. 그리고 이번 일이 잘 되어 가던 것이 막판에 번복됐는데 점괘상으로 볼때, 어느 고위층 어부인께서 튼것으로 보는데?"

그러자 그는

"예! 나도 그런 소문을 들어 알고 있어요. 아마 그 점괘가 맞을 겁니다."하며 수긍했다.

얼마후 3·15 부정선거가 있었다. 그것이 발단이 되어 학생데모가 각지에서 일어났고 「마산사태」로 번지고 「4·19의거」가 터졌다. 이박사 하야, 이기붕의장 일가족자살 등, 정계가 완전히 개편되는 소용돌이에 휘말려 자유당 집권시 고위 공직자들이 속속 사퇴, 구금되는 등 큰 수난을 겪기에 이르렀다.

그 와중에 청년이 원하던 자리에 보직받았던 인사가 크게 곤욕을 치루고 물러나는 보도가 실린 기사를 읽었던 일이 아련히 떠오른다.

〈後記〉

후학 동호인을 위해 사족(蛇足)같지만 점고(占考)할때 참고 삼았던 문헌과 여타 서적에 실린 글들을 소개해 둡니다.

○ 斷定指針 : 所望은 不遂리니 難事로다.
　－「聖門」〈乾九四〉青田稔弘著－

○ (이는 용에 대해 말한것)혹은 뛰어 올라 하늘로 오르고자 하나 아직 오를 시기가 아니므로 본래의 못에 물러가 때를 기다리는 모습, 그러므로 능히 허물을 모면한다고 했다. 구하는 것이 얻기 쉬울 것 같으나 아직은 못 얻는다는 점풀이. -鈴木由次郎著「易經」18쪽-

○ 이 효를 얻었을 때는 나아가고자 마음 먹어도 나아갈 수가 없는 경우가 많다. 이효가 변하면 소축(風天小畜)이 되며, 소축은 문자 그대로 조금 멈추다리는 뜻이므로 나아가려고 해도 멈추게 된다. 지장이 생겨서 재미없다고 판단한다. -加藤大岳 著「역학대강좌」제1권 〈乾·九四 占考〉-

○ 아폴로 계획도 본 차례는 11호째였다. 10호는 목표인 달 둘레를 돌기만 했을 뿐이었다. 「용(龍)?도 승천하기 전에 못물속에서 펄쩍 뛰어올라도 보고 돌면서 몸풀기를 한다」-우주인 조종사도 우주공간으로 출발전 리허설, 물탱크인 수조안에서 무중력 상태를 길들이는 훈련을 쌓았다.

"급할수록 돌아가라"고나 할까 "돌다리도 두들겨 보고 건너라"랄까 다시 한 번 점점 정세분석을 해보아야 할 때다. 또 하지않으면 아니될때 이런때일수록 곰방대 한 모금 피우고 침착한 마음가짐을 지녀야 한다. 반정도 길함. -錢天牛 著「現代易占術」〈乾爲天九四〉-

※이상과 다른 풀이도 있는데 그 대표적인 것을 소개해 둔다.

○斷易으로 來情을 살펴 보면,

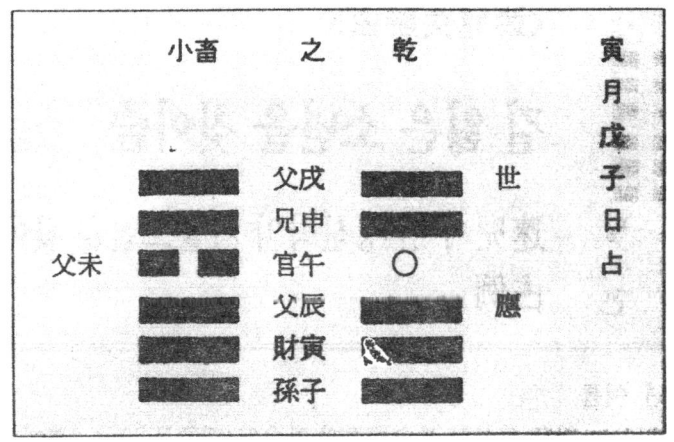

● (乾 九四)이 점괘를 얻은 사람 가운데 만일 학자라면 자기의 학설을 마음대로 발표하여도 책잡히는 일이 없을 것이요, 실업가라면 무슨 일을 해도 이익만 얻을 것이요, 혁명가라면 천하의 대세는 이미 자기에게로 기울어졌으므로 하는 일마다 성공할 것이다. —金敬琢 著 「周易」—

、官動生世로 來情을 求官進職占으로 보았다. 月建寅財가, 生官해서 좋아질뻔 했는데 用官이 空亡이 된데다 日辰과 太歲가 합세해서 官을 冲하므로 用官이 힘을 못쓰는 형세—.

※주의 : 원 점단은 단역을 참고로(보조로) 삼았을 뿐이며 전적으로 주역 효사와 괘상점으로 판단 했던 것이다.

만약에 양쪽을 함께 본다면 간혹 정반대의 판단이 나와 점단에 혼란을 가져오게 되니 단역으로 점복한 것이면 어디까지나 단역으로 판단해야 하며, 또 역상점(易象占)으로 본 것이면 그에 의해서 판단함이 절대적인 철칙임을 지켜야 한다.

끝으로 본점고에서「여인의 훼방운운」한 것은 건변손(乾變巽)에서 손괘를 장녀로, 또 손을 꺼꾸로하면 태(兌)가 되어 입구(口)가 되기에 말참견으로 본 것이며, 4효는 5효인 국가원수 다음의 제2인자의 어부인으로 본 것이다.

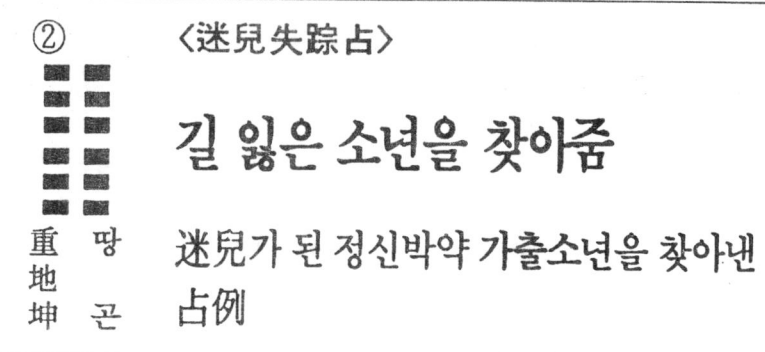

② 〈迷兒失踪占〉
길 잃은 소년을 찾아줌
重地坤 땅 곤
迷兒가 된 정신박약 가출소년을 찾아낸 占例

1956년 여름.
당시 필자는 항도 부산시 보수동소재 보수탕(대중목용탕) 2층에 세들어 살고 있던 큰누님댁 더부살이 신세였다.

그렇다고 맹탕 고등룸펜이거나 실업자는 더더구나 아니었다. 약관의 나이에 자타가 공인(?)하는 어엿한 역술인으로 행세하고 있었으니 말이다.

사연인즉 부민동에 새로 뚫린 큰 길가 인도쪽 노변에 가두작명소를 개설 역학연수·임상 연마중이었기 때문이다.

부산명물 역술인골목은 물론 영도다리 밑에 있었으나, 그곳은 텃새도 심했거니와 자릿세가 비싸서 애시당초 갈 마음도 내지 못했었다.

부민동 큰길은 시장을 옆에 낀 탓에 언제나 사람들의 왕래가 많았다. 그곳에는 노점 잡상인, 야바위꾼들 틈에 노인점사(老人占師)들이 당사주 책을 펼쳐 놓고 행인들의 관상도 봐주고 토정비결도 팔아 점심값이나 담배 벌이를 했다.

그 틈바구니에 끼어들어 젊은 청년 몇명이 접철식 책상을 세워놓고 작명소를 영업했는데 새파란 젊은이의 인기가 좋아 제법 사람들이 꾀일때는 노선배들이 부러움을 사기도 하던 시절이다.

동업인 김모씨는 역학은 별로였으나 체격이 우람한데다 화술이 능란해서 한 몫했다. 이양반이 걸작이어서 여럿을 부추겨서는 이리저리 이동하며 영업을 했는데 용두산공원, 광복동거리, 남포동으로 출동 진출도 해보았다.

남포동에는 이미 오래된 큰점포로 성업중인 중앙성명철학관(관장 正人 金泰經)이 있었다. 그런데 바로 곁에 여럿이 포진해서 그곳에서 작명한 이름을 감정, 나쁘다고 다시 짓기도 하고, 다시 고쳐 지으라고 사주하는 등 골탕을 먹였다. 그것은 중앙의 작명법이 영리식(靈理式~根本式)이었고 우리측은 모두가 웅기식(熊崎式)으로 해명방법이 달랐기 때문이었다.

가두작명가 중에서 존경할 만한 선배는 당시 중앙우체국 맞은편에서 영업하시던 이동희(李東憙)선생이시다. 이 어른과는 죽이 잘맞아 친숙해져서 성명유년법(姓名流年法)을 발전시켜 월별운세를 합작으로 개발, 등사해서 고객들에게 배포 호평을 받는 등 힛트를 치기도 했었다.

이무렵에 시건 역학원로 중 기장 특기할 분은 이녹동(李祿東)선생님을 만난 일이다. 우연히 가두영업시 들렸던 선생과 역술학에 관해 담론 끝에 그분이 가르치던 노학도(老學徒) 김창수옹(金昌洙翁)을 김웅댁까지 동행해서 수인사 시켜 만나게 하고 일주일에 두서너번쯤 함께 역술학을 공부할

- 33 -

자리를 마련해 주셨다.

　이는 육순이 넘은 만학도에게 20대인 연소학도를 함께 배우게 해서 자극을 주려한 녹동선생의 깊은 배려에서였다.

　녹동선생의 전문분야는 풍수지리로 지사(地師), 즉 감여사(堪輿師)였으며 온갖 역술학에 달통 조예가 깊었다.

　예컨대 삼전사과(三傳四課~大六壬), 기문둔갑(奇門遁甲~洪煙眞訣), 태을(太乙)과 같은 삼식점(三式占)이며 명학(命學~四柱推命)도 자평(子平), 자미두수(紫微斗數)등을 두루 하셨고 단역복서(斷易卜筮)도 능통 상학(相學)에도 일가견을 갖고 있었다.

　떠도는 말에 의하면 이한림(李翰林)장군의 족숙(族叔)벌이라고도 했는데 부모를 잃은 누이의 자녀, 즉 조카들을 부양 학업을 시키는등 뒷바라지 한다는 풍문도 들렸다.

　행색은 초라해서 언제나 허름한 옷차림에 헝겊가방을 어깨띠로 메고 다녔다. 낡은 가방속에는 나경(羅經~나침판)과 술서(術書), 노트 필기구가 들어있었다.

　항상 온화한 표정에 다정한 언행으로 사람을 대하므로 누구나 친근감을 갖게했다. 그러나 역술학에 대한 열정은 매우 지극해서 소신을 확고하게 천명하는 외유내강의 성품이었다.

　김창수옹은 함경도 출신으로 일찍 일본에서 대학을 나온 인테리로 수협인지 금융계에 투신, 이사까지 역임했다가 정년퇴직한 인사였으며, 자제분 셋이 모두 은행에 다녔다. 노년기에 여가선용으로 시조도 읊조리고 한시로 풍월도 짓고 역학에 흥미를 가져 배우고 있었다.

　가세가 넉넉해서 많은 인사들이 출입하였는데 주인장이 함경도민이어서 드나드는 이도 거의가 함경도인사였다.

　술객도 많이 들렸기에 원로선배님들을 뵙게 되었는데, 지금껏 기억에 남는 분은 이남원(李南圓)선생, 김동초(金東初)선생 정도이다. 다만 여러 노선생님들이 연소한 나를 끔찍히 아껴주시던 일만 생각난다.

　당시 녹동선생에게는 단역(斷易)에 대해 중점적으로 질의 연수 했다. 이미 주역점은 일본 가토(加藤大岳師)선생의 여러 저서를 구해(姉兄 崔根衡 사장이 상용으로 일본왕래시 부탁해서 구입했음)열심히 연구해서 스스로 상당수준(?)이라 자부하던 시절로 그러나 실점가로 나서려면 단역까지 마스터해야 **된다고** 여겼기 **때문이었다.**

　김옹댁에 자주 드나들던 중 또 한분의 역학동반(易學同伴)을 만났다.
　그날도 김옹댁에 들렸다 일찍나와서 길가 고서적상에 들렸더니 그 책방 주인이 작명소 간판을 내걸고 있었다.
　서도암(徐道岩 : 본명 正烈 丙寅生)이라고 자기 소개를 하는 **책방주인**과 수인사를 마치고 역학에 관한 화제가 트이자 금세 백년지기처럼 친숙해졌다.
　도암형은 육척이 넘는 키에 체격도 좋았고 시커먼 눈섭에 구레나룻이 있는 붉은 입술의 남성적인 위장부(偉丈夫)의 당당한 풍모였다.
　이에 비해 **나는** 겨우 오척반 키에 가냘픈 몸에 손발이 작고 동그란 얼굴은 동안의 미녀형(?)이라서 대조적이었다. 음양이 상합한 탓인지 서로 끌리었다고나 할까……
　도암은 일본 큐슈 구마모토에서 사범계학교를 나와서 해방후 귀국, 논산 등지에서 한때 교편을 잡았는데 사변때 부산에 내려와 고서적상을 하면서 역학서를 탐독, 역점의 신비에 매료되어 특히 마세역(眞勢中州의 易)을 깊이 연구하고 있었다.
　나도 이미 가토의 저서를 통해 마세씨가 정의입신(精義入神)의 경지였다는 대가로 가장 유명한「신명의 점」에 관해서도 알고 있었다. 그 내용은 다음과 같다.

　噬 神明의 占…천명7년(1789년 정미) 마세쥬슈가 와이즈미(和泉)의 가이즈카(貝塚)에 머물고 있을때, 병점(病占)을 요청받아 서합지무망(噬嗑之无妄)괘를 내어 그 병인(病因)과 증세를 그대로 적중시켰다. 그러자 곁에서 시봉하던 문인(門人~제자)이 이왕이면 그 사람의 운세도 판단해 주십사하고 부탁드렸다.
　─이 사람은 지금 몹시 가난하고 영락된 신세이다(서합은 天地否(☷)의 主卦 九五陽爻가 初位로 옮겨진 모양으로 본 것. 否卦는 否塞이며 零落).
　본인은 일찍부터 상업에 뜻을 두었으나 친척의 반대로 이루지 못하고 있겠는데 성실하게 노력하고 있으면 앞으로 그 희망은 달성된다(서합은 日中爲市이고, 무망은 至誠의 卦임).

이 사람이 이곳에 온 것은 사람사이에 끼어들어 화해·조정하려는 것이겠고, 그 일은 성립된다고 판단된다(서합은 ䷔ 의 賓主끼리 대항하는 중간인 4효에 一陽이 조정코자 뛰어든 모양으로 봄).
　　이사람은 장남이며 형제중 눈이 먼 자가 있겠다(內卦는 당자, 震卦는 長子이므로 장남이라 했다. 外卦離가 변해서 乾이 되었으므로 離~明을 막았으므로 盲者로 판단).
　　또 동기간에 여동생이 있어 매우 미모였는데(離괘상)뜻밖의 재난을 만나 급사 했으리라, 그것은 폭풍에 거목이 쓰러졌을 때 그 밑에 깔렸을 것이다(무망은 재앙이며 하늘에서 바람이 닥치니 폭풍이며, 內卦 震을 木으로 삼고 3효까지 互卦 天風姤를 意外事 偶然事故로 봄).
　　그 거목은 세상에 흔한 수종으로 소나무인것 같다(초효에서 3효까지 互卦風雷益으로 보아 세상에 유익하고 흔한 수종으로 乾~公, 震~木을 합친 松字). —그 시기는 가을 팔월 경·신(庚·辛)일자 이른아침으로 추단 된. (外卦 乾은 金行이므로 秋節, 10干은 庚·辛金內卦 震은 卯~辰時 이른아침 早朝로 봄).
　　이상의 쥬슈의 점단을 듣고있던 병자는 너무나도 신통함에 놀라 그만 소리를 질렀다.
　　누이동생이 폭풍의 재난으로 거송이 넘어져 가옥을 덮쳐 압사한 것은 보력14년(1764년) 팔월 초2일 신사(辛巳) 이른아침이었다고 아뢰고 나서 또한 자기에 관한 운세에 대해, 실은 지금 남을 위해 화해·조정하고자 떠났다는 것, 눈이 먼 장님동생이 있는 것도 사실이며 이 모두가 말씀하신 그대로라고 말해 문인들이 탄복해 마지 않았다. —

　　무척 신기한 이야기이긴 하지만 이 점단에 대해 뭔지 모르게 석연치 않은 느낌을 받았다. 왜냐하면 과거지사는 당사자가 더 잘 알고 있을진데 그런 것을 새삼 캐내서 대관절 어쩌겠다는 것인가?
　　점단의 정도(正道)는 앞날에 대한 미래예지(未來豫知) 또는 미래예측(未來豫測)에 본분이 있다고 여겼기 때문이다.
　　물론 여기(餘技)로서 세속인(世俗人)들의 신임을 얻기 위한 수단으로 필요할 때도 있겠지만…….
　　애주가인 도암과 나는 소주잔을 높이 쳐들어 건배를 했다.

「역학을 위하여!」
 그리고 이날을 기히여 서로 역학을 갈고 닦기로 주하지맹(酒下之盟)도 했다.
 도암은 마세역을 전공 터득에 매진하기로!
 몽선은 가토역을 전공 연마하여 끝내는 자기의 역학을 창출하는데 일생을 바칠 것을!
 서로 굳게 맹세 했던 것이다.
 도암과 작별하고 해질무렵에 숙소에 돌아오니 계단 옆에 이웃에 산다는 부인이 기다리고 있다가 나를 보자 반색한다.
 「학생이 역학을 배웠다던데, 실은 지방에서 큰집 식구가 올라왔는데 함께 데리고 왔던 장조카가 점심먹고 슬며시 집을 나간 뒤 종무소식이라서 부모가 애타서 사방을 찾아 다녔으나 행방을 몰라서 그러는데 어디있는지 언제 찾을지 알 수 있을까요?」하는 것이었다.
 「육효점을 쳐봅시다. 점괘를 내보면 찾을지 못찾을지 알 수 있습니다.!」약간의 술기운 때문이었는지 평소에 없던 흰소리(?)를 쳤다.
 이윽고 부인은 자식걱정에 초췌해진 가출아의 모친을 데리고 2층 내방으로 함께 올라왔다.
 나는 개수대 수도물을 틀어 냉수로 세수하고 양치질하고 들어와 점상을 앞에 놓았다.
 성씨와 나이 생일을 묻고 적는데 이웃집 부인이 거들어 주려고 상황을 자세하게 설명해주었다.
 「장조카는 나이가 16세로 몸집은 제법 큰편이나 약간 정박(精薄)이라, 실은 그때문에 대처인 부산 큰병원에 치료차 데리고 왔던건데, 초행길인데다 길눈이 어두워 집을 못찾고 헤매고 있나봐요」했다. 그리고 이미 인근 경찰지서에 인상착의며 인적사항을 알렸으며, 온식구가 찾으러 나갔다고 일러주었다.
 나는 그 소리를 들으면서 만수향을 피우고 호흡을 가다듬고 정신을 집중시켜 설서(揲筮). 6변서(六變筮)로 입서(立筮)했다.
 득괘는 아래서부터 손손손(巽巽巽) 내괘 곤(坤), 외괘는 곤손손(坤巽巽)으로 곤(坤), 대성괘는 곤지예(坤之豫)로서 중지곤(重地坤)의 4효동이였다.

나는 괘를 일별하고는 곧 판단을 내렸다.

「모친은 너무 걱정 마십시오! 이친구 내일 아침에 꼭 나타나서 모친과 만나게 됩니다.!」고 단호한 어조로 단언했다. 〈之卦 雷之豫는 땅위로 장남이 솟아나와서 坤~母위에 震~長男이 있으니 모자상봉으로 보았다. 雷出地奮이다. 震은 묘·진시로 이른 아침〉

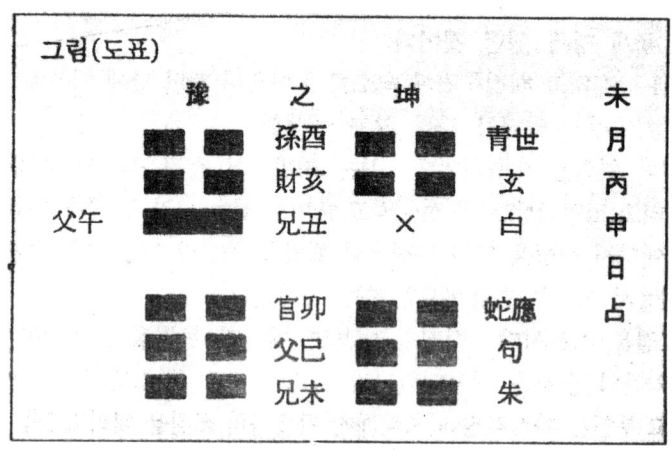

이 친구 지금 서북간 개천 다리밑에 웅크리고 있는데, 내일 아침에야 그곳에서 길위로 올라 옵니다. 〈重地坤의 隱伏卦, 즉 숨은 괘는 음양이 반대되는 重天乾이며 乾을 西北方·大川으로하며 그곳에 숨었다고 봄. 또 爻卦 人位인 3·4효는 坤·巽 즉 地風升이라 橋上往來之象이 됨을 참작했음〉

보조판단(補助判斷)을 위해 단역(斷易)으로도 살펴 보았다.

그리고나서 다시 말해 주었다.

「아들은 필히 무사히 찾게 될테니 안심 하십시오!」
하며 재강조하고 나서,

「내일 아침 일찍 사촌동생을 여기서 서북쪽인 동대신동 다리 위를 왔다갔다 하라고 시켜서 내보내시오! 그리하면 꼭 형을 찾아서 데리고 돌아올 것이요.」

〈용신인 자손효가 복덕지세(福德持世)인 데다가 청룡길신이 임해 있다. 형제가 동해서 용신을 생하고 월건도 生世하고 있다. 일진은 같은 金行으로 拱扶하니 매우 길한 괘이다. 내일은 바로 용신인 酉일이며 충하는 卯時에 또는 合起되는 辰時 사이에 나타나서 찾겠는데 형제효가 발동했으니 사촌이 찾아 낼 것이라 판단했던 것임.〉

돌아가는 두분 표정이 조금은 밝아진것 처럼 보였다.

〈결과〉

다음날 아침에 결국 이 소년은 찾았다.

부모는 대문에서 서성거리며 꼬빡 밤을 세웠다. 통금으로 발이 묶였기 때문이다. 날이 새서 밝아오자 다시 찾아나설 기력도 없었다. 지친몸을 쉬려고 방으로 들어가면서 혹시나하는 기대감으로 2층사는 학생이 시킨대로 작은집 아들 국민학교 5학년짜리를 깨워서 네가 나가서 형을 찾아 보라고 일러서 내보냈다.

어른들이 시킨대로 국교생은 자기 자전거를 타고서 행길에 나섰다. 동대신동 다리 위를 횡하게 건너 저만치 달려가며 살펴보다가 뒤돌아서 다시 다리위로 건너오는데 저 앞에 형의 머리통 비슷한게 보였다. 다리밑에서 제방뚝위로 어슬렁거리며 올라오는 그림자, "형아!"하고 부르며 가까히 가보니 틀림없는 큰집 형아였다.

자전거에서 내려서 한손으로 형을 잡고 또 한손은 자전거를 끌고 돌아왔다. 더듬는 말과 정황으로 미루어 추측컨대 큰길에 나갔다가 호기심에 버스를 타고 종점까지 갔다가 다시 타고 오는 중에 수상히 여긴 차장이 다리거리에 내려놓고 간 모양이다. 날이 어두워지자 하는 수 없이 다리밑에서 잤고 아침이되어 행길이 차츰 소란해지자 겨우 일어나 집을 찾고자 나오던 참이었던 것으로 추측된다.

어쨌거나 해피앤드로 막이 내려서 다함께 기뻐했다. 사례금은 물론 없고 복채는 겨우 담배값 정도밖에 못받았으나 나는 세가지 큰 이득을 보았다.

첫째, 이 실접례로서 점단에 큰 자신감을 얻었다(내짐은 백발백중 적승한다는 자만(?)도 함께…)

둘째는 이웃과 근심걱정을 함께 하면서 괴로움을 덜어 줄 방도를 찾아주고 그것이 해결되었을 때의 기쁨과 보람은 무엇과도 바꿀수 없다는 사명감을 느꼈다.

세째로는 이 소문이 이웃에 알려지고 퍼지는 바람에 집으로 고객이 찾아와서 덕분에 길바닥에서 먼지를 뒤집어 쓰지 않아도 작명도 하고, 앉아서 역술임상 연구를 해도 되는 큰덕을 보았다.

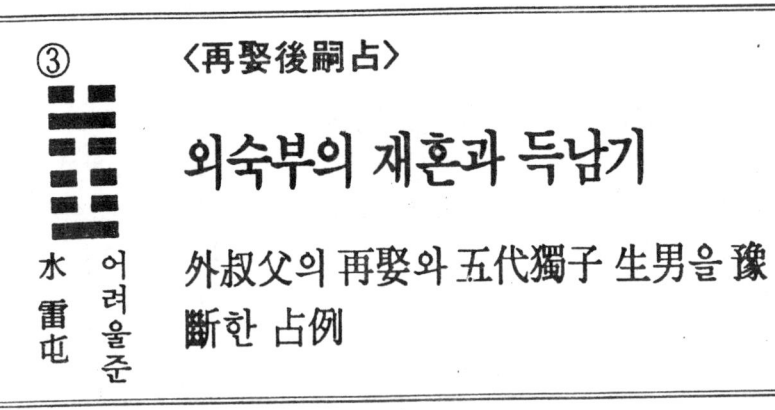

③ 〈再娶後嗣占〉
외숙부의 재혼과 득남기
外叔父의 再娶와 五代獨子 生男을 豫斷한 占例

水雷屯 어려울 준

나의 외삼촌은 단 한분 뿐이다.
외조부님이 3대독자였는데 이모님은 여러분 계셨으나 아들은 단 한명 그러니까 외숙부는 4대독자였으며, 외조부모님께서 지극정성으로 온갖 산치성을 드려서 나오신 성공자손이셨다. 이에 얽힌 일화는 계간 인간시대에 "고향의 전설"로 이미 발표한 적이 있으나 이왕 외가 얘기가 나왔으니 옛말부터 늘어놓기로 한다.

故鄕의 傳說〈崔氏家의 來歷〉
평양에서 서쪽으로 약 6킬로 되는 지점에 비교적 큰산이라고 할 만한 수려한 두개의 닮은 산봉우리가 있다. 이 산이 「남형제산」이라는 명산이다.
옛날에는 「서형제산」이라 했다는데, 임진왜란 당시 선조대왕께서 서울을 버리고 의주로 몽진(피난)을 떠나는 도중 형제산 북쪽에 위치한 재경리면 지방을 통과하시다가 바로 정남향 쪽에 꼭 닮은 두개의 산봉우리가 나란히 솟아있는 것을 보시고, 저 산이 무슨 산이냐고 물으셨다. 이때 한 신하가 서형제산이라고 봉답했더니 대왕께서는 껄껄 웃으시면서 내가 여기에서 보기엔 남쪽에 있으니 서형제산이 아니라 남형제산이라고 함이 옳지 않느냐고 말씀하셨기 때문에 그 후부터 일반 백성들도 남형제산이라고 불렀고, 따라서 지방 행정구역명도 평남 대동군 남형제산면이라 하였다. 그러나 현재 인공(人共)하에서는 평양특별시에 편입되어 형제구 아니 형산구로 명명되었다고 「남북의 창」을 통해서 알게 되었는데 아름답고 그리운 나의 조부님들께서 살던 옛고향은 어떻게 변모되었을지 안타깝기만 하다.

나의 외가는 이 남형제산 산기슭 면소재지 내리(內里~안골)에 있었다. 이제부터 나의 외가에서 있었던 전설같은 실화를 소개하기로 한다.

외조부의 선선대 할머니께서는 남자를 능가하는 여장부로서 처음엔 평양성밖에서 살면서 포목상으로 당대에 치부하셨고, 형제산에 산치성 다니던 연고로 형제산 일대의 임야와 전답을 사모아 대지주가 되었고, 끝내는 살 집을 크게 짓고 이 고장에 정착하게 되었다고 한다.

외조부님 함자는 높을 최(崔~本寬 全州)자 도울필(弼)자 법모(模)자를 쓰셨는데, 근린에서는 최참봉공(崔參奉公)이라 통칭, 인근 몇10리 사방은 남의 땅을 밟지 않는다 하리만큼 토호로 행세했다. 그만치 선대가 남긴 많은 토지를 소유하고 있었다.

3대독자인 탓에 세상물정에는 어두워 엉뚱한 사기꾼들의 좋은 봉이 되어 산판을 하면 돈을 많이 벌 수 있다는 꼬임에 넘어가고 남의 빚 재정보증을 서주는 등 속임수에 말려들어 일제 초기에 이미 그 수많은 토지며 재산을 몽땅 당신의 손으로 거의 탕진하는 비운 끝에, 셋째 사위 임(任益淳)서방의 농장에 잔여 재산을 투자, 북간도로 이주해서 사시다 그곳에서 작고하셨다. 지금도 그곳 도문시(圖們市)교외 안산이라는 고장, 사위의 농장 양지바른 언덕에 합장분이 있는데, 1945년 8.15해방 당시 나와 어머니가 참배 했었다(나는 당시 모친과 용정에서 살았는데, 여름방학을 도문에서 지냈었다.).

이제부터 이야기 하려는 것은 외조부께서 안골에서 사실 때 이야기로서, 당시 슬하엔 딸만 두셨다. 나의 어머니가 7번째 딸이었는데(甲午生 崔聖淑) 밑으로 막내 이모님(丁酉生 崔善玉 : 楊國鎭將軍의 丈母)이 계셨다. 아기를 낳으시면 유모에게 넘겨주곤 하셔서 많이 출산 하셨는데, 생육치 못한 이도 있어서 생존자가 몇인지 알 수가 없다.
　참봉 어른께서 어느날 식전에 넓은 뒷뜰을 산책하시다가 문득 한자리에 멈추어 섰다. 바로 앞에 서 있는 아름들이 거목은 윗부분이 벼락을 맞아서 댕경 부러져 나갔고 밑둥은 속이 비어 공동인체 시꺼먼 아가리를 벌린듯 거의 다 썩어 겨우 몇뼘 남짓이 구루턱에 겨우 붙어 있을 뿐이었다.
　어린아이들을 무척 좋아하고 자애가 깊은 성품이라 혹시 아이들이 여기서 뛰놀다가 이 거목에 걸려 넘어져서 다치기라도 하다면 하는 걱정에 얼떨결에 왼발을 치켜들어서 태견처럼 나무 밑둥을 툭하고 걷어 찼다. 그러자 그 큰 나무통은 실로 맥없이 쿵하고 저만치 나둥그라지고 말았다. 고목이 너무도 쉽게 넘어감에 어이없이 한편 놀라면서도 잘 되었다는 안도의 가슴을 내리 쓸면서 사랑채로 돌아왔다.

　연이은 도깨비 장난
　그런데 그날 밤부터 갖가지 괴변이 발생하기 시작했다. 그날 밤 초저녁 갑자기 지붕 마루쪽에서 기왓장을 두들겨 깨고 부수는 것 같은 소리가 요란하게 들려 왔던 것이다. 온집안 식구들이 깜짝 놀라 모두 집 밖으로 뛰쳐 나와 소리난쪽 지붕을 쳐다 보았다.
　그런데 조금 전까지 들려왔던 소리는 뚝 그쳐 버렸고, 장정들이 횃불을 붙여 치켜들고 지붕께를 비춰 보았으나 아무런 기척도 없었다. 이거야말로 도깨비에 홀린 꼴이었다. 결국 장정 몇사람을 시켜 밤새 화톳불을 곳곳에 놓고 밤새기를 시켰다.
　이튿날 밝은 뒤에 몇사람이 지붕에 올라가 살펴 보았으나 기와들은 아무런 이상이 없었다고 알려왔다.
　그날은 아무일 없이 무사히 지나갔다. 그러나 3일째 되는 날 밤에는 사랑채 처마끝에서 조그만 불씨같은 것이 몇군데서 출몰하더니 그것을 발견한 사람들이 다른 사람들을 불러모아 웅성거리며 쳐다보는 사이 불구슬처럼 되어서 기와골을 거슬러 굴러 올라가면서 점점 켜져서 지붕마루쪽으로 향해 오르며 주먹만해져서는 그 몇개가 대굴대굴 합쳐져서는 머리통만큼 자라자 퍽! 소리와 함께 사라져 버렸다. 다음날 역시 조사했지만 불에 그을린 흔적은 없었다.

예삿일이 아님을 깨달은 외조모는 부랴부랴 늙리무당 신할미를 불러들여 굿판을 벌렸다. 신할미 말을 빌리면 터줏대감의 노여움 때문이니 3일동안 푸짐하게 잘 차려서 대접하고 잘 어르고 굿을 하면 진노는 가라 앉을거라 했다.

허나 굿하는 첫날 세번째 굿거리 마당에서 큰무당 신할미는 신명나게 춤추다가 무엇이 모듬발을 낚궈챈듯 나동그라져서 허리를 삐어버렸고, 대거리로 나선 애기만신은 갑자기 입에 거품을 물고 꼬꾸라져 소위 지천구쳐서 사지가 빳빳해져 널부러졌다.

그리되자 신할미는 역부족임을 직감, 무구들을 챙겨가지고 패거리들을 재촉해서 줄행랑치듯 물러가 버렸다.

5일째는 별이 보이는 청명한 밤이었는데 밤중에 난데없이 광풍이 몰아치고 모래자갈 비가 때 아니게 쏟아졌다. 놀란 식구들이 겁난 얼굴로 살며시 방문들을 열고 밖을 내다 보았으나 역시 아무일도 없었던 듯 잠잠하였다.

名占師의 判斷

결국 성내(城內 : 평양)로 사람을 보내어 조명관을 모셔오게 했다. 조명관은 선대적부터 최씨댁 단골점사(占師)였다.

가마로 모셔져 온 조명관은 곧 안방에 안내 되었다.

놋대야물에 소세하고 차려 놓은 점상앞에 의관을 정재하고 분향 고축후 거북모양 산통을 훈향한 뒤 두손으로 상하요동, 옛엽전 3닢으로 전3차 후3차로 육효괘효를 득괘, 비단보에 싸온 명경서를 펼쳐서 손가락으로 집어서 정성껏 살펴 궁리(窮理)한다.

이윽고 그는 판단을 시작했다.

「이번에 댁내에서 일어난 변사는 고목나무에서 오래전부터 살고 있던 도깨비들이 제집이 도괴 당함에 노하여 화풀이로 작난(作亂)을 쳤던 것으로 단징한다. 그렇다면 해결책은 단 한가지 뿐이다. 지체말고 당장 그 자리에 널판지를 둘러쳐서 사당집 짓고 지붕은 그 고목껍질을 벗겨서 너아(나무기와)삼아 이엉대신 얹어 줄 것이다.」

이 말은 곧 사랑에 전해져 사람을 시켜 몇시간 안걸려서 실행해 냈다. 다음 점문(占問)은 후사(後嗣)문제였다. "아들은 있나 없나?

있다면 언제 두겠는가?"

　점사는 다시 분향 고축 득괘하고 점책을 살피고 나서, 주인 양주분 앞에서 점풀이를 들려 주었다.

　"이댁 최씨가문은 선선대때부터 이곳 명산인 형제산에 치성을 들여 발복(發福) 오늘에 이르렀다. 그분들의 지극지성에 감동하셨던지 늦게 외동아들을 보셨는데 바로 당주의 선고(先考)가 되십니다.

　그분들은 자식을 보고자 원을 세우고 한달에 두번, 날을 택해 매달 거르지 않기를 12개월 즉 1년만에 태기(胎氣)를 보았다고 하며, **항상 두 양주분이 함께 치성을 들였답니다.**

　2대독자셨던 당주의 선고(先考)께서도 또한 뒤늦게 깨달으시고 두 분 내외분께서 형제산에 올라 선례에 따르기를 24개월만에 둔 3대독자 입니다. 이처럼 최씨가의 내력을 아셨다면 해결책은 자명하며 형제산에 내외분이 함께 올라가 치성을 드리는 방법 밖에 또 있으리까? 선례에 따르면 이번엔 아마도 3년(36개월)은 정성을 들여야 삼신께서 아들을 점지해 줄 것 같소"

　마지막으로 최씨가문의 장래를 물으니 점사가 말하기를 그것은 내일 이른아침에 득괘해서 알리겠노라 하고 우선 완성된 작은 도깨비사당을 독경으로 좌정안정시킴이 급선무라 하며, 그곳에 가서 밤중까지 독경 기도행차를 마쳤다.

　조명관은 객사에 돌아와 극진한 대접을 받고 이른 조반을 들고는 성내로 돌아갈 차비를 서둘렀다. 작별인사차 안방에 들린 그는 재촉하듯 하는 안방마님의 눈길을 피하듯 하다가 마지못한 어조로 최씨가문의 장래에 대해 마지막 예언을 마치고 나서 **황망히 가마타고 떠났는데** 그 요지는 다음과 같다.

　이댁 터는 지난 3대에 걸쳐 복된 **길지였는데** 이번 사단으로 미루어 차츰 쇠운기에 접어 들었다. 아마도 양주분의 산치성은 효험이 있어 아들은 3, 4년 내에 낳게 된다. 허나 그것이 마지막 복이며 그 아들이 자라 10세를 전후해서 이 터를 떠나 타관땅으로 옮겨가 살게 된다. 나중에 그 아들은 다시 따뜻한 남쪽땅에서 연줄을 얻어 살게 된다는 내용이었다.

이 예언은 훗날 모두 적중되었다. 결국 외조부모님은 당대에 그 많던 가산을 거의 없애고 끝내는 북간도로 이주하여 도문에서 여생을 보내시다 타계, 그 고장에 묻혔고, 외삼촌은 영남땅 대구 동인동에 정착해서 안주하셨으니…….

외숙부(崔聖柱)는 계묘생(1903년)이었고 외숙모(許景賢)는 경자생(1900년)이니 세살 연상이었고 딸만 5자매를 키우셨다.

그런데 외숙모는 56세 되던 해(1956년) 딸 셋은 출가시키고 밑으로 성년이 안된 두 딸을 남긴채 지병인 숙환으로 별세하셨다.

졸지에 상처한 54세의 홀아비 신세된 부친을 딸들이 극진히 위하고 모셨지만 어딘지 모르게 삭막하고 초췌해만 보여 나의 어머님께서는 늘 동생을 측은해 하셨다.

그러는 가운데 한해가 지나고 탈상을 마친뒤 어느날 둘째딸인 윤선(允善)누님이 우리집(당시 대구 신암동)으로 찾아오셨다.

용건은 부친의 재혼문제로서 최씨네 최연장 어른인 나의 어머님께 상의코자 들린 것이었다.

이제 모친의 탈상도 마쳤으니 부친을 수발들고 모셔줄 적당한 새엄마를 맞아 들여야 되지 않겠느냐 하면서 아직 다른 자매들은 별로 서둘지 않으려는 눈치라 나중에 설사 너무 설쳐댄다는 말을 듣더래도 빨리 이일을 추진해야겠다는 것이다. 그래서 큰고모님께서만 찬성해서 거들어 나선다면 아무런 문제가 없겠다는 것이었다.

어머님은 그동안 은근히 바라던 터라 희색이 만면하시며, 그러나 일단 나에게도 조언을 구하는듯 내얼굴을 쳐다 보셨다.

내가 역술에 종사한 뒤 어머님은 나를 끔찍히도 도사(?)로 신뢰해 주셨다. 그것은 그동안 줄곧 곁에서 지켜본 결과 수많은 고객들의 운세판단을 신통하게 잘 맞춰서 호평을 받고 있어 나의 역점실력을 목격하였기 때문이겠으나 무척 대견해 하셨고 믿어 주셨다.

「외삼촌의 재혼여부와 어떤 상대가 좋은지 한번 주역괘를 내어 보렴!?」

나는 어머님의 신임(과대평가?)에 보답코자 흔쾌히 응낙, 점서구(占筮具)를 점상 위에 차려놓고 손을 씻고 향을 피워 기원하고 3변서로 설서, 득괘 수뢰준(水雷屯)의 4효동을 얻었다.

```
屯    ䷂    「龍動水中 草昧不寧之象」
之
隨         「乘馬逐鹿 我動彼說之象」

〈六四〉 乘馬班如니 求婚媾하여 往하면
        吉하여 无不利하리라
```

나는 괘상(卦象)과 효사를 보고 곧 다음과 같이 판단을 말했다.
「…이 괘는 혼사에 즉 결혼에 아주 길하다는 괘입니다. 후보자 중에서 가장 젊은 여인과 맺어지겠고 그리하면 대를 이을 아들도 3년내에 꼭 보시게 될 것입니다.」고 단언했다.

〈괘풀이〉
주역의 서괘(序卦)는 첫머리 괘가 하늘건(乾)으로 하늘·아버지요, 두번째가 땅곤(坤)으로 대지·어머니이며, 세번째가 물과 우뢰인 준(屯)괘이다.
여기에서 물은 자궁의 양수로 그 안에(內卦) 새싹(萌芽: 태아)인 우뢰진(震) 즉 첫아들(長子)이 움직이는 모양으로 첫아들의 잉태와 탄생에 따른, 처음 부모되는 기쁨과 함께 성장을 지켜보는 어버이 된 근심 걱정 괴로움을 뜻하는 괘이다.
효사에, 혼사에 길하고 이롭다 하였고 또 지괘인 택뢰수(隨)는 소녀(少女: 兌澤)와 장성한 남자(長子: 震雷)가 서로 따르는 (隨~從)괘이므로 젊은 여인과 인연을 맺는다고 보았던 것이다.
이러한 점단에 어머님과 이종누님은 매우 기뻐하셨다. 그리고 그때야 비로소 실토하기를 실은 그동안 여기저기 수소문해서 후보자를 몇명 물색해 두었다고 하였다.
그중 가장 나이가 어린 여인은 31세 된 과수댁이었는데, 그녀는 이미 아들만 둘을 낳아서 큰애는 시집에서 기르고 작은애는 천정에 맡겨놓고 본인은 타향인 대구까지 돈벌이하려 나와 현재 남의집 일을 도와주고 있는 처지란다. 무진생 용띠라서인지 팔자가 무던히 센 여인인성 싶었다.

어머님은 아들만 둘씩 생산했다는 말에 아마도 제일 구미가 당기셨는지 그 여인을 한번 선보자고 적극성을 띠었다. 나도 괘상에 나타난대로 외숙부와는 25세나 연령차이가 났지만 찬성했다. 그후 이종누님께서도 열심히 그녀를 설득했고, 어머님은 동생을 열심히 설득 맛선을 뵈고 해서, 결국은 이 혼사가 성립을 보게 되었다.

"말을 타고 머뭇거린다. 구혼하러 가는 것이면 이롭지 않음이 없을 것이다."고 한 효사대로 처음에는 멋적은듯 「이 나이에 재혼은 무슨…」하시며 주저하던 외삼촌은 큰누님인 나의 어머니와 딸들이 간곡한 권유에 마지 못한듯 결국은 응낙하였다.

내가 택일한 황도길일에 가까운 친척끼리 모여 집안잔치가 벌어졌다. 큰 교자상머리에 나란히 앉은 노년기에 접어든 초로의 신랑, 다소곳이 고개숙인 신부인 새외숙모를 번갈아 쳐다보려니까 주역괘 효사 한 귀절이 연상되어 혼자 빙긋이 웃었다.

"버드나무 마른가지에 새싹이 텄다. 늙은 지아비가 딸같은 아내를 얻었다. 이롭지 않음이 없느니라.

(枯楊生稊하니 老夫得其女妻니 无不利하니라-大過九二)

두 양주분은 금슬이 아주 좋았다. 외숙부는 점차 활기를 되찾아 몰라보게 날로 젊어져 갔다. 새외숙모도 시골티가 사라지고 세련되어 갔다. 그리고 수십년간 지켜오던 가업인 양계장도 정리 처분하고 서울로 이사갔다.

처음에는 필동에 살림집과 점포를 마련, 빙과점을 차렸다. 드디어 1960년 득남소식을 알려왔다. 가문의 대를 이을 5대독자가 탄생한 것이다.

58세에 아들을 보신 외숙부는 이 기쁜소식을 편지지에 또박글씨로 사연을 적어서 대구 신암동 우리집으로 등기로 부쳤다.

"누님 기뻐해 주십시오. 이제야 죽어서 저승가더래도 조상님을 뵈올 면목이 서게 되었습니다.」는 말씀과 함께 조카인 나에게는 "수명장수 다복한 좋은 이름을 지어서 속히 보내 달라"는 신신 당부와 함께!

어머님은 이 희소식을 듣고 무척 기뻐하시며 나더러 사주팔자에 맞는 대길명을 빨리 지어 보라고 하셨다.

나는 고심 끝에 외사촌 동생 이름을 지어 큼직한 선명장용지에 먹을

갈아 붓으로 정성껏 적었다.

| 경자생 최기영 (庚子生 崔起榮) |

어머님은 이름지은 것을 소중히 간직하고 상경준비를 서두르셨다. 한시 바삐 새조카가 보고 싶으셨나 보다. 또 올케를 치하하고 며칠 동안 산후조리 구안이라도 해주고 싶어서였는지 야간열차편으로 서울로 떠나셨다.

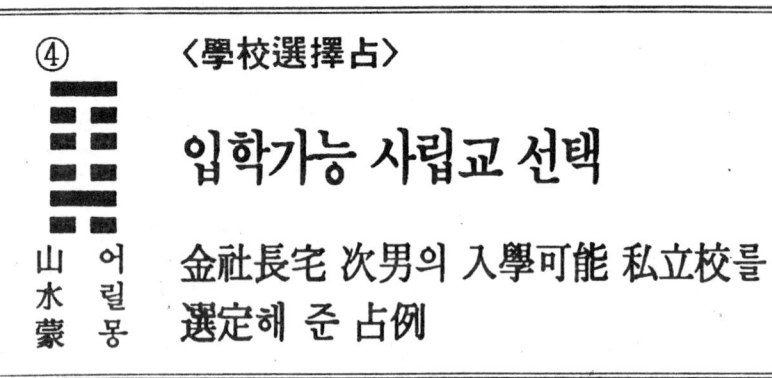

④ 〈學校選擇占〉

입학가능 사립교 선택

山水蒙 / 어린몽

金社長宅 次男의 入學可能 私立校를 選定해 준 占例

K특수고무 김회장(金容周 丙寅生)은 현재 종로구 평창동에 고급저택을 지어서 살고 있다. 예전에는(60~70년대) 중구 필동에서 살았었는데 그당시 나의 큰누님이 서울로 이주해 왔을 때 이 필동집에 셋방을 얻어 한동안 함께 살았었다.

집주인 김사장은 이북에서 혼자몸으로 월남한 분으로 일제때 특수고무분야의 기술자로 노하우를 간직하여 자수성가한 착실한 종소기업가로 정평이 나 있었다.

사장부인 이여사는 갑술생으로 나의 누님(갑자생)보다 10년 연하였는데, 한집 울타리 안에서 살다보니 매우 친숙해져서 자매간처럼 다정해 그후 30여년 세월이 흐른 지금껏 변함없는 친교로 두터운 우의가 계속 이어져 오고 있다.

두분 모두 신심이 두터운 불자(佛子)로 함께 명산대찰에 불공도 드리려 잘 다니셨다. 이여사는 불심(佛心)이 돈독한 지심자로 집안에 우환이나 애로사항이 발생했을 때는 남들이 잠든 한밤중에 냉수에 머리감고 만수향을 피우고 열심히 불경을 독송하였는데, 부처님의 가피력을 입었는지 그때마다 지성이면 감천이라고 액운은 곧 사라지고, 부군의 사업은 날로 번창해 갔다.

63년도에 둘째 아들을 득남했을 때 누님을 통해 나에게 작명을 부탁해 왔다. 그 당시 필자는 61년도에 상경, 성동구 금호동에서 개업하고 있을 때였다.

장남 이름은 원중(元中), 항열자가 가운데 중자라고 한다. 둘째는 계묘생 토끼띠였으므로 낙넉할 유자로 이름을 지었다. 김유중(金裕中).

다행히 유중이는 건강하게 성장했고 어느새 취학 적령아동이 되었다.

당시 서울시내 국민학교는 "콩나물교실"이란 별명처럼 초만원 교실사정 때문에 몇해전 사립학교 설치령이 시행되어 시설이 좋은 사립학교가 많이 생겨나 붐을 일으켰다. 그것도 당연한 것이 한 학급에 60명씩이 정원으로 3반이 한학년이라니 웬만한 학부모들은 사립학교나 사대부국에 입학시키고 싶어함은 당연한 일이었다.

그러나 지원자가 엄청나게 많아지자 당국에서는 선지원 후추첨으로 신입생을 선발했다. 그리고 혼란을 막기위해 추첨일을 일제히 한날한시에 하도록 정했다. 유중군 모친도 유중이를 사립교나 사대부국에 넣고 싶어했다. 그래서 어느 학교에 지원해야 추첨에 들어 입학이 될 것인가? 고민 끝에 필자를 찾아 왔다.

「유중이를 어느 학교에 지원시켜야 입학이 꼭 될 것 같습니까?」

통학거리 등을 참작, 넣고 싶은 학교는 세 곳이라 했다.

○ 서울대사범대학부속 국민학교
○ 남산소재 리라국민학교
○ 필동소재 동북국민학교

이가운데서 입학될 학교를 가려달라는 부탁이었다. 그러니까 유중군이 입학추첨에 당첨될 학교를 점괘로 알아내야 할 판국에 이르렀다.

하기야 이것이야말로 점괘를 내봐야 할 호재(好材)가 아닌가 평소 누님과의 친분관계상 절체절명(絶體絶命 ?)까지는 아니지만 나는 이름까지 명명(命名)해준 대부(代父) 일진대, 초등교육 과정인 국민학교 쯤은 주역괘만 내보면 알아낼 수 있다고 자부(自負)했다.

그동안 역술경력 10여년간 중고등학교 입시며 대학진학 입시점도 많이 임상해서 적중시킨적이 많아서 자신만만하던 시절이라(요즘은 그런 객기가 없어졌지만) 꼭 추첨에 당첨되어 입학되는 학교를 찾아낼 수 있다는 신념이 강했다.

정성껏 입서(立筮) 3변서로 득괘, 몽지환(蒙之渙 : 山水蒙의 5효)을 얻었다.

蒙
之
渙

「岩險雲煙 生花未開之象」

「順風駕帆 萍水相逢之象」

〈六四〉 童蒙이니 吉하니라.

단왈(斷曰) : 이 괘는 둘째가 소학교 교문안에 들어가는 모양이니 이번에 꼭 들어 갑니다.〈풀이 : 蒙은 童蒙으로 어린이, 艮山은 校門, 巽은 入學 즉 들어감, 下卦인 坎은 中男象이니 次子, 둘째아들이다.〉

학교선택은 세학교 모두 가능성이 있다고 보는데, 그중 동북국민학교가 가장 알맞다고 보인다. 그곳에 지원함이 가장 좋겠다.

〈괘풀이〉

5효가 동했는데 5효자리는 수도(首都)로서 서울대 사범대부국으로 볼 수가 있으나 六五가 양효인 九五였으면 더 좋았을 것인데 그것이 약간 걸린다.

리라교는 남산에 있는데 艮은 山이고 五行上 土이므로 黃色 : 리라교 교복이 '노란병아리'로 노란색이기 때문이다.

다음으로 지괘 渙은 ☶(大艮) 안(內卦)에 ☵(坎 : 中男)이 들어있는 모양으로 살폈을때 本卦外卦인 艮은 모두 東北의 괘이므로 같은 이름인 동북국민학교가 가장 좋다고 판단 단정했다.

이상과 같은 판단과 설명을 다 듣고난 유중이 모친 이여사는, 「주역판단에 따르겠다!」고 결심을 굳혔다.

〈결과〉

유중근은 결국 동북국민학교에 지원했고, 추첨일에 많은 지원자 가운데서 당첨, 입학이 확정되었다. 부모도 기뻐했고 나와 누님도 함께 점괘가 맞아 떨어져서 기뻤다.

유중이가 입학한 뒤 어느날 이여사가 숨겼던 사실을 실토하였는데, 그 사연인즉 그전 해에 유중이를 리라교에 지원시켰다고 한다. 취학통지서를 미리 동직원에게 부탁, 일년 앞서 작성해서 지원했으나 추첨에 낙방했다.

그리되자 한편으로는 리라교 교직원에게 부탁해서 보결생으로 넣을 궁리도 해 보았더란다. 그런데 처지가 비슷한 지원자가 몰려들자, 어떤 이사진에서는 이를 기회로 당치 않을 정도의 거액을 요구한다는 뜬 소문에다…. 그뿐만 아니라 남의 눈치 때문이었는지, 당국의 감시가 두려웠던지, 정식 입학식이 끝나고 한 두달 지나가야 입학이 가능할 것이라는 소문들이 나돌더란다. 그래서 여러모로 심사숙고 끝에 이는 부조리라는 결론을 내리고 일단 단념했다는 자초지종이었다.

현재 유중군은 도미유학 중이다. 지난 90년에 일시 귀국, 필자가 택일해준 날짜에 자하문밖 하림각에서 어여쁜 재원과 결혼식을 올렸고, 다시 도미 박사과정을 이수중이다.

김회장댁 장자 원중씨는 부친회사의 산하회사 사장에 취임해서 전문경영인으로 활약 중이다.

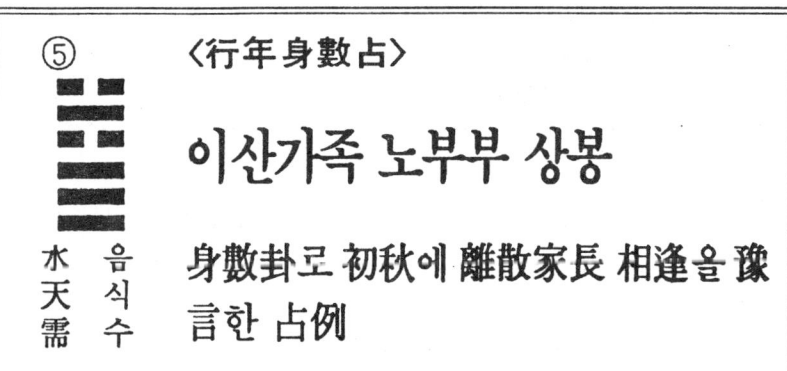

⑤ 〈行年身數占〉

이산가족 노부부 상봉

水天需 음식수

身數卦로 初秋에 離散家長 相逢을 豫言한 占例

58년도 초봄. 대구 신암동 감밭 감정소에 자녀의 혼사문제로 상담하려

오셨던 중년부인이 만족할만한 해답을 얻고나자 자신의 신세타령을 꺼내는 것이었다.
　—나는 하도 팔자가 기구해서 이태껏 자신의 운명에 관해서는 단 한번도 보지않고 지내왔다는 것이었다. 그런데 오늘 자식들의 운수를 하도 잘 맞춰서 자기도 한번 물어보고 싶어졌으니 금년 신수점이나 보아 달라고 요청하는 것이었다. 그야 어렵지 않은 주문이라고 응낙 곧 주역괘를 내어 신수를 봐주기로 했다.
　3변서로 입서, 수지태(需之泰)를 얻었다.
　잠시 괘상(卦象)을 살펴보고 점고(占考)를 가다듬고나서 다음과 같이 판단을 내려 주었다.

《斷曰)》
　아주머니께서는 참으로 오랜동안 학수고대 기다리는게 있을 것이오. 그 기다리고 기다리던 것이 올해 안에 이루어지겠소! 그렇게 오랜 세월을 기다린 것은 필시 낭군 즉 남편이지요? 부군과의 상봉은 음력 6·7월경, 양력으로는 7·8월이 될 것이오.

《괘풀이》
　需는 須待·待期라는 괘로서 기다림이다. 즉 密雲不雨之象으로 구름은 빽빽한데 기다리는 비가 내리지 않는 모습이다.
　이제 5효가 동해서 외괘(外卦) 감(坎 : 苦生)이 평지(平地 : 坤)로 변하니 기다리던 고생이 끝나고, 또 지천태(地天泰)가 되어 천지개태(天地開泰)하니 음양상교(陰陽相交) 부부교태(夫婦交泰)가 되므로 강건너 바다 건너(坎水) 먼 곳에 있던 가군(家君)이 돌아와서 함께 만나 회포를 풀게된다.
　효사에 수우주식(需于酒食)이라 했으니 잔치를 베푸는 경사가 있다고 보았다. 그 시기는 변곤(坎變坤)으로 미루어 보건데 곤은 미신(坤 : 未申) 월이라 단정했다.
　이와 같은 판단에 당자는 어리둥절, 전연 예상밖의 얘기라서 믿어지지 않는 표정이었다. 그러나 한편으로는 부부상봉 실현을 바라는 희망만은 강렬해 보였다.

이야기를 들어보니 일제시대 일본에서 살고 있었는데 패전으로 조국이 광복되자 부군만 그곳에 남고 부인은 나이 어린 남매를 데리고 먼저 귀국을 했다고 한다.

귀국 직후에는 수차례 서신 왕래가 있었는데, 6·25가 터진 後에는 완전히 소식이 끊겨버려, 아직껏 이산가족 신세라는 것이었다.

《결과》

그해 광복절은 음력 7월 초하루였는데 재일교포방문단 일행과 함께 부인의 부군도 일시 귀국해 13년만의 이산가족 상봉이 극적으로 이루어졌다.

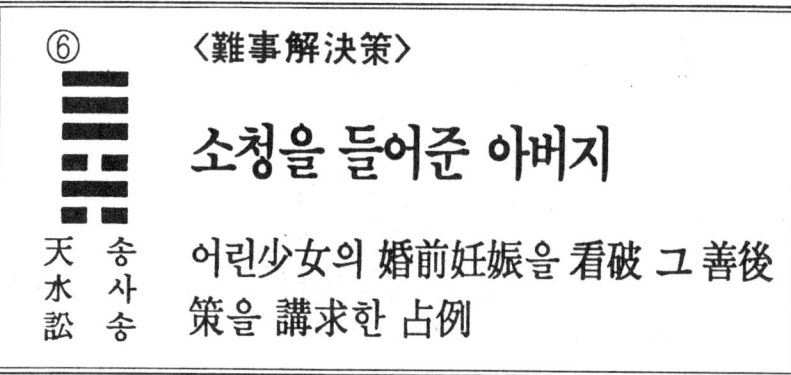

1959년 초가을의 어느 토요일 하오 부슬비가 간간히 내리는데, 한쌍의 젊은 남녀가 한 우산을 받쳐들고 신암동 감밭 등성이 철학관 대문 안에 들어선다.

마침 한가롭게 책을 뒤적이고 있던 나는 인기척에 일어나서 감정실로 맞아 들였다.

해맑은 표정에 단정한 군복차림의 청년은 가슴에 빨간 명찰을 달고 있어서 한눈에 카튜샤 병사임을 알겠다. 그런데 함께 들어서는 애띤 어여쁜 아가씨는 미소지으며 아는체 묵례를 하는데, 언젠가 본듯한 얼굴이지만 얼른 기억이 나지 않았다.

방에 들어와서 앉으라고 권하니까, 청년이 대뜸 「도사님, 절 받으십시요!」하더니, 말릴새도 없이 넙죽히 큰절부터 하는 것이었다. 얼떨결에 황망히 "절은 무슨……"하며 결국 절을 받고 말았다.
「어떻게 오셨습니까?」하니까, 그는 예절 바른 태도로 꿇어 앉아 하는 말이, 「말씀 낮추십시요!」하면서 공손한 말로 얘기를 시작하였다.
「전날 도사님께서 저의 내자 될 이 사람한테 옳은 가르침을 내려주시어, 제가 그 말씀대로 따라 실행했습니다. 그 결과 덕분에 오늘날 우리 두사람의 고민이 말끔히 잘 해결되어 뒤늦게나마 인사차 함께 찾아왔습니다. 정말 감사합니다.」하면서 다시 고개를 깊숙히 숙이는 것이었다. 그러는 동안 동행여인도 같이 미소지으면서 잠자코 고개를 숙였다.
아하! 그때야 그녀의 옆얼굴에서 생각이 퍼뜩났다. 이젊은 남녀가 누구인지 알아냈다. 그러자 지난날 그들에 얽힌 온갖 사연들도 모두 되살아나는 것이었다.
지난날의 사연들은 이러했다.
한 달포전 해질무렵 젊은 새댁이 한 처녀를 데리고 찾아와서 그 처녀의 신상문제를 봐주십사 했던 것이었다.
그 새댁은 그 전부터 이모되시는 아주머니와 자주 들려 궁합에서 택일까지 해준터라 안면이 많았고, 얼마전에 결혼한 새댁인데 따라온 처녀는 예전 직조공장 다닐때 따르던 후배라고 했다.
이 처녀는 자신의 딱한 현실에 직면하자 어찌하면 좋을지 몰라 선배언니에게 상의하여 결국 우리집으로 오게 된 모양이었다.
그때 그 처녀인데 달포사이에 저렇듯 변하다니 속으로 놀랐다. 그 당시 찾아왔을 때만해도 긴 머리에 우수에 쌓여 근심과 걱정에 찌들어서 볼품없이 깡말라 보였고, 낡은 청바지에 작업복을 걸치고 운동화를 슬리퍼처럼 질질 끌고 신고 왔었는데, 오늘은 예쁜 브라우스에 치마를 입고 양말에 구두까지 신고 왔으며, 얼굴에 약간 엷으나마 화장까지 하여 머리도 약간 자르고 안으로 말아올려 이거야 정말 이만저만 변신한게 아니다. 그러니 첫눈에 알아보지 못했던 것은 당연했다.
더구나 당시는 혼자서 고민 끝에 절망적인 심정이었을 터였으니….
만약에 이 시리즈가 계속 연재된다면 ㊼택수곤(澤水困)괘에 나오는 내정(來情) 괘풀이에 이 얘기가 나올 것이나 미리 그 당시의 점괘를 요약하면 다음과 같다.
당신은 남자와 교제 중인데 현재 임신 3개월째로서 한편 두렵고 창피하기만 해서 혼자서 고민 끝에 자살까지 생각하고 있다. 그러냐? 고 묻자, 함께 온 새댁이 "맞심니더 예!"를 연발하며 "어찌하면 좋겠습니까?"하고 물었고 처녀는 고개만 폭 숙이고 어깨를 들먹이며 울고만 있었다.

그때 나는 단호하게 한마디 했다.

「남자와 상의 했더니, 애기를 낳자고 했지요! 맞지요?」하고 대답을 재촉했을때, 처녀는 고개를 끄떡이면서 「예!」하고 대답했다.

나는 그 대답을 듣고나자 이친구 알짜 도둑놈 심보는 아님을 직감했다. 나는 그 남자의 생년월일을 물어서 사주를 내어보고

「이 사람은 집안이 유복한 편이며 장자가 아닐 것이오. 다행이 당신과 궁합도 잘맞고 연분이 강하므로 결합이 꼭 되고 앞으로 결혼도 꼭 하게 된다. 내년에 출산하면 득남수로 아들도 낳으며 서로가 의좋게 살아 시부모 한테도 크게 귀여움을 받아 잘 살게 된다. 그러니 걱정하지 말라! 내가 좋은 방책을 가르쳐 주겠다!」

고 하자, 소녀는 약간 기가 살아났는지 모두 수긍하면서 상대남자는 현재 군복무중이라고 작은 말소리로 알려 주었다.

해결방책을 위해서 입서(立筮)하니 송지환(訟之渙)괘가 나왔다.

訟卦는 父親에게 中男이 呼訴하는 象

訟之渙

天水違行 田獵無獲之象

順風駕帆 萍水相逢之象

訟〈九四〉不克訟이라 復卽命하여 渝安貞吉하리라.

나는 득괘를 보고 참으로 알기 쉽고 보기 쉬운 괘가 나와서 즐거웠다. 왜냐하면 건부(乾父)에게 감차남(坎中男)이 호소(呼訴~訟)하면 완고한 (乾) 부친이 손순(巽順)으로 바뀌고 근심걱정이 흩어지고(渙) 사라진다는 점시(占示)였기 때문이다.

그렇다면 그 호소하는 날을 언제로 할 것이냐? 건부~강건(乾父~剛健)

은 양금(陽金)이니 경(庚)으로 대입(代入)한다면 변괘 손순(巽順)은 음목(陰木)이므로 을(乙) 일로 택하는 것이 을경간합(乙庚干合)의 이치로서 합당 하리라 여겨졌다.

이렇게 점고(占考)가 끝나자 그대로 일러 주었다.

「이번 주말에 애인을 만나게되면 이렇게 꼭 전하고 그대로 실행하라고 하라. 다음 다음주 토요일(土曜日~甲日)에 일박외출 또는 휴가를 얻어서 본가에 가서 그날밤은 자고, 일요일(乙日) 아침에 부친을 찾아뵙고 면담하되 우선 큰 잘못을 저질렀다고 사죄하고 용서를 빌고, 대구에서 있었던 자초지종을 모두 아뢰고 선처를 바라면 반드시 두사람의 고민은 깨끗이 해소될 것이오. 내말대로 명심해서 실천하도록 이르시오. 만약에 당신이 말하기 어려우면 남자를 나한테 데리고 오시오. 내가 말해주리다.」

그때서야 두 여인은 잘 알았다고 하면서 돌아가는데, 발걸음이 가벼워 보였다.

지난날의 점괘풀이가 생각나자 "그럼 당신이 애인인 그 군인이었군요. 반갑소. 그래 본댁에는 다녀오신 모양인데 어찌 되었오?"

마침 그때 안에서 녹차를 내와서 셋사람은 차를 마시면서 군인이 고향에 내려갔던 때의 얘기를 들었다.

군인은 내가 시킨 그대로 실천했단다. 토요일에 외출증을 떼어 귀향해서 저녁을 잘 먹고 일찍 취침하고, 다음날 일찍 기상해서 세수한 뒤 부친이 계신 사랑방에 들어갔다. 다짜고짜 절을 올린 뒤 "불초소자가 큰죄를 저질렀으니 꾸지람을 내리십시요. 그리고 제발 용서해 주십시요."했다. 어리둥절한 부친은 약간 놀라서 "아니 평소 착실하던 네가 무슨 실수를 저질렀느냐? 어서 말해 보거라" 하셨다.

그래서 용기를 내어 이실직고 했다. 대구에서 18세 난 소녀와 이성교제한 일, 서로 좋아하다가 그만 임신이 됐고 벌써 3개월째가 되었는데 이 일을 어찌해야 될지 난감해서 염치없으나 아버님께 여쭈어 선처를 하교받고자 외출나왔다고 사정을 아뢰었다.

경과보고를 다 듣고 나신 부친은 그 처자의 성품이며 집안환경 등을 물으신 다음 "서로 사랑하느냐?"고 하문하셨다.

그래서 "네! 서로 아끼며 무척 사랑합니다!"고 군인답게 씩씩하게 대답했단다. 부친은 잠깐 생각하시더니, 웃는 낯으로 다음과 같이 말씀하셨단다.

「네 마음에 들었다니, 그 처자를 배필로서 짝을 지어 줄 수 있다. 그리고 애기를 잉태했다니 몸조심을 시켜야 한다. 허나 금년에는 혼인은 안되겠다. 네 누나가 봄에 신행했는데 한해 안에 두번 잔치는 안하는 법이다. 그대신 명년 봄에는 성혼해 줄 수 있다. 너도 알다시피 네형은 벌써 장가든지 5년이 지났는데 아직 포태가 없다. 몇해 안가 나도 환갑인데, 아직 손자를 못봤다. 그러니 손자를 꼭 봐야겠다.」

이렇게 쉽게 허락말씀이 떨어질줄은 몰랐다. 「본래 몹시 가법이 엄하신 어른이셨는데, 이게 모두 도사님께서 날을 잘 잡아주신 덕분입니다.」

나는 웃으면서 「내덕이 아니라 그건 뱃속의 애기가 벌써 효도를 하는게야…」해서 한바탕 웃었다.

그리고 부친께서는 "그 처녀에게 신표(信標)라도 해 주었나?"고 물으셨다. "실반지 하나도 아직 못해 주었습니다"고 하자 "못난 자식"이라고 하시며, 문갑(文匣)에서 돈다발을 꺼내 주시면서 다음번에는 함께 내려오라고 하셨단다. 며느리감을 빨리 선보고 싶은 모양이셨다. 실은 어머님에겐 미리 귀뜸해서 알고 계셨으나 워낙 아버님이 엄하셔서 눈치만 살피던 터여서 아버님의 허락을 받아낸 전말을 들으시고 어머님도 매우 기뻐하셨다.

그 길로 부모님을 하직하고 대구로 오자마자 애인을 찾아가서 부모님의 허락이 났다고 알려주고, 다시 장인될 처녀의 부친께도 그날 중에 승락을 얻어냈다(모친은 몇해전에 작고했음.)

그후 소녀는 직장에 사표를 냈고(시집에서 태아의 건강상 이유 등으로 직장을 그만 두라는 강력한 권유로) 그동안 여러차례 시댁에 함께 나들이를 다녀왔다고 한다. 다행히 어른들의 마음에도 들어서 돌아올 때마다 금품이며 농산물을 많이 주셔서, 방도 얻어 살림까지 차렸다고 한다.

어쩐지 몰라보게 달라졌다 했더니….

군 제대후 대구에서 살 작정이라는 청년의 장래문제 등을 상의하고 나서 작별인사로 또다시 큰절 하고 돌아갔다.

다음해 신춘에 선산에서 초례를 지냈고 득남도 해서, 시댁 부모님의 사랑도 받으며 잘 살고 있다는 소식은 옛 선배언니인 새댁이 들렸을 때 들려주었다.

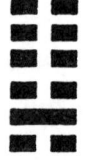

⑦ 〈大望達成占〉

거듭승진 대권 등극(외)

地水師 군사사

貴婦人의 來情을 占斷하고 夫君의 大權登極을 豫斷

1980년 이른 초봄, 새벽 정근으로 천수경독송을 마쳤을 때, 마침 손님이 오셨다. 겨우 날이 샐 무렵이라 밖은 아직 어두웠는데, 참으로 부지런한 사람도 다 있구나 생각하면서 방문을 열어주며 맞아 들였다.

어깨에 숄을 걸친 우아한 차림새의 중년 귀부인이었는데 권하는대로 방석에 앉는다. 나도 경상 앞에 바싹다가 앉아 부인을 쳐다보면서 말을 건넸다.

「어서 오십시요. 일찍 오셨군요.」

부인은 목례를 하고는 또렷한 말씨로 입을 떼었다.

「주인의 앞날 운세를 봐 주십사하고 왔습니다.」

그러면서 주인의 나이와 함께 생월생일생시를 일러 주었다. 만세력을 펼쳐 사주간지와 대운을 적고 나서 성함자가 어떻게 되시냐고 물었다. 그러자 의외로 "이름은 댈 수가 없다!"고 완강하게 거절하는 것이었다.

나는 마음속으로 부군께서 지명도가 높은 인사거나, 혹은 알릴수 없는 사정이 있는가보다고 여겼으나 한번 더 물어 보았다.

「성함이 뉘신지, 말씀해 주시겠습니까?」

「이름은 대기 곤란합니다. 이름 없이도 보실 수 있는 것 아닙니까?」

이번에도 역시 성명을 말하려고 않는다.

두차례나 거절 당하자, 약간 오기가 고개를 쳐들었다. 부인 말대로 물론 못봐줄 것도 없었지만, 술객은 그 직업 생리상(?) 아니 직업 성격상 문점인 한테 꿀리거나 얕보이게 되어 소위 기가 죽는다면 그 점사나 판단은 지리멸

럴하게 되고 끌려다니게 마련이며, 바른 판단을 내리기 어렵다는 점을 20여년간의 실점경험을 통해 체득한 터라서 부인의 기를 꺾을겸 전례를 들어서 설득하기 시작했다.

"예전에 제가 대구에서 철학관을 개설했을 때의 일인데, 그 당시 문복차 왔다가 공연한 말씨를 끝에 그냥 가버린 사람이 몇명 있는데, 그분들은 모두가 며칠 안가서 뒷탈이 있었답니다. 한분은 경북산원 여의사였는데 중절수술 중 산모가 사망, 업무상 과실치사죄로 수감되었고, 또 다른 이는 경제사범으로 구속되는 등 불상사로 재난을 겪은 사례가 여럿 있었답니다." 하고 얼르듯이 말해 주었다.

그때서야 부인은 동그란 눈을 더욱 또렷이 뜨고 나를 정색하며 쳐다보면서 "성씨만 대어도 되겠느냐?"고 물었다. 나도 타협을 바랐으므로 "네! 좋습니다." 선뜻 대답해 주었다. 그러자 마지 못한듯 「온전전(全), 전씨」라고 주인 성씨를 대었다.

그러는 동안 이사람이 무엇 때문에 왔는지 내정(來情)을 알고자, 실은 몰래 손아귀에서 8면 주사위로 이미 역괘(易卦)를 내어 살펴보고 있었다.
내괘 6(☷), 외괘 8(☷), 동효 3.
사지승(師之升~地水師 六三爻).

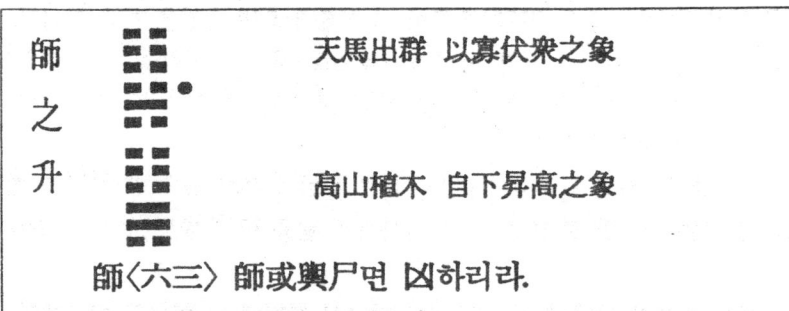

내정(來情)에 사(師)를 얻었으니 스승 아니면 군인이겠는데, 부인을 보아하니 장군 어부인이라 짐작되었다. 지괘 승(升)은 승진을 뜻하는 괘이므로 승진을 바래서 온 것이 분명하다는 생각이 들었다. 우선 말을 시작했다.

「이분은 많은 수하를 거느리고 통솔하는 이로서 군인이라면 장성일 것입니다. 생사의 고비를 겪으나, 그래도 승진은 하시겠습니다…」고 서두를 꺼내는데, 부인이 대뜸 끼어들어 응답을 했다.
「죽을 고비도 몇번 넘겼으며, 얼마전에 승진도 했는데요…!」 말하기가 무섭게, 말허리가 끊기고 잘리는 바람에 계속 할말을 그만 잃어 버린 꼴이 되었다. 「그렇습니까? 그럼 한번 주역괘를 내어서 앞으로의 운세, 미래를 한번 봅시다!」하면서 분향고축(芬香告祝) 서죽으로 3변서해서 정성껏 괘를 내었다.
득괘는 승지정(升之井~地風升의 5爻)

| 升之井 | 向上, 上昇, 進也이니 昇進
升〈六五〉貞 吉하리니 升階로다.
井〈九五〉井洌, 寒泉食이로다. |

「이괘는 지풍승(地風升)이라고 합니다. 산에 나무를 심었던 것이 자라나서 울창한 수목으로 자라는 모양으로써 아주 대길한 괘입니다. 승은 바로 향상·상승·진운(進運)으로서 이 괘를 얻으면 승진을 거듭 합니다. 그러므로 지난 날에 승진이 아니라, 앞으로 더욱 승진함을 뜻합니다.
이분은 금년부터 운수가 대통해서 여러차례 승진, 사회적 지위와 신분이 크게 향상 발전합니다.
효사말씀에 "점에 길하다. 계단을 올라 높히 이른다(貞吉, 升階)"고 했으니 끝내는 최고위(最高位)까지 나아가게 됨을 예시(豫示)하고 있습니다.」
잠자코 듣고만 있던 부인은 그때야 비로서 화기에 찬 어조로 반문했다.
「틀림없이 그렇게 될까요?」
약간은 긴장을 풀고 입가에 미소까지 띤게, 안도하는 부인의 표정에서 점단(占斷)을 수용(受容)하는 기미가 엿보이자 그에 힘을 얻어서였던지……?!
「네, 틀림없이 소망이 이루어지며, 소원성취 됩니다!」고, 재차 힘주어

강조해 주었다. 그러나 내정괘(來情卦)의 師或輿□가 想起되어 한마디 덧붙여 일렀다.

「다만 생사 고비가 따릅니다…」고 말꼬리를 흐려서, 조언을 해 주었다. 그러자 부인은 동그란 눈을 반짝이며 결연한 기색으로 잘라 말했다. 「이미 겪었고, 그것은 이미 각오가 되어 있어요.」라고….

이제 점사는 끝났다. 나는 궁금했던 것을 물어 보았다. "누가 이렇게 외진 정릉골짜기 누추한 곳을 알려 주십디까?"하니까, "잘 아는 분이 꼭 한번 찾아가 보라고 권해서 왔어요?"라고 할 뿐 소개한 사람에 대해서 일러주지 않았다.

그대신 일어서기 직전에 엄포? 같은 말을 한마디 하는 것이었다. 「제가 여기에 왔었다는 말은 절대로 아무에게도 하지 말아 주세요!」하며 함구할 것을 당부하였다. 이어서, 「주인께서는 전국의 모든 정보를 환히 알고 있으므로 기밀누설을 절대로 원치 않습니다. 그러니 무슨 뜬소문이나 말이 나돌게 되면 좋지 않을 겁니다!」라고 단단히 부탁한 뒤 준비해 온 돈봉투를 건네주고는 곧 일어섰다.

배웅코자 따라 일어서려니까 손을 저어 제지하고 "그냥 계세요"하며 얼른 방문을 열고 떠나갔다.

며칠후 TV화면에 사회정화위원회 위원장 전두환소장의 「사회정의구현에 관한 담화」보도를 보게 되었다. 그것을 보자 퍼뜩 이분이 바로 그 귀부인의 부군이다!고 직감했다.

그 이튿날 협회·학회에서 사회봉사활동의 일환으로 양로원 위문을 가게 되었다. 언제나 벌렸던 연례행사로 미리 준비했던 선물들을 학회 사무실에 마련했었다.

다른 시도지부는 각기 자기고장에서 행사를 가졌고, 우리 중앙회에서는 임원단전원과 재경정회원중 지망자들이 참가했다. 해마다 양로원 위문을 갔었는데 그동안 청운양로원등 모두 할머니들만 사시는 곳만 찾아갔었다. 그래서 이번에는 할아버지만 사신다는 시립양로원을 선정해서 가게되었다.

중앙회 사무실에 일단 모여서, 각기 승요차와 버스편에 분승해서 출발했다.

도착해서 지창용중앙회장의 주도로 위문품 전달식을 마치고, 갖고 간 쇠고기로 국을 끓여서 많은 음식물을 점심에 대접하면서 노인 선배님들을 치하, 경애하는 한편 여흥으로 위로하는 등으로 모든 행사를 마쳤다.
　오후 3시경에 현지에서 해산, 참가자들이 삼삼오오 귀가길에 올랐다.
　하산길에 평소 숙친한 외우(畏友)인 최봉수(崔鳳秀)부회장과 만나 반가움에 한손을 꼭잡고 걸으면서, 환담 끝에 내가 먼저 말을 꺼냈다.
「앞으로 대권(大權)은 온전 전자 전씨(全氏)가 잡을 것 같아요!」했더니, 최형은 즉각「그래! 옳은 말이야」하면서, 금방 맞장구 치듯이 수긍하는 것이었다. 그러면서「홍 부이사장! 전씨 사주 알고 있나 보구려?」한다. 내가 고개를 끄떡여 그렇다는 의사표시를 하자, 그는 내얼굴을 쳐다보면서 전씨의 사주 네기둥을 차근히 외워대는 것이었다. 그리고 나서「이 일주(日柱)가 맞지?」한다.
「예! 맞아요!」하면서, 서로 쳐다보며 크게 웃었다. 두사람은 다시 걷기 시작했다. 그때 그는 독백(獨白)하듯이「국운(國運)이야!」했다.
　그의 "수수께끼"같은 말이 무슨 뜻인지 물어보지 못한채 어느덧 큰길가에 다달아 있었다. 그곳에서 서로 헤어져 각기 다른 방향으로 가는 차를 타고 떠났다.
　그로부터 여러달 지났을 무렵, 어느 여성지로 기억되는데, 화보에 크게 실린 전두환씨댁 온가족사진이 실린 것을 보게 되었다. 그 사진속에는 초봄의 이른 새벽에 정룡산방을 방문했던 귀부인이 곱게 단장하고 앉아 있었다. 사진설명에 영부인 이순자여사라고 적혀 있었다.

「升 六五 貞吉하리니 升階로다.」筮하여 이 효를 만나다. 계단을 올라가 높은 자리에 이른다는 占. 王位로 등극함을 말함(鈴木博士著「易經」169쪽.
　■…점사(占師)를 일본인들은 역자(易者)라고 한다. 역술인은 직업상 개인의 사생활을 많이 알게끔 되어있다. 의사(醫師)와 마찬가지로 직업상 알아낸 사생활은 절대 누설해서는 안되는 것이 직업윤리임은 물론이다.
　이 원고는 10여년 전에 나의「易占노트」에 기록한채 사장되었던 것인데, 이번에 역학지에 처음 공개하기로 한 것은 이제 오랜 세월이 흘렀고, 그동안 전 전대통령 내외께서 영욕(榮辱)을 겪을대로 겪었으니 만약에 이글을 보게 되더라도 담담히 웃어넘길것으로 믿어서 이에 실었다. 마지막으로 두분에게 부처님의 가피가 꾸준하시기를 축원하며 합장합니다.

⑧ 〈處世最善策〉

관직진퇴 최선방안?

水地比 / 견줄비

能力의 한계를 豫示 高官職을 自退한 占例

　1962년에 대구에서 상경, 금호동에서 영업하다가 64년에 신당동 304번지에 운명감정소를 이전해서 개업했다.
　당시 바로 이웃에 연세에 비해 아주 정정한 노부인이 계셨는데, 손자들의 중·고등학교 입시때마다 문점을 오시곤 했다. 모두 수재라서인지 점괘대로 목적한 지망교에 모두 합격, 좋은 결과를 얻고는 기뻐서 치하인사차 오셔서는 많은 이웃 사람들을 데리고 와서는 점을 보라고 권하는 등 자진해서 안내원 노릇을 해주셨다.
　노부인은 어엿하게 부모가 있는데도 그 손자들을 손수 수발하며 방을 따로 얻고 살고 있었는데, 이유는 손자들의 통학관계 등 여러가지 있었으나 부모한테 맡기는 것보다 더 잘 키울 수 있다는 자부심과 대단한 의욕 때문인 것 같았다.
　그러나 실제로는 그댁 아들과 자부님도 대단한 사람들이었다. 그 큰 아드님은 명문대 출신으로 재무부에 봉직하는 고급공무원이었고, 그 자부 또한 명문대 약학과를 나온 약사로 약국을 여러해 동안 경영하고 평판도 좋아오니 말이다.
　모친의 권유였는지 어느 토요일 퇴근길에 그 댁 아드님이 나의 감정소에 들렸다. 수인사를 마치고 얘기를 나누어보니 관공리로도 훌륭한 인품을 갖춘 분으로 독서를 많이 하는 선비형이었다.
　성씨는 맡은 임자(任)에 항열이 빛날 빈(彬)자로 나의 이종사촌과 같은 항열이었고, 조카사위가 순박한 순자(淳)라 바로 그 아래되는 항열이었다.

나이가 나보다 연장자라 형님으로 호칭하기로 했다.
　임형은 동양철학에도 조예가 깊어서 노장(老莊)사상에 심취해 있었고 역경도 읽었으며, 내가 갖고있는 가토다이가구(加藤大岳)가 저술한 역학대강좌(易學大講座) 전8권도 구입해서 가끔 읽어보았다고 한다. 자연 의기가 투합, 즐거운 대화를 나누고 헤어졌다.
　그로부터 몇해 뒤에 들렸을 때 공인회계사 고시를 준비 중이라 하길래, 신수를 봐주면서 금년은 어려우나 명년에 응시하면 합격할 수 있다고 격려해 주었는데, 예언대로 그해는 과락으로 불합격되었으나 이듬해에는 무난히 좋은 성적으로 합격, 회계사 자격을 취득하였다.
　그 뒤 정릉으로 이전한 후에도 내게 가끔 들렸었다. 그리고는 한동안 뜸했었는데 70년대 말경, 참으로 오랜만에 임형이 청수골 산방에 들렀다. 그것도 휴일도 아닌 평일 오전 중에 내방했으니 말이다.
　반갑게 맞으면서, 그의 얼굴을 살펴 보았더니 몹시 초췌해 보였으며 사색(死色)에 가까운 안색이라 깜짝 놀라서 물었다.
　"어디가 많이 편찮으십니까?"
　「신경쇠약 증세 같아…」고 한다.
　걱정이 되어 원인을 물었더니 국가기밀이라 보안상 내용은 밝힐 수 없으나 어떤 중요한 프로젝트를 청와대에서 하명받으면서 실장으로 임명되어 중책을 도맡아 업무수행 중인데, 기일은 촉박해오고 일은 방대해서 어떤 면에서는 능력부족을 느껴 강박관념에 짓눌려 매일 불면증에 시달리며, 어떤 때는 온몸에 힘이 쭉 빠지고 수시로 두통에 시달려 견디다 못해 중앙의료원에 가서 진찰도 받고 치료도 계속 받고 있으나 도무지 호전의 기미가 없다는 것이었다.
　이런 상태로는 도저히 공무수행을 감당해 낼 자신이 없어 고민 끝에 차제에 사표를 내는게 옳은지, 좀더 관직에 머물러 있어야 할지 궁리하다가 혼자서는 도저히 판가름을 못내려서 이렇게 찾아오게 되었다는 것이었다. 그리고 현재 병가를 얻어 요양중이란다.
　임형의 얘기를 듣고보니 이거야말로 정말 보통일이 아니다. 그렇듯 총명하고 사려깊고 명석하던 양반이 이 무슨 운명의 비극인가.
　옛 성현의 말씀에 군자는 진퇴출처가 가장 중요하다고 하였는데, 그가 원하는대로 역점괘(易占卦)를 내어 보아 줄 도리 밖에 다른 방도가 없게 되었다.

우선 소세하고 단좌하여 분향하고 당자를 위하여 축원한 뒤 6변서로 설서 비지건(比之蹇~水地比六三)을 득괘했다.

```
比    ▆▆ ▆▆
之    ▆▆ ▆▆     衆星拱北 比輔親和之象
      ▆▆▆▆▆
蹇    ▆▆ ▆▆     比(六三)比之匪人이라
      ▆▆ ▆▆
      ▆▆ ▆▆     飛雁啣蘆 寒蟬悲風之象
```

효사에 「친하려해도 그사람이 아니다(比之匪人)」 바꾸어 말해서 중정(中正)의 임군과 친해보고자 하지만 기신은 친할 자격에 결함이 있다(陰柔로서 不中不正이기 때문에) 게다가 응효(應爻)도 아니므로 이는 정상적이 아니다. 바르지 않다, 비정상이라는 것이 된다.

바로 임형이 현재로서는 비정상인 상태요, 국가에서 내린 일거리가 임형 체질에 전혀 맞지 않는 일이라는 점괘풀이가 된다. 현재의 정황으로 미루어 살펴보건대 업무상 중책에 완전히 짓눌린 상태에 빠져서 헤어나지 못하고 있음이 분명했다. 만약에 그렇다면 방법은 단 한가지, 후퇴하는 길밖에 도리가 없지 않은가…

현재대로 마냥 관직에 연연한다면 끝내 증상은 더욱 악화 심화되어 최악의 경우 폐인(廢人)이 될 우려가 있다고 판단되었다.

참으로 안타까운 일이었다. 이른바 전공가석(前功可惜)이나 속히 용단을 내려 자진사퇴하는 것만이 본인을 위하는 길이다.

사표를 내고 물러 난다면 친한 사람끼리 서로 손잡고 도움을 주고 받을 수가 있게 된다. 즉 〈比~輔也〉!

관직에 그냥 머무른다면 등산길에 진눈개비가 내려, 험준한 산마루에서 발이 얼고 다쳐 오도가도 못하는 진퇴유곡에 빠진다는 건난(蹇難)에 허덕인다.

이상과 같은 해설과 판단을 자세히 듣고 있던 임형도 주역을 많이 익히고 통달한 터라 나의 의견에 수긍했고, 그 자신도 최후의 결단을 못내리고 나의 고견? 아닌 점단(占斷)을 얻고자 왔던 참이라 결국 결심을 굳혔다.

"이제 자퇴할 결심을 굳혔소. 용기를 주어서 정말 고맙소!"하고 내손을 꼭 잡은 뒤 돌아갔다.

〈결과〉

그는 이윽고 사직했다. 그 뒤에 회계사 선후배 몇몇 인사와 연합사무소 개설에 참여, 얼마간의 분단금을 불입했다. 당자는 요양하느라 몇달동안 사무실에 출근하지 못했으나 얼마후 월초마다 전월분 수입결산에 의한 이익배당금이 배정되어 꼬박꼬박 송금되어 수입이 보장되게끔 되었다.

그리고 다행하게도 건강을 차츰 되찾게 되었다는 소식도 들렸다. 참으로 반가운 소식이었다.

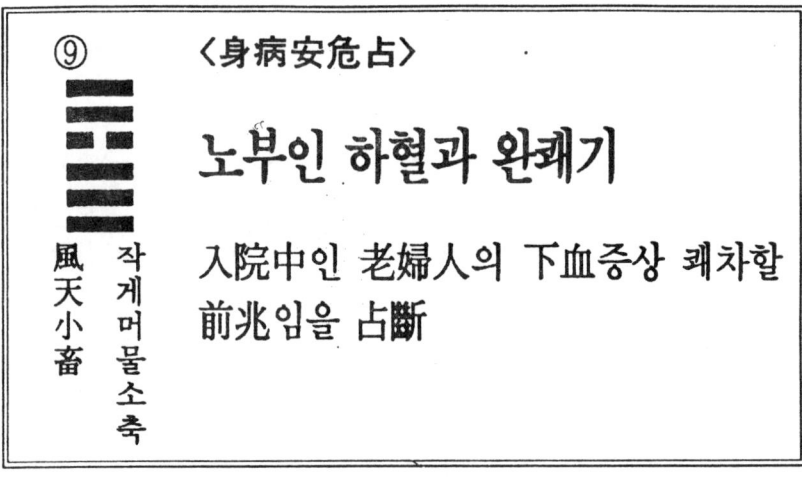

⑨ 〈身病安危占〉

노부인 하혈과 완쾌기

入院中인 老婦人의 下血증상 쾌차할 前兆임을 占斷

風天小畜 작게머물소축

안보살은 갑인생(1914년)으로 오랫동안 이태원에서 거주했던 연고로 이태원 아주머니로 통했다. 불심이 매우 돈독하여 남산에 있는 대원정사에 열심히 다니셨다.

부군인 이선생과의 사이에 혈육이 없었으나 노후까지 의좋게 살아가셨다. 안보살의 친정은 수원으로, 대대로 유서있는 명문거족이었고 형제자매도 무척 많았다.

안보살과 친숙해지는 바람에 자연히 자매분과 제씨(弟氏)도 우리집에 자주 드나들게 되었고, 운명상의 제반사를 상의하곤 했다.

지난 88년 초봄에도 자매분 여럿이 함께 오셔서 신수를 보았는데 그중에는 수원출신 최다선의원을 지낸 이병희 전의원 부인인 안여사도 끼어 있었다.

5공시절 정치적 규제로 오랫동안 정치생활을 못하시다가 해금(解禁)이 되어서야 새로 창당한 신민주공화당 부총재가 되었음은 보도를 통해 익히 알고 있었으나, 그때의 운수괘가 아주 좋아서 「다시 재기 출마하면 당선필지」라고 판단했는데 후에 13대 의원선거에 출마, 과연 재당선 되었다 (그러니까 안보살은 이의원의 바로 처형이 된다).

입원실에서의 다급한 전화

안보살이 칠순이 되기전 어느해, 급환으로 안국동소재 유명한 최내과의원에 입원을 했다고 본인이 직접 전화로 알려왔다. 그런데 평소엔 그렇게도 명랑하시던 분이었는데, 침통한 음성이 심상치가 않았다.

"내가 회생할 가망이 통 없는것 같으니, 홍선생이 한번 내 병점을 내어봐 주어요." 하는데 아무래도 울먹이는 목소리 같았다.

"어디가 많이 편잖습니까?" 하였더니,

"입원한지 3일이 지났어요. 원장님은 병이 거의 다 나았으니 며칠후면 퇴원하게 될거라고 하시는데, 별로 증세가 좋아지지 않아 그 말을 믿지 못하겠어. 홍선생이 꼭 점괘를 내어 봐서 곧이 곧대로 일러주면 고맙겠어." 하며 재차 병 점괘를 내어 봐달라는 간곡한 청이었다.

일러주는대로 병원 전화번호와 입원실 호수를 적고 일단 전화를 끊었다.

'악몽을 꾸셨나. 무슨 일이 있었길래 저렇듯 마음이 약해 지셨을까?'의아해 하면서 당부 받은대로 점괘를 내어 보게 되었다.

안성곤명(安姓坤命) 갑인생의 병환 쾌차를 진심으로 기원 축도하며 입서(立筮)하였다.

득괘는 소축지건(小畜之乾~風天小畜六四)

소축 ䷈ (風天小畜)괘는 5양 1음(五陽一陰)괘로서 괘상으로 보면 1음이 네번째(六四)자리에 있고 또 이 음효가 이른바 주괘주효(主卦主爻) 즉 이 괘를 구성하고 있는 주된 효라는 뜻이다.

약하게 뵈는 음유(陰柔)한 효 하나가 양강(陽剛)한 양의 무리들을 멈추게 하고 있는 괘이다.

이 괘상은 안보살의 병점괘로 보면 보살이 강한 병마를 물리치는 기상으로 판단을 내려도 될 것으로 여겨졌다. 또한 음기(陰氣)가 양기로 변환됨으로써 다시 건강한 체력(乾~健)을 곧 되찾게 된다고 볼 수가 있었다.

六四효사를 살펴 보면, 「有孚면 血去하고 惕出하여 无咎리라」 - 진실함이 있다. 근심은 가고 두려움도 제거된다. 탈이 없다. - 라고 되어 있는데 원문의 혈(血)은 휼(恤)로서, 血去란 근심걱정이 사라진다로 풀이함이 원칙인데 - 혹시 이 어른께서 걱정하는 증세가 장출혈(腸出血)이거나 하혈(下血)증상이 심했던 것이 아닐까? - 옳다, 그래서 두려워하고 있는게 틀림없다….

생각이 그렇게 들자 곧바로 전화를 걸어서 점풀이 결과를 알려 주기로 했다. 이윽고 전화가 연결되었다. 초조하게 기다렸던 모양이었다.

"그래 점쳐 보셨나, 무어라고 나왔소. 똑바로 숨김없이 일러줘요."

"보살님, 부탁한대로 점괘를 내어 봤는데, 너무 걱정 마세요. 아마 앞으로 4일쯤 후에는 완쾌되어 퇴원될 것으로 점괘가 나왔어요. 그러니 최박사님 말씀을 믿으십시요!"

"점괘가 좋게 나왔나요? 나를 위로하느라 그러는게 아니오?" 반신반의하는 눈치였다. 그래서 마지막 카드를 한마디 던져 보았다.

"보살님 오늘 하혈이 아주 심하셨지요? 그래서 몹시 놀라셨지요!?"

그러자 대뜸 반응이 왔다.

"그걸 어떻게 아셨소? 내 병점괘에 그게 나왔나요? 실은 어제도 하혈했고 오늘은 아주 심했다우" 하는 것이었다. 그말을 듣고 나는 힘을 얻어서 용기를 북돋우어 주었다.

"예, 점괘에 출혈이 있어야 병도 깨끗이 낫는다고 나왔어요! 많이 놀랐겠지만 점괘로 보면 체내에 나쁜 독소가 몸밖으로 다빠져 나가는 현상으로써 이제 하혈을 하셨으니 병도 깨끗이 사라진답니다. 그러니 너무 심려 마십시요. 그것이 쾌차하는 신호이며 완쾌된다는 징조라고 주역에 나와 있습니다."

"원장님과 똑같은 말씀을 하시네…"

"그러셨어요? 그 말씀을 믿으세요. 그리고 괴로우실 때는 관음주(觀音呪)를 외우시구요. 아셨지요!"

"네! 고마워요. 퇴원하면 찾아가 뵐께요." 한결 밝아진 말소리가 들려

왔다.
결과는 점단대로 4일후에 완치되어 퇴원했다. 한참만에 들렸을 때 그 당시의 득괘와 효사풀이와 주역에서 인용한 구절을 보여드렸더니 무척 신기해 했다.
안보살님은 그뒤 별탈없이 건강하게 지내고 계시는데, 다만 부군께서는 노환으로 작고하셨고 이태원집도 매각하였으며 연립인지 아파트에서 사신다.
91년도에는 남의 일로 두차례나 정능 청수골짜기에 들리셨는데 78세 나이에도 아직 정정한 편이셨다.

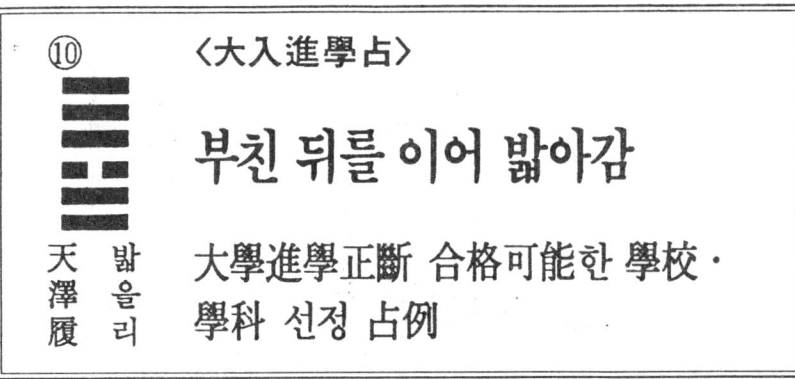

자녀에 대한 교육열이 매우 높은 것을 예전부터 "북청 물장수"라 비유하였듯이 교육에 대한 극성스러움은 정평이 나있는게 우리나라 국민성인듯 싶다.
그래서인지 매년 입시철이 다가오면 역술가(易術街)는 대목을 만난 듯 대성황을 이룬다고 매스콤에 보도되는 연례행사.
이를 식자들은 사회적인 병리현상이라고 개탄하지만 획기전인 제도개선이 이루어지기 전에는 이런 현상이 줄 것 같지 않다.
1987년 1월조, 예년처럼 고 3이 되는 학생, 지난해 진학에 실패, 재수생이 된 학생을 둔 모친들 몇분이 함께 찾아오셨다.
차례가 되어 앞으로 바싹 다가 앉는 분을 쳐다보니 안면이 있는 조변호사 부인이었다. 3남 준완(晙完)군의 대학진학 문제로 오셨다고 한다.

준완군은 무신생 12월 12일 인시생.
(戊申·甲子·丙辰·庚寅.)

지난해 치룬 학력고사 성적과 내신등급등으로 미루어 지원해 볼만한 학교를 지도교사와 식구들이 추려서 내어 봤는데(당시는 선시험 후지원제),

가)서강대학교 사회계열
나)한양대학교 법학과

이 둘로 낙착을 보게 되었는데, 이 가운데서 어느 대학 무슨학과에 지원서를 내면 합격 되겠는가 선정해 달라는 주문이었다.

우선 점괘를 내어 보기로 했다.

무신생 조준완. 태세 정묘년 대학진학이 순조롭게 성취되기를 축원한 뒤 서죽을 들어 3변서(三變筮)로 입서(立筮). 이지송(履之訟~天澤履初九)를 얻었다.

○…범의 꼬리를 밟아도 사람을 물지 않는다. 형통한다.(履虎尾하고 不咥人이라 亨하니라).

○…단에 이르기를 이(履)는 유(柔)가 강(剛)을 밟는 것이다. 기꺼이 건(乾)에 응한다. 그런 까닭으로 범의 꼬리를 밟아도 사람을 물지 않는 것이니 형통한다. 강(剛)이 중정(中正)을 얻어 제위(帝位)에 올라서 마음에 꺼려함이 없으면 광명할 것이다(象曰履는 柔履剛也니 説而應乎乾이라 是以履虎尾不咥人亨이라. 剛中正으로 履帝位而不疚면 光明也라).

○…초구(初九) 평소에 밟던대로 가면 허물이 없을 것이다「初九」는 素履로 往하면 无咎리라).

이상의 괘·단·효사와 아울러 괘상(卦象)을 살펴보고 점고(占考)를 가다듬고 나서 판단을 내렸다.

단왈(斷曰) : 준완군은 이번에 대학교에 지원하면 합격한다.

학교선택은 미리 제시한 두 학교 어느쪽에 지원해도 모두 합격이 가능하다고 판단된다 (그것은 内卦 兌澤의 象意가 西~江이라는 뜻이 포함되어 있으며, 變卦坎水도 물이라 삼수변인 漢大의 한수한자(漢)와도 象意가 通하기 때문이다).

그러나 한곳을 택한다면 한양대학교 법학과에 지원함이 마땅하다(그 이유는 본괘인 履卦가 앞서가는 乾父의 뒤를 유약한자 兌가 따라 밟아가는 모양이고 또한 之卦 訟은 法的行爲를 뜻하는 괘이며, 坎卦가 바로 法을 뜻하기 때문에 그쪽을 권하였던 것이다).

그때까지 판단과 풀이를 열심히 듣고 있던 준완군의 모친은 대학에 진학 입학한다는 말만 듣고도 몹시 기뻐하는 표정을 감추지 않았다. 그리고 다음과 같은 말을 하였다.

"사실은 부친도 법과대학에 입학하기를 원하고 계시며, 본인도 그쪽을 원한답니다."고 한다. 나도 그에 따라 용기를 북돋아 주고자,

"그것 참, 잘되었네요. 한양대 법대에 지원하도록 하세요. 꼭 합격됩니다!"

〈결과〉

87년 2월 19일 조변호사 부인께서 준완군의 합격소식을 알리기 위해 들렸다. 선물까지 준비해가지고 환하게 웃음띤 표정으로….

⑪ 〈妻問夫病占〉

地天泰 클태

땅 밑에 누워 있는 남편

泰盡否生은 樂極悲生이 되어 人生無常을 痛感한 점례

지천태괘는 보통 「음양교태(陰陽交泰)하니 소왕대래(小往大來)라」하였으니 길괘이다. 그러나 세상사란 현시점이 안태로움의 극치점이라면 앞으로 비색(否塞)한 일이 시작이 된다고 볼 수가 있다.

그러므로 지천태괘의 점고(占考)에는 다음 사항을 유념해야 한다.

즉 장례를 점쳤을 때 태괘(泰卦)를 얻었다면 지금은 매우 안태로운 시기지만 얼마 안가서 그것이 문란해지기 시작하므로 엄히 경계를 게으르게 해서는 안된다고 보아야 한다.

이 지천태와 바로 이웃한 천지비(天地否 ䷋), 그리고 주역 하경 끝에 나오는 수화기제(水火旣濟 ䷾), 화수미제(火水未濟 ䷿)의 4괘는 점을 볼때, 다른 괘와 달리 특별한 방법으로 보아야 한다. 이 4괘는 모두 3음·3양괘로서, 태·비(泰·否)는 교역생괘(交易生卦)의 시작이며, 기제·미제(旣濟·未濟)는 그 교역(交易)의 극(極)을 이루고 있기 때문이다.

이상의 4괘는 각각 그 외괘(外卦)가 동했을 때에는 그 대척적(對蹠的)인―(泰는 否, 未濟는 旣濟)―정반대의 괘의(卦意)를 품고 있다고 보게 된다.

이를테면 태괘라면 내괘의 건천(乾天) 〈九三〉까지는 확실한 태의 시기로 보지만 외괘로 옮겨가 4효에서부터는 이미 태가 쇠하기 시작했다고 보아 비(否)의 뜻을 품고 있다고 보아야 한다.

이와 반대로 비(否)괘는 내괘인 곤지(坤地)에 해당될 때는 물론 비(否)의시기로 보지만 외괘인 건(☰)으로 옮겨가면 얼마 안가서 태(泰)의 기운이 싹터온다고 본다.

미완성을 뜻하는 미제괘도 외괘로 옮겨가면 근일중에 성사될 밝은 빛이 들기 시작하리라고 보게 되며 기제괘의 외괘일 때에는 새로운 기획의 시도가 시작되려 한다고 볼 수가 있다.

태괘구결(泰卦口訣)을 요약하면

"泰에서 他卦로 變해감은 어쨌건 좋지 않다. 他卦가 變해서 泰가 되는 것은 좋다."

그러므로 상업·거래 등 타에서 변해온 태괘라면 이득이 있다고 보는 것이니 적은 자본을 들여서 많은 배당을 얻거나, 적은 노력으로 큰 거래를 성사 시킨다던지―그렇게 판단할 수 있다.

혼사 등에도 타괘가 변해서 태괘가 되었다면 그 혼사는 성사된다고 보게 되지만, 만약에 본괘에 태를 얻어 변해서 타괘가 되는 것은 좋다고 볼 수 없다.

―혼사말이 나왔으니 말인데, 혼담이 일어나기 이전은 서로가 전혀 알지 못하는 사이므로 괘상으로 비유하자면 천지비(否)가 본모습이다.

그랬던 것이 일단 중신이 되어 맞선을 보게된다. ―그때 서로가 좋아하면 택산함(澤山咸 ䷞)에 해당한다. 함괘는 청춘남녀의 교감이니 이른바 연애감정이 든 상태이다. 그것이 잘 진행되면 뇌풍항(雷風恒 ䷟)이 된다. 항괘는 부부로 맺어져 가정을 꾸림이다. 그리고 그대로 원만한 사람이었을때 비로소 지천태(地天泰 ䷊)가 된다.

 그것이 바른 순서이다.

 그럴진데 이제 겨우 혼담이 오가려는데 난데없이 태괘가 먼저 불쑥 나왔다면 이는 사리에 맞는 것이 아니다. 말하자면 일이 거꾸로 가는 격이니 혼사는 도리어 이루어지지 않는다고 보게 된다.

 마음에 들어서 진행시키려 한다해도 항(恒)이 되면 도태(倒兌)와 도간(倒艮)이라 입(口～兌)과 등(背～艮)이 서로가 반대 쪽을 향한 꼴이 되고 마니—성립이 어렵다고 본다. 사물의 순서나 차례로 보아 태가 타괘로 됨은 재미가 없다. 이것이 역점(易占)의 묘미(妙味)이다. 그러므로 점괘를 냈을 때는 그 일의 어떤 면을 나타내고 있는가를 잘 살펴 보아야 하며 덮어놓고 태괘가 나왔으니 대길(大吉)이라는 판단을 내린다면 오점(誤占)이 되고 만다.
—「易學大講座」(2) 250쪽 카도우다이가구—

尹社長의 病占卦

　　1987년 여름에 윤사장 부인께서 내방하셨는데, 표정을 보아하니 몹시 지친 모습이 역력하였다.
　　아주 오래된 단골로 아마도 70년대 후반쯤부터 오셨던 것으로 기억된다. 부군은 병인생(1926년)으로 회사 경영업무에 정통하고 성실한 전문경영인으로 정평이 있었으며, 유수한 대기업에서 상임이사로, 대표이사로 초빙되어 역임하고 있었다.
　　부인 계유생(1933년)도 주부로서 살림도 잘해갈 뿐만 아니라 남달리 이재(理財)에 뛰어난 재주를 지녔었다.
　　한참 건축붐에 편승, 가옥을 짓고 팔고하여 부동산을 늘리더니, 몇해 안가 큰 저택을 손수짓고 살았으며 상가에 빌딩까지 소유하게 되었다.
　　자녀들도 잘 키워 모두 명문대를 나온 수재였으며 도미유학까지 시켜서 좋은데 취업하여 대우받고 있으니 남들의 부러움을 사는 이른바 "현모양처"의 본보기로 손색이 없는 그런 부인이었다.
　　인사말이 오간뒤 심각한 표정으로 「주인 운수를 봐주시오.」하는 것이 아닌가.
　　「예? 윤사장님께서……어디 편찮으십니까?」 대뜸 나온 반문에 부인께서는 「네! (말꼬리를 약간 흐리더니)……지난 4월달에 병원에 입원했었다가……지금은 퇴원해서, 집에서 요양중에 있어요.」 약간 침통한 어조로 말씀하셨다.
　　말씀으로 미루어 심상치 않음을 알 수 있었으나 역점괘를 내어볼 도리 밖에 없었다.
　　3변서로 입서 태지대장(泰之大畜～地天泰 上六)이 나왔다.
　　득괘를 보는 순간 조보화의 명복고사(名卜故事)가 떠올라 불길한 예감이 머리속을 스쳐갔다. 그 고사는 다음과 같다.

誤判과 的占
　　남북조시대 북제(北齊)에 조보화(趙輔和)라는 명복(名卜)이 있었다. 어느 날 부친의 병환이 위중해서 몹시 걱정끝에 찾아온 한사내가 보화와 함께 있던 점사에게 점을 쳐봐달라고 청했다.

이때 나온 괘가 지천태괘였다. 점사가 판단하기를 「이 괘는 매우 좋은 괘이다. 부친 병은 곧 나겠다」하였다.

보통 일반적으로 태괘는 안태(安泰)로서 길하고 이와 반대인 비괘는 흉하다고 보는 것이다.

하늘은 위로 오르려 하고 땅은 밑으로 내려오는 것임으로 태괘는 천지가 그 기를 서로 밀착하고 있는 모양이다.

천지비는 하늘은 다올라 갔고 땅은 다 내려와 버려서 서로 떨어진다는 것이 그 설명이다.

사내가 그 점단을 듣고 기뻐하면서 돌아간 뒤에 조보화는 그 점사에게 이렇게 말했다.

「태괘는 건천이 밑에 있고 곤지가 위에 있다. 그렇다면 건·부친(乾~父親)이 곤·지하(坤~地下)에 들어간 것이 된다. 어찌 길하다 하리오.」

얼마 후에 그 사내의 부친이 죽었다는 기별이 왔다(「北齊書」方技傳).

泰之大畜 占考

태괘의 상6효가 되었으니 괘의 극(極)에 달했으며, 변하여 간산(艮山)이 됨은 뫼(山)를 이루어 그 밑에 건부(乾夫)가 누워 있는 모양이라 아무리 살펴 보아도 불길하기만 하다.

점괘를 살펴 보건데 아무리 보아도 금년을 넘길 것 같지 않았다. 4월달서부터 6효동(六爻動)인 만 6개월로 친다면 10월쯤이 한계로 볼 수 밖에 없다.

괘를 얻고도 말을 안해주고 끙끙대고만 있으려니까, 눈치 빠르고 두뇌회전이 번개같이 빠른 부인께서 결국 먼저 선수치듯 말씀하셨다.

「기사회생 가망이 없지요!?」

그러면서 그동안의 경과를 들려주신다. 악성 간암인데다가 굉장히 빠른 속도로 퍼져서 수술도 불가능했고 방사선치료도 큰 효험을 보지 못했다는 얘기였다.

결국 퇴원해서 자가요양중인데 얼마전 안면있는 분이 희소식을 전하더란다.

미국에 있는 "첨단의학연구센타"에서 연구원으로 여러해 근무하면서 각종 암치료 신약을 개발중인 홍박사(여자)가 그 시약을 얼마쯤 가지고 귀국했는데, 아직 시판허가가 미국에서 나오지 않고 있어서 극비리에 심한 환자들에게 나누어주고 있단다. 아직은 양산도 못하는 관계로 아주 고귀약이라 매우 고가인데, 현재 국내 재벌총수등 몇몇 인사들이 사용하고 있는데 효과가 현저하다는 것이었다.

물에 빠진 사람은 지푸라기라도 잡는다는 속담대로 부인은 그 말에 솔깃해서 "꼭 소개 시켜달라"고 졸라 홍박사를 만나게 됐고 사정해서, 그 특효약이라는 도포제(塗布劑)를 몇 10그람씩 비싸게 사다가 부군인 윤사장 복부에 정성껏 발라 드렸다.

그런데 이게 웬일인지, 그약을 바를 때마다 몹시 통증을 호소하더란다. 그래서 다음번 약사러 갔을때 홍박사에게 문의했더니 악성세포들이 소멸하느라고 그렇다고도 하고 치유되는 과정에 통증이 따르는 법이라며 그 과정을 이겨내야 된다고 하더란다. 그래서 비싼약이라 아까운 마음에 환부 부위 살갗에다 다시 발라 드리곤 했단다.

그런데 그때마다 부군께서는 아프다고 악을 쓰고, 나중에는 입에 담지못할 욕지거리까지 서슴없이 퍼붓더란다.

평소 온화하고 점잖코 그렇게 자애롭던 이가 함부로 악담을 늘어 놓다니…. 그만 눈물이 왈칵 쏟아지면서 이제라도 당장 이혼하고 싶은 심정이 들더란다.

"글쎄요. 단단히 정을 떼려는가 보군요" 하며 위로 하는 도리밖에 해줄 말을 찾지 못했다. 그리고 신약(新藥)인지 시약(試藥)인지도 크게 효험을 볼 것 같지 않았다.

「약발도 받을 것 같지 않으니 그렇게 통증이 심하다면, 중단하는게 좋을 것 같습니다.」라고 일렀더니, 부인도 수긍하며 「그럴 작정이예요!」하셨다.

그해 10월 윤사장은 별세하셨다.

장례식은 많은 조문객이 참례 성대하게 엄수되었다.

악덕 가짜 약품 제조 판매단이 일망타진 되었다는 보도를 신문과 TV를 통해서 알게된 것은 그로부터 2년뒤였다.

콜탈에 여러가지 유해약품을 혼합해서 조제한 것을 고귀약인양 비싸게 팔아서 치부한 일당이 결국은 꼬리가 길면 잡힌다는 속담 대로 되었으니 사필귀정(事必歸正)의 본보기라 여겨진다.

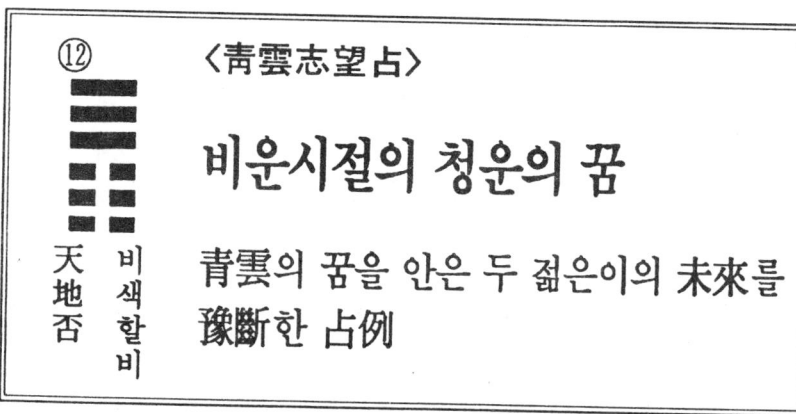

천지비괘는 비색(否塞~운수가 나빠서 막힘)하다는 점괘이다. 그러나 앞서 지천태에서 말한바와 같이 외괘(外卦~上卦)쪽으로 올라가면 (변효·동효), 반대로 안태(安泰~편안하고 운수가 트임)로운 쪽으로 바뀐다고 했다. 이른바 궁진시통(窮盡始通)이라 보는 것이다.

천지비괘의 점례는 많으나, 그중 두 젊은이가 거의 같은 시기에 같은 괘를 얻었던 점례를 소개해 보기로 한다.

두 젊은이의 푸른 꿈

그 두 젊은이 중 한사람은 가수 김용만씨였고, 다른 한사람은 바로 필자 자신이었다.

57년도 초여름쯤 대구 동인동 동인양조장 건너편 작은 골목길 한구석 구멍가게 하던 자리인 한평남짓한 낮은 판자집 유리창에 붙인 흰종이 위에 "성명감정·주역점단·사주궁합"이라 적혀 있었다.

이 게딱지 같은 하꼬방에서 개업하게 된 사연은 너무 길어서 기회를 보아 얘기하기로 하고…. 여기서 개업한지 한달 반쯤 되었을 어느날 한 젊은이가 열려있는 문앞에 서서 안을 기웃 거렸다.

붙임성 있게 웃는 얼굴에 서로가 마음이 끌렸던지 낮은 문지방을 허리를 굽히고 방안으로 성큼 들어왔고, 나도 반색하며 앉기를 권했다. 서로 마주

보면서 수인사를 건네고 같은 나이 또래라 악수까지 나누었다.
「앞으로의 내운세를 봐주시오!」하는 그의 목소리는 걸걸한게 무척 호감이 가는 겨상도 사나이였다(그는 골격이 굵고 눈도 부리부리하고 남성적이였고, 나는 몸이 가냘프고 손발이 작고 여성적인 편이라서 상대성 원리(?)에서 더 호감이 갔었는지도 모른다.).
먼저 사주풀이를 해주었다. 관계(官界) 상공방면은 바라지 말고, 연예(演藝) 자유업등 편업(偏業)이 좋고 아마도 두가지 업종을 갖게 되리라. 그때 그는 듣고 있다가 웃으면서 "사실은 가수 지망생"이라고 실토하면서 가수로 성공할 것인가 물었다.
―아하! 역시 연예인 지망청년이었군, 나자신 해방직후 아역 배우로 4, 5년간 겪어 보아서, 그 길이 얼마나 험난한 가시 밭길인지 대강 짐작하며 알고 있었다―.
그를 위해서 미래예측의 최고역학 주역으로 미래상(未來像)을 점쳐 보아주기로 했다. 정성껏 6변서로 입서했다.
득괘는 「천지비(天地否)지(之)뇌지예(雷地豫)」로 천지비의 5·6효動이었다.
―나는 득괘를 보자 약간 아연(啞然)했다. 나중에 다시 설명하겠지만 실은 이곳 판자집인 하꼬방에서, 나자신의 장래를 위해 입서(立筮)해서 얻었던 괘와 똑같은 괘가 나왔기 때문이다. 물론 효변은 약간 달랐으나 그때의 득괘도 6변서였고, 천지비(天地否)의 4·6효가 동하여 지괘(之卦)는 수지비(水地比)였는데….

김용만씨 장래괘	홍몽선의 장래괘
否之豫	否之比
▬▬ ●上九 ▬▬	上九● ▬▬▬▬
▬▬ ●九五 ▬▬	九五 ▬▬▬▬
▬▬▬▬ 九四	九四● ▬▬▬▬
▬▬ 六三 ▬▬	六三 ▬▬ ▬▬
▬▬ 六二 ▬▬	六二 ▬▬ ▬▬
▬▬ 初六 ▬▬	初六 ▬▬ ▬▬

○ 天地否 : 月藏霧裏之象　寒鶯待春之意
○ 雷之豫 : 雷出地奮之象　行止順時之意
○ 水地比 : 衆星拱北之象　和樂無間之意

否　〈九四〉有命无咎하야 疇離祉리라
　　〈九五〉休否라. 大人吉이니 其亡其亡이라야
　　　　　繋于苞桑이리라
　　〈上九〉傾否니 先否後喜로다

　점서(占書)에 의하면 그옛날 소진(蘇秦)이 장차 6국으로 유세(遊說)를 떠날 때 점을쳐 이 「천지비」괘를 얻었는데 나중에 과연 재상(宰相)이 되었다는 고사(故事)가 있다.
　「김용만형도 지금은 신인 가수로서 아직은 운수가 비색한 시운(時運)이나 장차는 지상에 분출한 뇌성벽력 같이 이 땅위에 용만이라는 이름이 온세상에 울려 퍼질 것이요.
　지괘인 「뇌지예」괘의 진(震)은 땅을 박차고 솟아오른 용(龍)이 용트림하는 상의(象意)가 있고, 또 소리나는 음악과도 통하며 건축·라디오·마이크·스피커·방송과도 인연있는 괘요. 그러므로 형의 목적인 일류가수가 되어 성공할 것은 의심치 않습니다!
　사실은 나도 이곳에서 처음 개업했을 때, 자신이 역술가로서의 장래가 어떻게 될 것인가 점괘를 낸 적이 있었는데, 형과 똑같은 괘를 얻었답니다. 그래서 장차 일류가 되는 꿈의 실현을 위해 열심히 역학공부를 하고 있어요. 앞으로 형은 필경 힛트쳐서 중앙무대인 서울에서 대활약을 하게 될 것입니다. 저도 앞으로 서울로 상경할 작정입니다.
　우리 두사람 모두 성공해서 일가를 이룬 다음에 꼭 한번 다시 만나서 오늘 있었던 일들을 옛말 삼으면서 정담(情談)을 함께 나눕시다.」
　나의 제안에 그도 크게 찬성하였으므로 서로가 두손을 굳게 마주 잡고서 단단히 약속하고 헤어졌다.
　얼마 안가서 가수 김용만은 여러차례 힛트곡을 세상에 내놓았고, 차츰 유명해져 갔다.

　나도 그럭저럭 고객들의 호평속에 전문역술인으로 성장, 62년도에 상경했고 현역 역술인으로, 역학강좌 전임강사로, 역리학회창립멤버로 당시 최연소 중앙이사로, 학회지 주간등을 역임, 차츰 중견역술인으로 성장해갔다.

　서로가 자신들의 맡은바 일에 정진하느라 정신없이 뛰다보니 세월은 자꾸만 흘러 만나자던 기약도 잊은채 어느새 그냥 지나가 버렸다.

　어언 34, 5년이 지나간 지금, 91년도 여름에 참으로 오랜만에 김용만선생을 텔레비젼 화면으로나마 보게 되었다. 매우 반가왔다. 그 프로는 김부자씨 등과 소련에 교포 위문 공연차 다녀온 얘기였었는데, 그 옛날의 홍안청소년이 어느덧 60전후의 노신사가 되어 있었으나(피차 일반?!)한복 차림으로 예전과 다름없이 활기차게 설쳐대는(?) 그 모습이 매우 대견스러웠다.

　원기왕성 아직도 건재한 그의 모습을 화면을 통해 보면서, 그 옛날의 상봉기약이 얼마 안가서 꼭 이루어질 것 같은 예감이 든다.

　혹시나 이 글이 끊어졌던 과거의 인연 줄을 이어주어 재상봉의 길을 마련해 줄지도 모른다는 기대도 걸어본다.

〈운명감정소 개업기(開業記)〉

　56년도 초겨울 부산 누님댁, 더부살이를 마치고 이모님이 대구에서 정미소를 차렸으니 속히오라는 연락을 받고 대구로 올라왔다.

　동인동 동인양조장 맞은편 골목에서 약간 들어간 모서리에 꽤 큰 공장을 새로 짓고 온갖 시설을 갖추고 가동중이였다.

　둘째 이종 형님(宋大厚, 당시 육군대령)이 대가족의 생계수단을 위해 사비를 털어 지었고, 부족분은 일부 사채를 동원해서 개업했는데, 결국은 수입보다 쓰는 비용이 많아 부채가 눈덩이처럼 불어나 몇해 뒤에는 파산지경에까지 이르게 된다.

　당시 반공포로였다가 석방된 동생 정후(晶厚)와 열심히 일했고, 이모님은 고집세고 난폭한 성격인 친아들들 보다 유순하고 착한 나를 더 사랑하고 귀여워해 주셨다.

　정미소에서 하는 일은 통밀을 빻아서 밀가루 만들기, 떡방앗간도 해서 불린 쌀을 떡가루로 만들어 주거나 가래떡 만들기, 나락인 벼가 들어오면 도정해서 백미를 만들기, 통보리를 가져오면 역시 도정해서 보리쌀로 만들었다.

한 겨울내내 이 겉보리를 보리쌀로 도정해 주었는데, 다른 일이 끝난 저녁때면 몇 트럭분의 겉보린지 통보리가 실려온다.

물주인 상인과 트럭기사는 동업자로 인부와 함께 깨끗하게 치운 공장 바닥에 보리를 쏟아서 한자 정도의 두께로 쭉 깔아 펼쳐 놓는다. 그 다음에는 수도관에 호스를 연결, 호스 끝에는 물뿌리개를 달아, 보리에 물을 고루 뿌리고 한두번 뒤척여 퉁퉁하게 불어난 다음에 도정기에 넣어 보리쌀로 깎았다.

그렇게 해서 나온 완제품 보리쌀은 참으로 먹음직스럽고 때깔이 좋아서 아마도 상품(上品)인 상품(商品)가치가 되는 모양이었다.

물론 물먹인 소를 도살함이 불법인 만큼 물먹인 보리쌀도 부정(不正)한 방법임이 분명했다. 그러기에 남들이 다 잠든 심야에 일을 했고 새벽에 일을 마치면 서둘러 가마니에 담고, 저울에 정량이 되면 단단히 포장하여 묶어서 통행 금지해제와 동시에 보리쌀을 가득 실은 트럭은 목적지로 부지런히 출발했다.

밤새우기 전담은 결국 하주(荷主)쪽과 우리들이었다. 푸짐한 찌게를 난로에 끓여서 소주잔을 기울이며, 일을 거들다가 그들이 모두 떠나간 다음에야 잠을 잤다.

57년도 음력설도 지나고 양력 2월 중순경의 어느날 작은 "돌발사고"가 일어났다.

그날도 역시 새벽에 일을 마치고 공장내 숙직실겸 사무실 온돌방에서 잠깐 눈을 붙이다가 8시가 지나서야 겨우 일어나 뒤숭숭한 꿈자리를 생각하며 공장으로 어슬렁거리며 나왔다. 지난 며칠동안 거의 똑같은 꿈을 꾸었다. 신령인지 도사인지 도포입고 두건을 쓴 노인이 나를 응시하면서 지팡이를 들어 밖을 향해 가리키는데 말씀은 없었으나, 느낌에 "나가라!" 하는 것 같았다.

기분이 울적한채 저편을 보니 가정부 처녀가 손님의 떡가루를 열심히 빻아주고 있었다.

무심코 공장 천장을 쳐다 보았다가 기겁을 했다. 높은 천장에 구멍이

뚫리면서 그 구멍을 통해 하늘에서 공처럼 둥그런 붉은 불덩이가 쏜살같이 내쪽을 향해 낙하해 오는 것이었다.

피할새도 없이 아래 배쪽에 맞았다고 생각하며 "어이쿠!"하고 두손으로 아랫배를 감싼채 정신을 잃었다. 이윽고 두손 엄지손가락이 약간 저려오는 것을 느끼면서 깨어났다. 정신을 가다듬고 공장사방을 두리번거리며 여기저기 살펴보았으나, 아무일도 없었고 한쪽구석에서는 여전히 가정부가 손님의 떡가루를 빻고 있었다.

두손을 들어보니 이게 웬일인가? 오른손 엄지손가락 손톱이 거의 다빠져서 너덜거리고 피가 맺혀 있었다. 또 왼손의 엄지손톱도 절반이 까맣게 되었고 앞부분이 벌어져 있었다.

이것이 꿈땜인가 보다고 여기며, 살며시 공장을 나와 가까운 거리에 있는 의원을 찾아갔다. 평소 안면있는 원장 선생님이 마침 계셨다.

"어찌된 일이냐?"는 물음에, "피대줄에 닿았나 보오"하고 얼버무렸다. 두손의 엄지 손가락을 먼저 소독하고, 재빨리 치료해 줬다. 손톱은 다 빼버리고 머큐로크롬을 바른 뒤 니라마이드를 듬뿍 뿌리고 소독거즈를 덮은 뒤 붕대를 감아주셨는데, 원장님이 걸작으로 쌍권총처럼 크게 과대포장해 주었다.

공교롭게 그 전날 어머님께서 형님댁(경주 경찰서장 관사)에서 막내인 내가 잘있나 보려고 실은 이모댁에 와 계셨다. 내 꼴을 본 모든 식구들이 다 놀라고 걱정해 주었으나, 아무래도 어머님이 가장 충격을 크게 받으셨나 보다.

나는 할 수 없이 몇일 동안 꿈자리가 좋지 않았던 일이며, 이실직고 죄다 말씀드렸다. 그러자 어머님은 아무말씀도 없이 훌쩍 밖으로 나가셨다가 한나절이 지나서야 돌아오셨다. 근처에다 방을 하나 얻어 놓았으니 막내를 데리고 당장 이사 나가겠다는 것이었다.

이 폭탄선언에 이모는 펄쩍 뛰며 극구 반대했다. 그러자 어머님은 무꾸리 하러 갔던 얘기를 해주고, 당장 이 자리를 피신하지 않으면 막내에게 큰 화가 닥칠거라니 어쩌겠느냐, 생각다 못해 반지를 팔아서 수소문 끝에 가까운 곳에 방한칸을 얻었는데, 비어 있어서 지금 바로 이사를 가야 하겠다는 것이었다.

급기야 이모는 언니인 어머님한테 큰 소리치며 다투었다. 그동안 잘지내던 착한 아이가 손가락좀 약간 다쳤기로소니 집까 옮기고 살림을 나다니 안될 말이다. 그까짓 미신같은 무당말만 믿다니…. 하며 펄쩍 뛰었다.

그러나 어머님은 "꼭 나가야겠다!"고 단호한 결심에 이모님은 화가 나서 함부로 말을 해댔다. "귀한 막내아들을 하필이면 점장이를 시키려느냐? 양반집 자손을 박수무당 시키려들다니…." 숫째 만류아닌 항의를 퍼부어 대었다.

어머님도 지지 않았다. "점장이가 되든 박수가 되든 팔자소관이면 할 수가 없는 일이고, 그대로 여기 있으면 하체를 못쓰는 병신이 된다는데야 어떻게 그냥 있겠는가?"하며 내가 덮고 자던 이부자리와 담요를 노끈으로 동여매고 내가 쓰던 책상과 책꽂이, 그리고 책들을 모조리 보따리에 싸놓고 리어카꾼을 불러 싣고 부랴부랴 떠났다.

당시 이모댁에는 백미가 20여가마니 이상 쌓여 있었건만 쌀 한톨 주지도 않았다. 그뿐만 아니라 우리 모자 뒤에 대고 악담까지 해댔다. 어렵게 살며 후회할꺼라고.

이사간 곳은 이모댁에서 겨우 두골목 지나서였다. 처음에 언급했듯이 살림집 마당 길가를 향한 쪽에 판자로 둘러친 구멍가게 하던 자리였다. 겨우 한평 남짓한 방에 함실아궁이가 달려 장작을 사다가 불을 때니 아랫목이 곧 따뜻해 졌다.

풍로며 냄비, 양은그릇 수저 등을 사다가 저녁밥을 지어먹고, 오랜만에 모자가 다시만나 살림을 차렸다.

이튿날 아침에 덧문을 열었더니 환한 유리창이 들어났다. 어머님은 안집에서 물을 길어다 아침밥을 짓고 나는 가까운 방천 개울에 나가 세수하고 돌아와 유리창을 깨끗히 닦았다.

조반 먹고 나서 그림 물감과 붓과 종이를 사다가 "작명택일·사주궁합·주역점단"이라고 써서 창문에 붙였다.

그리고나서 자기자신의 장래를 위해서 점괘를 냈다. 비지비(否之比~天地否의 4·上효등)를 득괘했다.

혼자 풀이하기를 현재는 비색하지만 장래는 중성공북(衆星拱北), 역술계의 태두(泰斗)가 되리라는 점시(占示)로 확신했던 것이다.

그리고 있을때 이웃에 사는 부인네 셋이 기웃거리다가 들어와서 개시를 해주었다. 이때가 대구에서 운명감정소를 처음 시작했을 때였다.

- 83 -

⑬ 〈創業前途占〉

대한종합식품 창업기

楊장군과 박정희대통령의 면담을 豫斷(대한종합식품 창설 당시 秘話)

天火同人 동아리동인

동인(同人)은 널리 구하면 형통할 것이다. 큰내를 건너는 것이 이롭다. 군자가 바른 길을 가는데에 이(利)가 있다.
〔同人于野면 亨하리니 利涉大川이며 利君子貞하니라〕
단(彖)에 이르기를 유(柔~六二)한 것이 제자리를 얻고 중도(中道~柔順中正)를 얻어서 건(乾~乾九五)과 응(應)하는 것을 동인이라고 한다.
「동인을 널리 구하면 형통한다. 큰내를 건너는 것이 이롭다」함은 건의 행함이다. 문명(文明~ ☲)하고 강건(剛健~ ☰)하여 중정(中正)해서 응하는 것은 군자의 바른 길이다. 오직 군자만이 능히 천하의 뜻을 통하는 것이다.
「彖曰 同人은 柔得位中而應乎乾할새 曰同人이라. 同人曰 同人于野亨利涉大川은 乾行也오 文明以健하고 中正而應이 君子正也니 唯君子能通天下之志하나니라.〕
상에 이르기를 하늘〔 ☰ 〕과 불〔 ☲ 〕이 동인이다. 군자는 이를 본떠서 같은 종족을 묶어 분류해서 물건을 분별한다.
〔象曰 天與火同人이니 君子以類族辨物하나니라〕
이상은 천화동인괘의 괘사(卦辭), 단사(彖辭), 상전(象傳)의 풀이다.

양장군과 나
양장군(楊國鎭 中將)은 이종사촌누님(宋英愛)의 부군이니, 필자의 이종자형(姨從姉兄)이 된다.

나의 어머님(崔聖淑 甲午生)은 남양홍씨가(南陽洪氏家)에 출가했고, 바로 세살아래 이모님(崔善玉, 丁酉生)은 여산송씨가 (礪山宋氏家)에 출가하였는데, 평양성내에 살 때도 이웃하여 살았고, 우리집이 신의주에 이주해서 살던 때에도 이모댁 역시 신의주에 살았기에 두자매간 우애가 남달리 깊었는데, 사백(舍伯)인 나의 맏형(洪殷植)이 신의주 제일고보(東中)를 졸업한 후 만주 하얼빈에서 직장생활을 했고, 그 곳에서 생활할 때 송영애 누님도 결혼해서 당시 만주군관(장교)으로 임관했던 양장군과 이웃에서 살림을 시작했기 때문에 가까이 지냈었다.

참고로 양장군은 병진생(丙辰生 음 九月 30일생~박정희 대통령은 丁巳生 음 九月 30일생으로 나이만 1년차이), 나의 큰형(殷植)은 무오생(戊午生), 영애누님은 기미생(己未生)이었다.

영애누님은 송씨댁 맏딸로 남동생이 5,6명에 끝에 여동생 하나로 친오빠가 없었으므로 이종사촌 오빠를 끔찍히 위했고, 양장군도 친 처남보다 더 친숙히 지냈다.

양장군은 군경력이 무척 화려했으나 5·16군사혁명이후 숙군등으로 예편되면서 부터 급전직하, 여러모로 수난을 겪었다.

부정축재등 혐의로 신당동소재 큰 저택은 물론 많은 재산을 적몰, 국고로 환수조치 되었을 뿐만 아니라, 교도소에 수감되는 영어(囹圄)의 신세로 까지 전락되었다.

5·16당시 필자는 대구에 있었는데, 영애누님 부탁으로 양장군의 운수괘를 내어 보냈다. 당시 하필이면 감지환(坎之渙~坎爲水上六)을 얻었다.

효사에 「세겹 노끈과 두겹 새끼로 묶어서 가시 덤불 속에 든 것과 같다. 3년동안 벗어나지 못할 것이다. 흉하다(上六은 係用徽纆하야 寘于叢棘하여 三歲라도 不得이니 凶하니라). 포박되어 감옥에 넣어진다. 적어도 삼년은 놓여나지 않는다는 흉괘이니, 매사에 조심하시라.」고 적어 보냈다.

양장군이 이것을 받아 보고나서, 「이 친구 언제 주역을 배웠는지, 이젠 주역도사가 됐구만.」하더란다.

모친은 내가 17, 8세때 고향에서, 족숙 홍진사 순간옹(洪進士 淳艮翁)한데 사숙(私淑)했고, 역학공부한지 10년이 훨씬 넘었다고 하자, 매우 감탄하더란다.

얼마 안가서 결국 경제사범으로 많은 재계인사들과 함께 소위 큰 집에 수용됐었는데 그곳에서 친분을 갖게 된 동기생(?)들과의 인연으로 말미아마 후일에 덕을 보기도 하였다.

출소후 최태섭사장(당시 인천판유리)이 직접 주선해 주어서, 이양구사장(동양제과)을 찾아 갔더니 그 자리에서, 부사장 자리를 맡아 달라고 하는 바람에 고맙게 수락하고 동양제과에서 집무하게 되었다.

오랜 세월 군생활만 하다가 난생처음 민간사업체에 들어가서 일을 하자니 적응하느라 애먹었으나 두뇌가 명석한 분이라 곧 익숙해 갔다. 직장이 안정되자 살림집을 마련하게 되었는데, 공교롭게도 정릉에 마땅한 집을 보아 두었다고 했다. 당시에는 필자도 정릉에서 살았고 큰형님댁도 정릉에 있었다.

집보러 가자고 기별이 와서 어머님과 함께 가보니, 여배우 김지미씨댁이 있는 골목으로 들어가서 그 근처였다. 높지 않은 언덕 위에 앞뒤 마당이 넓고 남향한 벽돌 양옥집이었는데 아주 아담했다. 앞이 훤히 트여 전망도 좋은 길지였다. 결국 그집을 사서 수리하고 이사왔다.

이사온 뒤 나의 어머님은 영애누님이 자주 모셔갔고 우리 형제도 가끔 불러 다과를 나누며 환담을 나누곤 하였다.

66년도 이던가, 정부당국에서 월남파병이 결정되었을 무렵이였으니까.

여느때처럼 우리형제를 집으로 불러서 갔더니, 다과를 들면서 양장군은 다음과 같은 이야기를 꺼냈다. 회사에서 집무중 어떤 인사로부터 당신네 회사에서 식품 제조에도 관여하고 있지요? 하고 묻더란다.

약간 어리둥절 했으나 꼼꼼하고 신중한 성품이였던 양장군은 일단 대답은 보류한 체, 그것은 왜 묻느냐?고 반문했단다.

그러자 상대는 현시국으로 미루어 월남파병은 필지인데, 그렇다면 군용식량 즉 한국형 C레이션 군납이 있지 않겠느냐? 그래서 저장식품 통조림등 제조업의 현황을 알아보고자 한다는 것이였다.

그때야 비로소 이양반이 당시 시판되고 있던 "오리온 소시지"가 동양제과의 상표 "오리온"과 같아 관련이 있는 것으로 오인하고 있었음을 알 수 있었다.

이때가 양장군의 재기(再起)의 기회였던지 영감(靈感)이 떠올랐다. "바로 이것이다!"고 생각이 돌자, 그때부터 저장식품 관련산업에 비상한 흥미와 관심을 갖게 되어 여러모로 조사·연구끝에 드디어 특수식품 제조

회사 설립을 구상하기에 이르렀다. 우리를 부른 것은 혼자서 구상했던 일에 대해서 조언을 구하고 싶었던 것이었다.

이날부터는 거의 매일저녁 나와 큰형이 불려 갔었고, 통행금지가 지나도록 그가 작성한 사업계획서를 검토하고 때로는 자문자답이 결론이었으나 우리형제가 수긍하면 그때야 안심하기도 했다.

어느날 밤에는 이 구수회의인지 작전참모회의(?)에서 회사명칭도 결정지었다. 여럿을 지어 적어놓고, 토의 끝에 최종적으로 결정지은 것이 「대한종합식품(大韓綜合食品)」이었다.

점단기(占斷記)

그러던 어느 일요일날 중대결심을 했다면서 점서구(占筮具)를 갖고 오라고 했다. 동생이 특기인 주역점으로 사업의 성사여부와 자신의 운세등을 점쳐달라는 청이였다. 곧 서죽과 역경 등을 갖고 갔다.

정성껏 고축하고 득괘한 것이 동이지가인(同人之家人~天火同人九四)이였다.

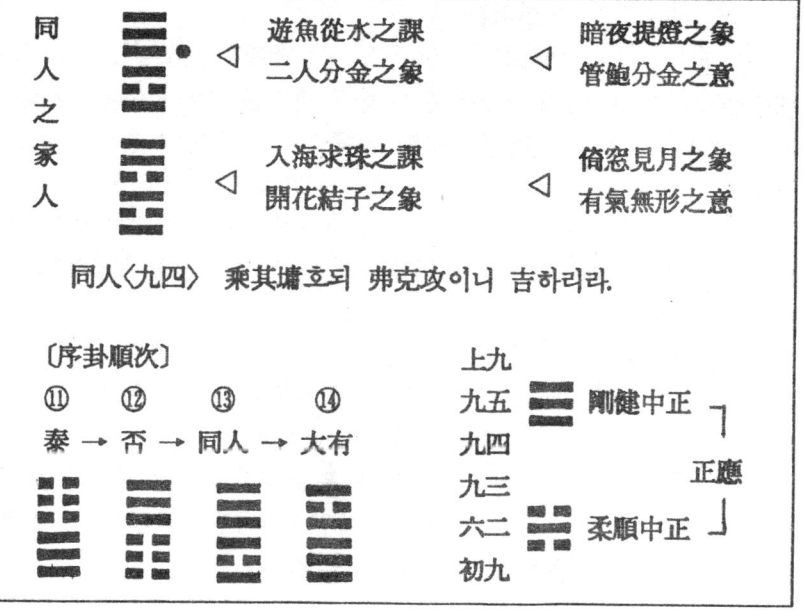

- 87 -

〈풀이〉

"서괘순서(序卦順序)로 볼때, 양장군은 지난날 지천태로 한참동안 안태를 누리다가 급전직하, 천지비로 비색한 시기를 거쳐 이제 천화동인이 되었으니 비운이 끝나고 돌파구가 생겨 밝은 운이 돌아 왔습니다.

이 좋은 기운을 이겨내면 다음에는 화천대유로 옮겨가 일려중천 금옥만당(日麗中天 金玉滿堂~大有)하게 됩니다.

지금 동인괘를 얻었는데, 동인은 여러 사람(同志)이 함께 동사(同事)에 참여하는 괘상(卦象)이며 공익사업 또는 국익사업이라는 괘로 현재 추진하고 있는 일과 맥을 같이하므로 옳은 괘로 봅니다.

5양(九五)의 건(乾~金) 자금(資金)의 힘과, 2음(六二)의 이(離~明) 총명한 아이디어를 낸 사람과 음양(陰陽)이 상응(相應)함으로서 이 사업은 반드시 성사됨을 예시(豫示)하고 있습니다.

그리고 사업자체가 국가적인 대사인 만큼 九五인 국가원수와 六二의 당자인 양장군간에 직접 면담이 있겠고 건변손(乾變巽~원수의하명)으로 성사가 됨을 가리키고 있으니, 그길을 속히 찾아야 되는데, 4효인 주무장관 국방장관을 설득하면 대통령을 만날 수가 있고, 그리되면 만사는 일사천리로 진행 성사가 될 것입니다.

동인(九四)효사에 가로대「성을 공격」그 담위에 올라 갔으나 지키는 자가 물러서지 않아 성을 빼앗을 수가 없다. 용기를 북돋아 단번에 쳐들어가면 길하다 —(鈴木 由次郎「易經」64쪽에서 引用)했고 호괘(互卦)가 구(姤~天風姤~遇也)라 반듯이 대통령 각하를 만난다고 봅니다.

이렇게 어려운 과정을 거쳐서 회사가 설립되면, 시초에는 선배를 사장으로 추대하고, 부사장 자리에서 실무를 담당하는 것이 일을 추진하는데도 쉽고, 장래를 위해 더욱 좋을 것입니다.

그것은 九五가 사장자리이며 九四는 부사장 자리이기 때문입니다. "이섭대천(利涉大川)"에서 큰내는 바다이므로 이웃나라 일본에 다녀옴 등도 대길할 것이며 해외선진기술 도입없이는 불가능하기 때문입니다.

그리하여 시일이 어느 정도 지나서 모든 실무적인 전문야를 파악하게 되면, 자연히 실권이 양장군에게 돌아와 사장으로 승진됨은 명약관화(明若觀火)입니다."—(다음괘가「火天大有」였기에…).

〈결과〉

이때는 이미 동양제과에 사표를 낸 뒤, 전적으로 이 일에만 온 정력을 기울이고 동분서주 할 때였다.

사업계획서만 만든 것이 아니라 여러가지 "샘플" 즉 시제품도 제작하였는데, 가장 큰 문제는 자본금이었다.

순수 민간자본으로 하기보다는 공사(公社)같은 정부출자가 바람직 하였는데, 그런 결정은 대통령의 결재(裁可)가 나기전에는 도저히 불가능한 일이였다.

모든 인맥을 동원 국방장관(당시 金聖恩)을 만나 설득하여 끝내 국방장관의 품의로 청와대에서 접견승낙이 떨어졌다.

그 전날 길몽을 꾸었다더니 결국 청와대에서 대통령각하의 부르심을 받은 것이었다. 다녀온 뒤 저녁에 역시 우리 형제를 불러서 갔더니 희색이 만면이였다.

국방장관과 함께 청와대로 들어 갔더니 박정희대통령 각하께서 일어서서 접견실 문앞까지 걸어 나와 맞아주며 손을 내밀어 악수를 청하면서,

"양형, 그동안 고생이 많았지오. 미안하오" 하며, 먼저 위로의 말부터 하더란다.

그리고나서 좌정한 後 사업계획서 브리핑을 다 들으시고, 시제품을 열어보고 난 뒤, 배석한 국방장관과 경제담당 비서(?)에게 그대로 실행되도록 모든 편의를 봐주라고 명령하고는 즉석에서 모든 서류에 결재 서명해 주셨다고 하신다.

그뿐만 아니라 그동안 압류됐던 재산에 대한 해재조치를 강구해주도록 비서관에게 하명(下命)을 내려 주시더란다.

그 뒤는 매사가 일사천리로 진행되었다. 「대한종합식품주식회사」는 정식출범했다. 초대 사장에는 최영희장군이 임명되었고, 부사장은 양국진장군과 공국진장군이 임명되었다.

결국 「동인」괘는 과거 군부의 선후배 동지끼리 회사를 운영한다는 패이기도 했다. 그런데 공교롭게도 부사장 두분이 성씨는 달랐으나 이름이 똑같았으니 이것도 동인괘 탓일까? 참으로 역점의 신비가 아닐 수 없다.

"꿩권표"로 한때 통조림 업계를 주름 잡던 일…. 당시 TV드라마 「심청전」에서 열연했던 신인 여배우 김자옥을 TV광고 모델로 처음으로 기용했던

일등 일화가 많으나, 우리 숨은 참모진은 어찌됐는지만 알리며 이 장을 마치려 한다.

사백(舍伯)은 당시 조양상선(朝陽商船·朴南奎 社長)에서 총무부장직을 맡아 신임받고 잘 있었는데, 양장군이 자기일을 봐달라고 졸라 그 말에 따르기로 했다.

결과는 부장제도가 없는 "대한종식"의 총무과장으로 발령이 났다. 초창기라 일꺼리는 산더미였고 고생 많이하셨다.

조양상선은 얼마뒤 대성장을 거듭했는데 박사장이 붙잡는 대로 그냥 눌러 있었으면 이사대우는 따놓은 당상이였을 것인데……. 도리어 부장이 과장으로 격하되었으니 말씀이 아니었다.

몇해 뒤, 드디어 양장군은 사장으로 승진했다. 사백도 창사 당시의 공로가 인정되어 승진된 곳이 경남 **충무출장소장**이였다.

결국 형님내외는 충무시로 부임해 갔다.

그 이듬해 여름, 형님내외의 초청으로 충무시로 노모님과 막내딸을 데리고, 난생처음 비행기를 타고 김포에서 사천까지 날아가는 **효도관광길**에 나섰다.

충무시에 도착, 형님네 거처에 묵으면서 극진한 대접을 받았다. 즉 이튿날부터 출장소 선박으로 남해의 수려한 "한려수도"를 두루 돌며 구경했고, 다음날은 식품가공공장 견학과 해중터널 등 충무시내 명소를 관광했다.

며칠 동안의 관광을 마치고 귀경길은 부산까지 선박여행을 실천했고, 부산에서 서울까지는 개통된지 얼마되지 않은 경부고속도로를 고속버스로 신나게 달리는 여행을 함으로써 당초 구상했던 효도관광 육·해·공 입체여행을 마쳤다.

그로부터 5·6년뒤 81세에 노환으로 별세하신 노모가 생각날 때면 당시의 즐거워 하시던 모습이 떠올라 참으로 그때 **효도관광**을 잘 갔었다고 여긴다.

필자는 무슨 보답을 받았느냐구요? 글쎄요, 보람이라면 점괘가 잘 맞아 떨어져서 기뻤던 일이고, 그래서 집안에서와 양장군께서 나의 역점에 대해 전폭적으로 신뢰해 주게 된 것이라고나 할까?

⑭ 〈慈堂問女占〉

火天大有
부유할대유

미녀 탤런트의 재기(외)

(1) 미모의 탤런트 윤미라양, 모친의 후원으로 재기함을 豫斷한 占例.
(2) 분실물 발견 占例 2題

(1) MBC TV 일요아침드라마 "한지붕 세가족"을 즐겨 시청하는 한사람으로 필자는 이 드라마를 볼 때마다 몇 해전에 있었던 일이 상기된다.

89년도 경이였던가? 어쨌건 어느날 화사한 차림새의 우아한 중년부인이 정릉골 청수역리원을 방문해 오셨다.

문점사는 다름 아닌 자신의 큰딸의 앞날과 운세를 알고 싶어서 왔다는 것이었다.

따님의 연령 생월생일생시를 우선 물어서 적고 난뒤, 이름자를 물었더니, 윤미라(尹美羅)라고 대답했다. 귀에 익은 이름이라 혹시나? 해서 "탤런트 윤미라양이 아니냐?"고 반문하자, 바로 그렇다는 것이었다. TV화면에서 연기하는 것을 보았고, 미모에다 연기자로서 자질도 있어 보여 필자도 호감이 가는 탤런트 였기에 그녀의 모친이라니 매우 반가웠다(어쩐지 모친도 미인이더니 모녀가 모두 미인가계(美人家系)인가 보다 여기고 있는데)….

모친이 고민을 털어 놓았다. 문제는 당시 온 가족이 해외이민을 가게 되어 이미 수속 절차가 다 끝나 몇 달내에 떠날 날은 임박했는데, 바로 당사자인 미라양은 국내에서의 연기자생활에 미련이 남아 있어서, 만일 지금이라도 방송국에서 느라마의 배역만 맡게 된다면 모친도 그녀의 희망대로 서울에 남겨 두고 떠날 심산인데, 당시 여러 달동안 변변한 배역도 못받는 부진상태에 빠져 있었다. 이대로 브라운관과는 영영 인연이 끊기는 것이 아닌가 하는 불안감에 어미로서 걱정이 앞서 앞으로 다시 배역을 맡게 될 것인지, 아닌지 그 여부를 확실히 알고 싶어서 왔다는 것이다.
　들어보니 참으로 딱한 사정이였다. 우선 사주를 보고 다시 대운 세운 등을 살펴 보았다. 그 동안의 운세가 부진한 것은 길신과 희신이 천중살(天中殺)등 공망(空亡)을 겪어 고생한 것으로 보이며, 이제는 그 고비도 거의 지나서 앞으로는 귀인·길신들이 다시 힘을 발휘하게 되리라고 판단되었다.
　역점으로 미라양의 앞날을 점쳐 보기로 했다. 전도가 유망한 대길괘가 나와주기를 마음속으로 간절히 기원하면서 서죽(筮竹)을 높이 받들어 삼변서(三變筮)로 입서(立筮), 대유지대장(大有之大壯~火天大有上九爻)을 얻었다.

大有之大壯		金玉滿堂之課 日麗中天之象	穿窓開明之象 深谷發花之意
	↓	制北穰謝之課 先凶後吉之象	猛虎生角之象 錦衣夜行之意

○大有〈上九〉 自天祐之라 吉无不利로다.

〈占考·判斷〉
　대유괘는 천상에 태양이 빛난다는 대길괘이다. 선인의 괘상풀이에 창문을 뚫어 밝게 열린다(穿窓開明)고 했는데, 네모진 창문으로 밝은 화면이 비침이니 영낙없이 TV브라운관의 모양이 아닌가.
　또 지괘(之卦)인 대장(大壯)은 하늘 위에 우뢰소리가 진동하는 모양인데 진뢰(震雷)는 전기·전자·전파와 관계가 있으며 큰 소리가 멀리까지 울려 퍼지는 모양이다.
　맹호생각(猛虎生角)은 사나운 범에게 뿔이 돋친 형상이라 약간 무시무시한 표현이나 이는 앞으로 맹활약을 한다는 점시(占示)로 볼 수 있으며, 금의야행(錦衣夜行)은 비단옷을 걸치고 밤길을 걷는다는 뜻이니 본래는 좋은 뜻이 아니나, TV드라마는 밤에 시청하는 것임을 감안할 때, 도리어 알맞는 표현으로 볼 수 있고, 연기자는 가끔 철야 촬영도 불사하니 의상을 입고 행동함은 직업상 타당한 노릇이 아니겠는가….

효사도 "하늘이 도우니 길하고 이롭지 않음이 없다"고 했으니 앞으로 여러모로 귀인들이 도와서 크게 힛트칠 징조이다. 시기는 맨위인 상효가 동했으니 빠르면 이달 말경부터 희소식이 올 것이며, 막혔던 것이 풀리고, 계속적으로 앞길이 탄탄하리라 판단된다.

이상의 점괘풀이와 판단내용을 그대로 상세하게 모친에게 설명해 주었더니, 만면에 희색을 띠면서 이 점괘를 믿어 보겠다고 하시며 돌아갔다.

〈결과〉

얼마뒤 역괘 역점의 판단대로 다시 배역도 맡게되어, TV화면에 출연 등장하기 시작했다. 모친의 극진한 정성으로 막후에서 많이 힘쓴 덕이 컸던 것으로 필자는 짐작하고 있다.

어느날 미라양의 여동생(가수)이 들렸다. 모친의 심부름으로 왔다면서 흰봉투를 내어 놓는다. "점괘가 맞아서 감사 하다"는 전갈과 함께….

얼마후 미라양의 가족은 모두 해외로 이주한 것으로 전해졌다. 외로운 미라양은 연년세세 연속극에서 사극에서 점차 맹활약함을 안방극장에서 시청할 때마다 연기자의 길을 열심히 살아가는 모습이 참으로 진솔해 보임은 나 혼자만의 감상(感傷)일까, 어쨌거나 화천대유는 한낮의 태양이다.

앞으로 지속적인 발전과 활약으로 만인에게 사랑받는 연기자로 오래오래 성운이 이어지기를 기원한다.

紛失占例 ①

일본 역점계에서 명치시대의 다카시마 돈쇼(高島吞象)는 대단한 거물급 인사다. 그의 대유쾌 점례에 "분실한 거금의 소재를 알아낸 것"이 있다.

옹(翁)의 친구되는 이가 상용차 여행을 떠나면서, 부재 중에 모든 일처리 등을 맡아 줄 것을 당부 받았다.

그러던 어느날 저녁때, 그 회사 지배인이 느닷없이 찾아와서 하는 말이 그날 오전 거래처에서 거액(당시 돈 300엔)을 지불하고 갔는데, 그가 직접 받아서 금고겸용 장농궤에 넣고는 깜박잊고 자물쇠도 잠그지 않은 채, 분주한 일과를 마치고나서 당일의 수납금을 사장부인한테 건네 주려고 그

궤를 열었더니, 거금은 온데간데 없이 사라져 버리고 없었다는 것이다.

그렇다고 점포내에는 의심갈 사람도 없었다. 이리저리 찾아 보다가 끝내 발견하지 못해서 저녁늦게 실례를 무릅쓰고, 돈의 행방에 대해서 역점(易占)을 보아 주십사 방문했다며 애원하듯 청했다.

옹께서는 이를 위해 설서(楪筮)하여 화천대유(火天大有)의 4효(九四)를 득괘, 다음과 같이 점단(占斷)하였다.

-대유는 큰 대(大) 있을 유(有)로서 크게 있다는 것이므로 그 돈은 아직 밖으로 나가지 않고 안에 있다. 괘로서 건물로 친다면 외괘(外卦)는 2층이다.

효사에 「匪其彭이면 无咎리라」에서 비(匪)는 아닐 비와 같은 뜻이나 모진그릇방변(匚)이며, 상자나 궤로 본다면 이는 상용가(商用家)에서 흔히 사용하는 대나무로 엮은 죽장롱(竹長籠)종류이다. 속히 돌아가서 2층에 있는 죽장롱을 찾아보라. 지배인은 바삐 돌아 갔는데 이윽고 다시 찾아와서 보고했다. 2층에 있던 죽장롱안에 고스란이 거금이 있는 것을 발견했음을 알리려고 왔다고 한다

紛失占例 ②

참으로 우연의 일치라고 할까, 역점의 신비라고나 할까 필자도 똑같은 괘효를 득괘, 분실문을 찾아준 접례가 있어서 함께 소개하기로 한다.

70년대초 쯤이니 오래전의 일이다.

당시 국제대학 일어학과 교수로 재직하던 이범복(李範福)교수는 가끔 자녀들(閔氏)의 진학문제나 혼사문제로 오시곤 하였는데, 이 여사는 무오생(1918년생)으로 황혜성(黃慧性)선생 박의숙(朴義淑~朴烈義士末亡人)선생과도 친교가 두터운 분이셔서 박선생의 아드님 혼사때는 직접 박여사를 모시고 오셔서 궁합도 보고 택일도 했었다.

어느날 느닷없이 전화가 걸려 왔는데 몹시 당황한 말투였다. 가옥매매 관계였던지 전날 자녀에게서 건네받은 거액의 수표 한장을 받아서 어디에 잘 보관해 두었는데, 지금 찾으려니까 어디다 깊숙히 간수했는지 온 집안을 샅샅이 뒤져보아도 찾지를 못했다며 울먹이는 것이었다.

생각 끝에 혹시나 홍선생께서 역점으로 수표의 행방을 알아낼 수 있지 않을까 싶어 전화를 한다는 것이었다.

역괘를 내어 점시(占示)가 나오면 곧 연락드리겠노라 이르고 일단 전화를 끊고서, 곧 8면 주사위로 득괘, 대유지대축(大有之大畜~火天大有九四)을 얻었다.

괘 막대(卦木~算木이라고도 하며 괘효를 음양을 표시한 6개의 막대기)로 괘모양을 살펴보았다.

대유는「크게 있다」는 뜻이고 이화(離火)가 간산(艮山)으로 변하면 대축(大畜)으로 간문안(艮~門內)에 건금(乾金)이 있고「크게 머물다」는 뜻이다. 괘모양을 그림처럼(畫象) 보니가 담벽에 걸려있는 옷처럼 보였다.

곧 점풀이를 알려주고자 전화를 걸었다. 금방 통화가 되었다.

"이교수님, 수표는 아직 집안에 있습니다. 괘상으로 보건데, 벽에 걸린 옷가운데 있다고 생각됩니다. 포켓을 찾아 보세요. 꼭 찾게될테니 마음을 침착하게 가지시고 찾아보십시요!"

"네, 그렇게 해보지요. 찾으면 곧 알려 드릴께요"했다.

얼마 안가서 다시 전화가 걸려왔다.

"찾았습니다! 홍선생님, 말대로 벽에 걸린 옷들의 주머니를 모두 찾아 보았더니 에이프런 앞치마 작은 포켓에 곱게 접은 그대로 있었어요. 지금와서 생각하니 수표를 받던 날 앞치마에 달린 작은 포켓에 넣고는 나중에 잘 간수해야지하고 잠시 넣어두었는데, 그만 깜박 잊고는 어디다 잘 보관해둔 것으로 착각, 장농이며 서랍장·경대서랍·책상서랍 책갈피 등 온집안만 뒤지는 법썩을 떨며 헤맸죠. 참으로 고마웠습니다. 안녕히 계십시요"하며 몹시 기뻐했다.

나 또한 점괘가 도움이 되었다니 매우 반갑고 기뻤던 것은 물론이다.

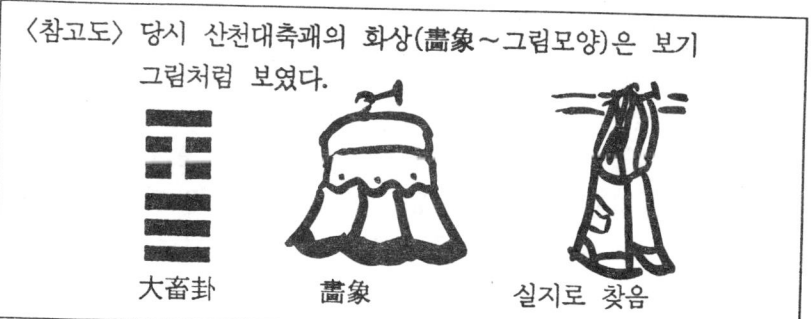

〈참고도〉 당시 산천대축괘의 화상(畫象~그림모양)은 보기 그림처럼 보였다.

大畜卦　　畫象　　실지로 찾음

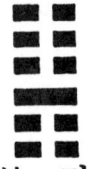

⑮ 〈大選豫想占〉
地山謙 겸손할 겸

박후보 대선전 승리(외)

大選에서 勝者와 敗者를 豫斷함.
得票數와 得票率까지 的中!

92년 겨울에는 제14대 대통령선거가 있게 되고, 1993년 봄철에는 새로 선출된 대통령의 취임식과 함께 제7공화국이 탄생될 것으로 정치일정이 잡혀있다.

그날을 위해 각 정당에서는 이미 전당대회등을 통해 대권에 나설 대통령 후보자를 모두 선출해 놓고 있어서 미리부터 대선열기가 과열될까 염려의 소리가 많은 것이 요즘의 시점이다.

대선에 즈음하니 지난날 젊은시절에 "차기 대통령선거에 누가 당선 되느냐?"를 역점으로 여럿이 겨루었던 일이 생각난다. 사실 이 얘기는 학회지에 실린 적도 있고, 역점강의때 실점례로 몇차례 발표했던 것으로서 아시는 분들께서는 또 그 재탕이냐고 재미없어할지도.

그때가 제3공화국 마지막 직선제 대통령선거 였으니까 1967년도 였다.

그 당시 필자는 효자동 근처인 체부동에서 고 박재흥형과 제일작명소에서 함께 동업할 때의 일이다.

그리 넓지도 않은 골목은 길복판에 시장을 끼고, 남쪽편은 내자동이고 맞은편인 북쪽은 체부동, 그리고 서쪽으로 고갯길을 올라가면 누하동이던가 누상동이라고 한것 같다.

그 당시 바로 내자동쪽에는 지방(광주)에서부터 인기를 모으다 상경해서 더욱 유명해진 김봉수(金鳳秀)선생이 성명삼자와 나이만 대면 척척박사로 그 사람의 운명상의 특징 등을 잘 알아 맞춰 소문이 나는 바람에 언제나 문전성시를 이루었고, 운명감정 인파가 이곳으로 몰려들자, 자연 작명소는 물론 관상·사주등 역술가들도 이 골목에 모여들어 결국은 남산과 미아리고개처럼 역술인거리, 작명소거리가 되었다.

　김봉수는 그의 특유한 사투리와 억양 등 독특한 말솜씨로, 유머와 재치가 넘치는 화술에 눈치도 빨라 고객이 바라는 운명상의 장단점을 찌른 까닭에 감정차 나들이 나온 장안의 남녀노소를 때로는 울리고 때로는 웃기며 막힘이 없이 자유자재로 상대의 마음을 사로 잡았다.

　감정실 뒷벽에는 "오해 마세요"라고 미리 구설수에 대비한 대자보(?)가 붙어 있었으나, 가끔은 함부로 말한 탓에 시비에 말려들기도 했다. 그래도 항상 고객은 득실 댔다.

　그러면 그당시 이웃에 차린 작명소나 운명감정소는 어떠했느냐 하면 겨우 이삭줍기로 명맥을 유지하는데 급급했던 실정이었다.

　그런 판국에 필자가 한 때, 그곳에 끼어들게 된 것은 처지가 어려운 때였는데 누가 귀뜸하기를, 한씨 성의 노인장이 김봉수 작명소 바로 맞은편에 방 한칸을 세 얻어 점포로 꾸며놓고, 역술인(기술자?)을 모셔다가 손님을 보게하고, 그 소득의 절반을 불로소득 하겠다는 심산이었다. 필자의 사정상 불이익을 감수, 결국 출근하게 되었는데 영업은 별로 신통치 않았으나 그대신 역학의 선후배를 많이 만나게 된 것이 역술인생상 큰 소득이 되었다.

　즉 이효관(李曉觀)선생님 같은 훌륭한 선배, 도인을 만나게 된 것도 이곳에서였으며, 그분의 높은 식견을 접하였고, 더불어 희귀한 고전(예를 들면 萬世不易之傳·天符經·陰符經·三一神誥 등)들을 효관선생을 통해서 알게 되었다.

　지금껏 우의가 변함없는 삼공 조성우(三空 曺誠佑)선생도 그당시에 만났고, 항도 부산에서 작별했던 서도암(道岩 徐正烈)형과 다시 재회한 것도 그곳이었다. 그뿐만 아니라 당시 24세 청년 역학도로 얼마뒤 장안에서 크게 유명해진 후배 장태상(張泰相~백자명)씨도 그곳에서 처음만나 서로 수인사를 나누었다.

　그러던 어느날 밤중에 김봉수선생은 사람을 필자에게 보내와 이전에 따른 길흉판단과 이사택일을 해갔고, 이윽고 미리 사두었던 집으로 작명소를 옮겼다. 필자도 얼마뒤 한노인과 결별하고 결국 제일작명소로 옮겼는데, 이 제일작명소는 설립 당시 당초 최학이라는 역학선배가 작명가 백낙

훈·박재홍 등과 합자해서 체부동골목 초입에 차린 작명소였다. 그런데 영업은 부진상태로 어쩌다 며칠만에 한두 손님을 받아가지고는 한사람의 일당도 안되었다. 참다못한 최학선생은 일찌감치 손을 들고 영등포쪽으로 가버렸고, 때마침 김봉수작명소에서 작명만 전담했던 모씨가 자취를 감추자, 다급해진 김봉수는 백낙훈에게 자기한테 와서 작명을 맡아줄 것을 종용해서 소득이 많은 그쪽으로 가버렸다.

결국은 외톨이 신세가 되어버린 박형은 당초에 나를 원했으나, 필자가 신당동에서 영업중이라 임시로 서도압선생과 함께 있다가 서선생이 후암동 정칠선여사한테 가는 바람에, 결국은 필자가 박형과 함께 동업하게 되었다.

다행히 나의 예전 단골(금호동·신당동시절)손님들이 찾아 주어서, 차츰 영업실적이 상승해 갔다. 그리고 늦은 시간에는 사랑방처럼 역술인과 술객들이 하나, 둘씩 모여들어 잡담도 하고 때로는 소주파티도 열리곤 했다.

그러던 어느날, 대선이 6·7일 뒤로 박두했을 무렵, 오후에 여느날처럼 술객들이 모여들었는데, 화제는 자연스레 이번에 치를 대통령 선거전에 이르렀다.

지난번 63년 대선때 윤보선후보는 박정희후보에게 애석하게도 15만여 표차로 낙선의 고배를 마시자, 나의 지지자가 이만치 됨으로 "국민의 정신적인 대통령"이라는 말을 남겼다. 이번에는 지난번의 패배를 설욕, 기필코 대권을 잡게 될 것인가? 아니면 야당들이 강력하게 재당선 저지투쟁에도 굽히지 않고, 또다시 박정희후보가 승리하여 재집권을 실현할 것인지?

그때 누가 제의했던지, 효관선생과 도암형과 필자를 지명하면서 세 분은 실점에 능숙한 역점의 대가인 만큼, 이번 대선에 누가 당선될 것인지 점괘로 판단해서 후학들을 위해 이 기회에 실력을 발휘해 보시라고 말을 꺼내자, 자리를 함께 한 인사들이 모두 동의하면서 부추겼다.

그만 세 사람은 멋적게 서로 쳐다보면서 묵묵 부답하는 바람에 자연 동의한 꼴이 되고 말았다. 제안자들은 내일까지 괘를 내어서 그 판단 또는 풀이를 봉투에 넣어서 봉해 갖고 와서 박선생네 금고에 보관해 두었다가 투개표가 끝나고 당선자가 확정된 뒤에 밀봉했던 봉투를 개봉하기로 한다는 데까지 합의가 이루어졌다.

다음날 세 사람은 여러사람과의 약속을 지키고자 봉투에 **밀봉한** 접단 결과를 적은 조이를 넣은 밀봉한 **봉투를** 박형에게 맡겼고, 박형은 그것을 금고에 넣고 잠궜다.

그로부터 며칠후 드디어 개표가 끝나고 당선자가 **확정되었다.** 제일작명소 사랑방에는 전날의 면모들이 거의 모두 다시 모여들었다. 세 사람은 각기 자기 봉투를 받아들었고, 개봉을 재촉하는 듯한 여러사람의 시선에 최연소자인 필자가 먼저 개봉했다.

박정희후보 겸지간(謙之艮) : 소장(少壯)이 보통석(☷)에서 대권의 자리로 등극(☶)함이다.

윤보선후보 돈지함(遯之咸) : 원로인 지난날의 원수(元首~☰)가 산(☶)뒤로 은퇴하는 후퇴함이다.

박정희 후보	윤보선 후보
謙 之 艮 → 坤土變艮土	遯 之 咸 → 乾金變兌金
五·十土數 보다 높아짐	四·九金數 보다 낮아짐
登山平安之象 稱物平施之意	貴人隱山之象 掘井無衆之意
곤( )평지가 산( )으로 변하니 5·10토수보다 높아짐.	건( )원만이 태( )로 위가 훼손(毁損)되어 깎여 4·9금수보다 낮아짐.
〈결과〉 박후보 득표수 5,688,666표 득표율 51.4%	〈결과〉 윤후보 4,526,541표 40.9%

다른 두분 것은 어떻게 되었는지 알고 싶으시지요. 제생각도 여러분과 동감이 올시다. 그러나 지금에 와서는 알길이 없습니다. 왜냐하면 서도암 형은 본시 술도깨비라서, 술에 취해서 미리 점패도 내지 않았고, 다음날 다급해지니까 사실은 백지를 곱게 4절로 접어서 봉투에 넣었기에, 결국은 들통이 나서 대중이 한바탕 웃음으로 끝났고, 효관선생님은 자신의 봉투를 개봉하지 않은 채 그냥 갖고 나가버렸으니, 그 알맹이를 어떻게 알겠습니까? 훗날 필자가 물었더니 멋적게 웃으시면서, 별로 신통한 괘가 아니라서 찢어 버렸다고만 하셨다.

---

⑯ 〈將來運勢占〉

민, 전주불대사 발령

雷地豫 먼저예

國會議員選擧에서 落選했으나 外交官으로 登用됨을 豫言

蔣總統의 雅號와 名字의 出典은 周易

중화민국 국부 장개석총통(蔣介石總統)의 이름자와 아호의 출전근거가 주역의 뇌지예괘(雷地豫卦)임은 이미 널리 세상에 알려진 사실이다.

예의 괘사에 「예는 임금을 세우고 군대를 움직이는 것이 이롭다」

(豫는 利建侯行師하니라)

2음인 육이(六二) 「굳게 지키기를 돌과 같이 한다. 하루가 다 가지 아니해서 무릇 일의 기미를 알게 될 것이니 바르고 길하다……」

(六二는 介于石이라 不終日이니 貞吉하니라. 象曰 不終日貞吉은 以中正也라)

위의 보기에서 「개석(介石)」「중정(中正)」을 따서 이름과 아호를 지은 것임을 알수가 있다.

한문 예(豫)자를 옥편에서 찾으면 돼지시(豕~ 돝시변) 부수(部首) 9획에 나오는데 뜻풀이, 새김은 -먼저예(早·先也), 머뭇거릴예(猶豫), 기쁠예(悅也), 놀예(遊也), 고을이름예(州名) 등이 있다.

우리가 늘상 사용하는 낱말로는 예상(豫想), 예언(豫言), 예비(豫備), 예측(豫測), 예정(豫定) 등과 같이 미리부터라는 뜻이므로, 미리부터 대비한다는 이른바 유비무환(有備無患)이 예괘이다.

이렇듯 미리 준비하고 순서를 밟아서 행사한다면 웬만한 일은 지장없이 운행되어 좋은 결과를 얻는다. 좋은 결과를 얻으면 누구나 당연히 기뻐하기 때문에 예괘를 기쁨·즐거움으로 삼는 것이다.

바꾸어 말해서, 기쁨이나 즐거움을 얻으려면 무슨 일이건 미리 갖추어서 나가지 않으면 안된다는 것이다.

이렇게 예에는 미리 대비한다는 뜻과 기쁘고 즐겁다는 두가지 뜻이 있으며 기쁨쪽의 숙어에는 예락(豫樂)과 열예(悅豫)라는 것이 있다.

豫卦名의 由來?

왜? 위에서 말한 뜻을 보고 예라는 괘이름을 붙였을까?

외괘(外卦), 진(震☳)은 우뢰이고, 내괘(內卦) 곤(坤☷)은 땅이다. 겨울동안 움츠리고 칩복(蟄伏)하고 있던 뇌기(雷氣)가 지상(地上)으로 분출(奮出~떨쳐나옴)된 괘의(卦意)가 되는데 이것은 돌연히 불쑥 분출한 것이 아니다. 겨울에 잠기고 숨어 있다가 때오기만을 기다리다 때가 이르러서 비로소 출현한 것으로써, 거기에 미리, 예비라는 뜻을 본 것이다. 이제 봄기운이 돌아와 우뢰가 분출하면, 기나긴 겨울에서 해방된 인간은 물론이고 모든 생물·식물은 발랄한 생기(生氣)를 되찾아서 환성을 지른다. 이것이 기쁨의 괘의(卦意)인 것이다.

豫卦가 나왔을 때의 占考

뇌지예괘는 삼괘의 우뢰가 땅위로 울려퍼지는 형상이다. 천둥·우뢰가 생겨나는 것은 지상이 따뜻해져서 상승기류가 형성되어 상공의 차가운 한냉기류와 섞이기 때문이므로 우뢰는 봄에서 여름에 걸쳐 많은 것이다.

예괘는 봄이 찾아듬을 가리킨다. 초목이 싹이 돋아나고, 작은 새들의 지저귐이 들려온다. 드디어 봄이 온 것이다.

이 괘가 지산겸(地山謙) 다음 차례인 것은 "큰부자라 할지라도 겸허해야 기쁨이 있다"는 뜻이다.

예는 「미리대비」「즐거움」「방심함」이라는 뜻이다. 어떤 일에건 미리 예정을 세워서 실행함은 즐거운 일이나, 즐거움에 빠져서 방심한다면 실패한다.

예괘의 운세판단 : 예괘는 봄철의 꽃샘바람이다. 이때까지 불우(겨울)한 가운데 축적했던 에너지를 방출할 때이다. 준비 완료, 기운을 차려 새출발하자. 이제사 기다리던 봄이 왔네. 낡은 덮개를 떨쳐버리고 이제부터 새로운 출발이다. 운기는 위로 솟아 오른다. 결의를 단단히 굳히자, 성공은 확실하다.

落選의 苦杯는 잠시, 다시 起死回生
歡喜로 바뀐 大轉換運

제14대 총선이 얼마전에 끝났다. 당선자는 승리를 구가하고, 낙선자는 낙담과 실망으로 나락에 빠진 심정이리라.

당자 뿐만 아니라 고락을 함께 나누며 지원하던 운동원, 후원자, 가족친지, 너나할것 없이 승자는 천당에 오르고 패배자는 지옥에 떨어진다. 인생무상. 인지상정.

뇌지예괘 "역점노트"를 들춰보니…

제9대 국회의원선거(1973년 2월 27일)에서 낙선했던 분의 실점례가 적혀 있었다.

지금은 고인이 되신지도 오랜 세월이 흘렀으나 그분을 존경하는 분이 많고, 명망이 높던 분이라서 유족들에게 누를 끼칠까 그것이 마음에 걸린다.

이 어른은 위대한 조부님을 두셨고 14년간 고려대학에서 교수로 봉직하시다가 제8대 국회의원에 당선, 정계에 진출, 당시 여당인 공화당 정책부의 장을 역임하는 등 화려한 정치활동을 펼쳐나갔었다.

그런데 재선에서 낙선거사가 되었으니 모두가 당시의 시국 탓이었다고 본다. 전년도 (72년)에 있었던 10월 유신에 이어 12·23 제8대 대통령선거

등이 역작용을 몰아와 지역구에서 패배했던 것이리라.

 1973년 3월 중순경, 이제 겨우 선거 열풍이 지나가고, 차츰 안정을 되찾을 즈음, 맹렬여성인 조문자(曺文子)씨가 우아하고 기품있는 귀부인을 모시고, 정릉 청수골산방을 찾아 오셨다.

 활달한 성품인 조여사는 밝은 목소리로 "선생님! 안녕하셨어요."하며 인사한다. 나도 덩달아 명랑해져서 "아! 예, 어서 오십시오. 가내제절이 모두 잘계시지요."하며 반갑게 맞아 들였다.

 "사모님을 모시고 왔는데, 잘 보아 주십시오!"하며 다짐받듯 말한다.

 "글쎄 올시다. 제가 아는 것이 있어야 잘봐 드리지요. 성의껏 봐는 드리겠지만."

 차례대로 대주의 생년월일시와 부인의 생년월일시를 물어서, 만세력에서 사주간지 대운등을 감정지에 기재해 나갔다.

 부군은 정묘생(丁卯生~1927년생).

 성함을 말씀해 달라니까. 주저하지 않고 순순히 대어 주셨다.

 "성은 민가이고, 이름 첫자는 갑을병하는 천간 병자, 그리고 뫼산변에 가지지한 기산기자"라고 하셨다.

閔 丙 岐

 성명삼자를 적고나서 보니, 지명도가 높은 유명인사의 함자였다. 그순간 뇌리에 떠오른 것은 신문보도 등을 통해서 성동구에서 재출마했다가 낙선했다는 민박사 어부인임을 알게 되었고, 함께 안내한 조여사는 선거사무소 아니 구당 부녀부원이거나 조직책이었던 모양인데, 아마도 상심한 민박사 사모님을 위안해 주기 위해, 억지로 바람 쏘이려나가자고 재촉해서 여기까지 모셨구나 쯤은 눈치로 알 수가 있었다.

 그래서 일단은 위로의 말씀을 드리는 것이 도리라고 여겨져서,

「민박사 사모님이시군요. 이번에는 참으로 안되었습니다. 무척 섭섭하셨겠습니다.」

 사모님은 얌선하게 미소 지으면서,

「여러분이 많이 후원해 주시고, 애써 주셨는데 그만 실망을 드려서 죄송합니다.」

 도리어 다른 모든 이에게 미안해하는 심정을 담담히 토로하시는 것이었

다.

득괘와 사주로 종합판단

우선 사주와 대운을 살피고 나서, 민박사의 전도(前途)와 운세방향을 살피고자 서죽(筮竹)을 들어 입서(立筮)했다.

득괘는 예지췌(豫之萃~雷地豫六五)

```
豫        ䷏●    鳳凰生雛之課    雷出地奮之象
              萬物始生之象    行止順時之意
之        ↓
              魚龍會來之課    魚登龍門之象
萃        ䷬    如水就下之象    妓歌衆順之意

豫는 利建侯行師하니라
六五는 貞疾하니 恒不死로다

變卦:  ☳ 震·東方 →●  ☱ 兌·西方
```

보기에서 알 수 있듯이 아주 대길괘가 나와 우선 기뻤다. 먼저 역상과 괘설명을 적은 대목을 자세히 설명해 드리고, 점단의 결과를 다음과 같이 판단하고 예언을 했다.

단왈(斷曰~예언)

1. 민박사님은 금년 여름부터 행운 대운이 10년동안 역마대관운(驛馬帶官運)으로 운행하므로 필시 외국에서 활동하시게 될 것입니다.

2. 그것을 뒷받침하듯이 예괘는 곤(坤 ☷) 모국 밖에(外卦) 진(震 ☳)이 우뢰처럼 움직이고(外卦動) 변괘는 태(兌 ☱)로 말씀씨(口辭)로 남을 즐겁게(悅樂)하니 이는 필시 외교사령(外交辭令)으로 보입니다.

3. 진은 우뢰이므로 속발(速發)하며 5효동은 청와대로 보는데 태(兌)의 기쁜 말씀이 곧 내릴 것입니다.

4. 상괘의 변괘는 진·동방(震·東方)이 태·서방(兌·西方)괘로 변

하니 서방세계 유럽이 첫부임지가 될 것이라 보는데 프랑스가 유력시 됩니다. (한자 佛蘭西의 西자가 떠올랐기 때문인데, 실은 兌卦는 羊에 견주므로 美國으로 삼는 예가 많음).

5. 약 10년이 지나면 인수운(印綬運)이 들어와 학계로 되돌아올 것으로 보는데, 역시 주역괘도 역위생괘(易位生卦)하면 지뢰복(地雷復~豫卦의 內外卦를 바꿈)이 되는데 변괘인 태금수(兌金數)4·9에서 음효가 양효로 변했으므로 높은 9수로 보면 만 9년뒤 다시 학계로 복귀(復歸)하며, 원괘가 5효동이었으므로 학장이나 총장급으로 자리하게 될 것입니다.

사모님은 조용히 그러나 진지하게 점사의 말에 귀기울여 주시는 것이었다. 모처럼 모시고 왔던 조여사는 나의 점단에 저혼자 신바람이 나서 즐거워하며, 사모님께 나의 예언이 신통하게 잘맞으니 곧 좋은 소식이 청와대에서 올것이라며 믿어 보자고 열심히 나를 PR 한다. 이 홍선생은 현재 관인 동양역리철학원 역경전임강사라고 추켜세우기까지 하면서 믿어 보자고 졸라대었다.

사모님은 조여사의 수다에 마지 못한듯 못이겨서 온화한 미소를 지으며 「정말 주역점괘 대로만 된다면 참 좋겠습니다. 아니 홍선생님 예언을 믿겠습니다」고 하시는 것이었다.

사모님의 말씀에 필자는 다소 감동했다. 역술경력 15년, 부산을 시발점으로 대구에서, 서울에서, 수없이 실점감정을 해왔지만 나의 역점예단을 사전에 미리 믿어준 분이 몇사람이나 될까? (앞에서는 선생님, 밖에 나가면 점쟁이로 비칭되는 역술인었기에.)

〈결과〉
이윽고 예단대로 빠른 시일안에 청와대에서 박정희대통령 각하가 민박사 아니 민대사에게 임명장을 주는 장면이 대서특필한 기사와 함께 실린 보도사진을 보면서 쾌재!를 불렀다.

민대사댁에 큰경사가 났다. 조여사편으로 사모님께서 감사하다는 전갈을 받았다.

그 이후 민대사의 외교활동은 세인이 다 아시는 바와 같다. UN한국대표로 아스팍 사무국장, 모로코대사, 외무부본부대사를 역임하셨다. 그리고 10년 뒤 83년 인천대학 학장으로 취임하셨다. 86년 3월 수술전까지 재임.

회갑년(丁卯)을 몇달 안남긴 채 병인년(丙寅年) 11월 12일 오후 5시에 영면하셨다. 전주불대사, 지금은 유명을 달리하신 민박사님 영전에 명복을 빌면서 이 장을 마칩니다.

※ 민박사 조부님은 구한말의 민충정공(閔忠正公~閔泳煥)이셨다.

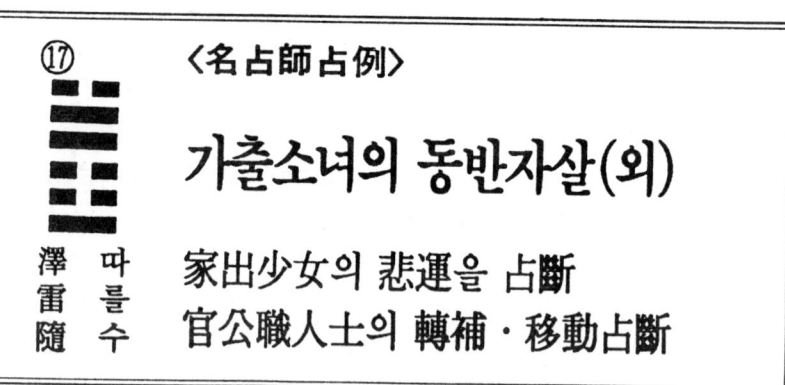

卦象·卦畵와 卦名의 由來

주역에서 향진(向進)하는 모양, 즉 앞을 향해서 나아가는 행동을 역괘(易卦)의 음획(= =)이 위로 열려있는 모양에 그것을 보는 것으로 되어 있다.

보기에서 처럼 진(震~☳)괘를 떨쳐 나아간다는 분진(奮進)으로 삼으며, 태(兌~☱)괘를 유세(遊說)하며 나감(또는 기뻐서 나감)인 세진(說進)으로 삼음이 그것이다.

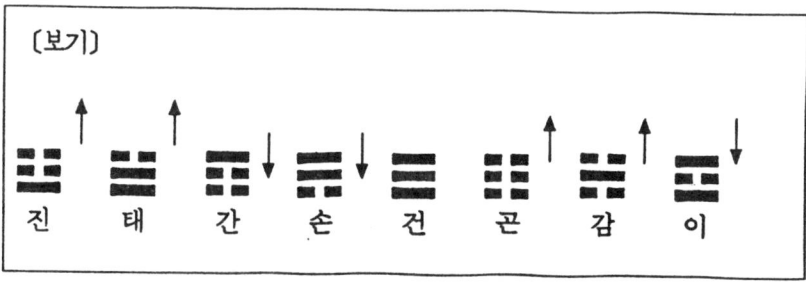

따라서 이와 반대로 음획이 아래쪽(밑으로)을 향하고 있는 간(艮~☶) 괘는 멈춤, 정지(止)로 삼고 있으며, 손(巽~☴)괘를 진퇴불과(進退不

果~나아가고 물러섬을 이루지 못함)로 삼고있다. 이밖의 건·곤·감·이(乾 ☰ ·坤 ☷ ·坎 ☵ ·離 ☲)괘처럼 어느 한쪽으로만 열려 있지 않은 괘는 그 모양만으로 진퇴를 보지 않는 터이다.

　이와같이 볼 때에 택뇌수괘는 외괘(外卦) 태(兌)가 앞서서 나가고 있는데, 내괘(內卦)인 진(震)이 바로 그뒤를 따라나가는 그런 화상(畵象~그림) 모양을 볼 수가 있으며, 이에서 따를 수(隨)라는 괘이름의 유래·소이(由來·所以)를 짐작할 수가 있다.

　서괘전(序卦傳)에 이르기를 "즐거움이 있으면 사람들이 따른다. 그런 까닭에 예(豫)괘 다음에 수(隨)괘."라 했다.

　수괘의 형상을 살펴보면 우뢰(☳)의 움직임에 "못(☱)의 기쁨"이 올라타고 있다. 기뻐서 움직이다, 즉 기쁨따라 움직인다, 따라간다는 것이며, 그래서 대길하다는 괘다. 그러므로 단독행동이나 혼자서 일을 시작하지 말고 누군가 다른 사람의 뒤를 따라가는게 좋다는 것이다. 또 수괘는 "철지난 천둥"으로도 표현된다.

남녀관계

　상괘 태(兌)는 소녀·소실(첩), 하괘 진(震)은 장남·장성한 남자·나이든 연장남성을 상징하니 서양말로 "로맨스그레이"이다. 그러므로 이괘가 나왔을 때는 여인 뒤꽁무늬를 쫓아다니는 남성으로 보게되며, 그 때문에 가정풍파등 문제를 야기함을 흔히 본다. 그런데 요즘은 예전과는 반대로 여인이 남성을 적극적으로 따라다님을 보게되는데 이는 현대가 "여성상위시대"로 변한 탓일까? 택뇌수괘를 섹스로 본다면 남자가 아래서 움직이고 젊은 여인이 그위에 올라타서 즐거워 기쁜소리를 지르는 모양…….

　다음의 실점례는 일본의 옛 명점사였던 이노우에 가쿠슈(井上 鶴州)의 실점례인데, 인용하기에 적절해서 소개한다.

家出少女의 悲慘한 末路

　나이어린 딸아이가 가출해서 행방이 묘연하자 부모님은 미칠지경이 되어 사방팔방 찾아나섰으나 찾지를 못하자 당시 소문난 명점사 이노우에를 방문해서 딸의 안부를 문점했다.

　수지준(隨之屯~澤雷隨의 九四)을 득괘하고 다음과 같이 판단했다.

「이괘로 살펴보건데, 당신 딸은 동반자살 투신정사(投身情死)로 본다!」고 단점(斷占)했다. 그 풀이는 다음과 같다.

수괘는 태(兌)소녀와 진(震)장남이 서로 사귀며 교접하는 괘상(卦象)이다. 내괘(內卦)인 내쪽에서 움직이고(☳~動), 상대인 외괘(外卦)가 기뻐하는(☱~喜悅)의미가 있다. 소녀 때문에 장남이 마음이 동하고, 소녀 또한 기꺼이 따르는 모양이다. 그러므로 이 가출한 소녀에게는 필시 함께 나선 남자가 있을 것이다.

그런데 지금 태괘가 변해서 감괘가 되었은 즉 감(坎)괘는 물 수(水)요, 함험(陷險)이라, 험난함에 빠져든 모양이다.

더하여 지괘를 보건데 준(屯)괘로 어려움과 난관을 뜻하며, 이괘상은 이미 소녀는 그 형태를 상실하고(☱→☵), 장남은 물밑에 가라앉은 모양으로 되어 있다.

이상으로 미루어 보건데, 동반정사(同伴情死)로 투신자살(投身自殺) 했으리라 접단한다. 그러니 속히 물가쪽을 수색해보도록 일렀다. 과연 얼마후 남녀의 시신이 호수에서 발견 인양되었다고 한다.

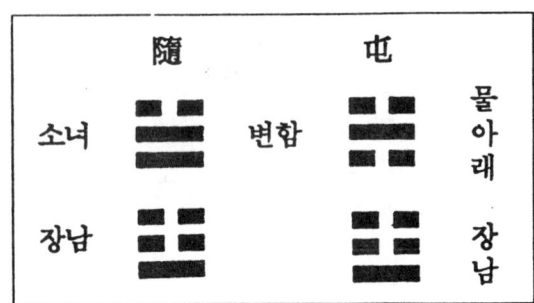

隨卦는 轉補·轉勤·移動 發令卦?

수괘의 괘이름 유래에서 이미 말한 바 있으나 수(隨)는 따를수로써 수시(隨時), 수행(隨行)등에 쓰이며, 수종(隨從)하다로, 따른다는 복종이며, 앞에 있는 무엇인가를 뒤따라 간다는 것이다. 수행원 하면 앞서가는 상사 뒤를 가방들고 따라 다니는 시중꾼이고, 수필(隨筆)하면 붓(펜) 따라서 붓가는대로, 붓이 내키는대로, 미끄러지는대로, 쓰는 글을 말한다.

괘상풀이에 보면 양공마옥지과(良工磨玉之課)요, 여수추차지상(如水

推車之象)이라 하였다. 수괘는 3양이 3음의 밑에 따름으로써 군자지도(君子之道)를 세우는 것이다. 원래 양은 강(剛)으로 군자의 위(位~자리)로 삼는 것이나, 그 강함을 밖으로 나타내지 않고 음유(陰柔)의 기덕(氣德)을 받아들여서 도리어 군자의 덕을 밝히게 함이다. 좋은 장인이 옥(玉)을 갈고 닦아서 이처럼 강으로써 더욱 양질의 것으로 만들려면 그 연마수양이 중요하다. 옥도 갈고 닦지 않으면 광(光)이 나지 않는다.
　물이 수차(水車~물방아수레바퀴)를 돌리고 있는 모습도 이와 같다. 유약(柔弱)한 물이지만 그 흐름이 올바르고 세(勢)에 순리(順理)한다면 무거운 수차를 돌려서, 많은 효용을 이루는 것이다. 요는 강으로써 과시하지 말며 유(柔)로써 비하(卑下)하지 말고 제각기 분수에 응해서 이치를 세워 서로가 작용해 가는데 인도(人道)의 행복이 있다.

隨卦 占考의 要點

　이괘의 특징은 때에 따르고 일에 따라가서 길함을 얻는 점괘로써, 첫째 변화에 따라 행하여 가면 좋은 결과를 얻는다.
　근무처의 이동, 주거의 이전이라든지 또는 자기의 지망이 변한다든지 하는 그러한 변화가 발생하기 쉽고, 또는 이미 일어나고 있을 때로 본다. 그런 현실에 당면했다면 새로운 사태에 따름이 옳다는 것이다.
　이제껏 여러방면에서 크게 활약하고 있던 사람이 고향에 돌아감에 가장 좋은 시점이며 한계점이라 할 수가 있다.
　또 그렇게 할 도리밖에 없는 입장에 놓여지게도 되는데, 그렇게 되었을 때에는 불평불만을 억제하고서 시운(時運)에 따라가도록 교시함이 옳다.
　실력이나 경험이 우수하면서도, 실력이 나보다 못한 사람 밑에서 일해야 하는 경우에 놓이게도 되는데, 이런때라도 반역적인 기분이 들게되면 아주 큰차질을 초래하기 쉽다. 견실하게 새로운 사태에 따르는 것이 안전하다.
　필자의 「역점노트」에서 수괘의 실접례를 찾아보니 공직자 관계인사의 전보 즉 이동발령이 아주 많이 있는데 그중에서 몇가지를 소개하기로 한다.

법조계 인사의 경우

　지금은 사라진 악습이겠지만 60~70년대에 공직자사회에는 바람직하지 않고 좋지 못한 풍조가 있었다. 계급이 높을수록 더했는데 어떤 경우냐

하면 호남지방도시로 전출명령이 내려지면 이에 불만을 품고 사표제출로 결국 의원면직하고 마는 그런 일이 참으로 많았다.

판검사가 되면, 영감(令監)이라는 존칭이 따라다녔다. 나중에 공안부장 검사까지 역임한 분인데, 어느해 느닷없이 일방적으로 호남지방(광주였던 것같다)으로 전보(轉補)발령을 받았다.

이에 불만을 품은 검사영감께서 당장 사표를 낸다는 서슬에, 어부인께서 놀라 아름으로 누구에게 듣고, 필자를 찾아왔다. 그때 얻은 괘가 수지췌(隨 之萃~澤雷隨의 初九)였다.

```
豫          良工磨玉之課
 之         如水推車之象
 萃         魚龍會來之課
            如水就下之象
```

爻辭：〈初九〉 官有渝니 貞吉하니 出門交有功하리라
         (벼슬의 변동이 있다. 점복이 길하다. 문
         밖에 나가 사귀면 공이 있도다).

〈판단〉
　주인께서 부인 말씀은 잘들어서(태괘~부인의 말에 진괘~남편이 잘 따르는 모양이 택뇌수괘임) 부임지로 떠납니다(진괘의 초효라 발이 움직여 전진함. 변괘 곤은 서남간방임). 예상과는 다르게 부임지에서도 좋은 일이 많이 생기겠고(효사 출문교유공, 변괘 췌는 사람도 모이고 재물도 모여드는 모양), 그리고 서울로 되돌아오는 시기는 길게 잡으면 5, 6개월 걸릴 것이요, 빠르면 약 5, 60일 걸리니깐 두달쯤만 지나면 되돌아올 수가 있다고 판단된다！고….

〈후일담〉
　부인은 나의 점단을 믿고 싶었던지 부군을 잘 설득했다. 결국은 임지로 떠나보냄으로써 부임날짜에 맞추어 취임시키는데 성공했다.

그로부터 얼마후 부군에게 희소식이 되는 이변이 일어났다. 법조계 고위직에 대한 대대적인 인사개편이 단행된 것이다. 그런데 새로 부임한 고위직 상사가 마침 부군과 절친한 사이였으며 그덕을 입어선지 전례가 없는 단기간(2개월)의 지방근무에 종지부를 찍고 서울로 다시 복귀하라는 사령장이 내려졌던 것이다.

경찰간부의 경우

정보장교출신으로 5·16혁명후 경찰로 전역, 처음에는 치안국 정보과장으로 근무하다가 강원도 경찰국장으로 영전되었고, 이윽고 경기도경찰국장을 거쳐 서울시경찰국장을 역임하다가, 마침내 경찰최고총수인 치안국장으로 승진하는 등 해마다 영전했던 인사가 바로 손달용(孫達用)씨인데, 장본인은 한번도 뵌 적이 없으며, 문점은 언제나 부인께서 오셨다.

그리고 문점시기는 전근이나 이동발령 약 20일전에서 30일전쯤에 오셨던 것으로 기억된다. 그 실점례는 다음과 같다.

뇌택귀매 2효변, 지괘 진위뢰.

〈점단〉
태(兌~西)변 진(震~東)으로 강원도경으로 승진되어 간다고 예단.

〈결과〉
강원도 경찰국장으로 승진전보됨.

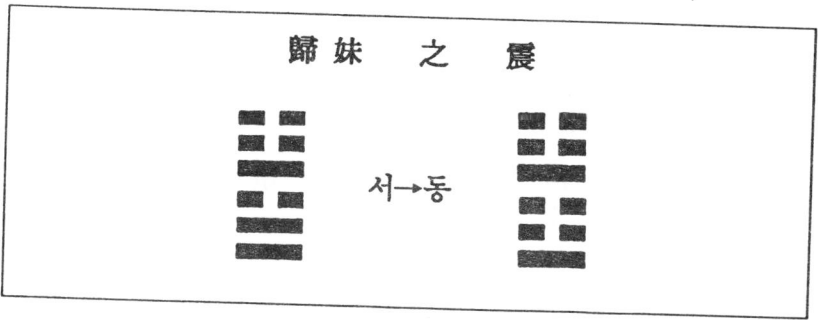

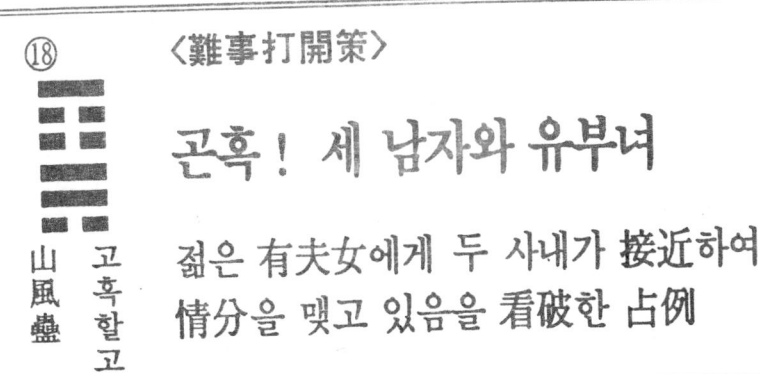

70년대 초반의 어느해 여름날 오후경, 산뜻한 차림새의 젊은 여인이 활짝 열어 놓은 청수역리원 감정실 안쪽을 들여다 보면서 기웃거린다.

한가롭게 독서하던 필자는, 밖의 인기척에 "들어 오십시요!"라고 소리를 질렀다. (문밖에는 시냇물이 돌돌 소리내어 흐르고 있어서 작은 소리로 말하면 문밖에서는 들리지 않는다.)

사뿐히 들어와서 경상을 사이에 두고 앉았다. 안경너머로 얼굴을 쳐다보니 쌍꺼풀 눈이 서글서글한게 매력적인데가 누구에게나 호감이 갈 그런 여인이었다. 신수를 봐달라고 해서 우선 식구들의 이름과 생일을 물어 적었다. 남편 42세, 부인 36세, 그리고 자녀는 남매를 두고 있었다.

이 일가의 운세를 보고자 설서(揲筮) 고지손(蠱之巽~山風蠱의 六五 변)을 얻었다.

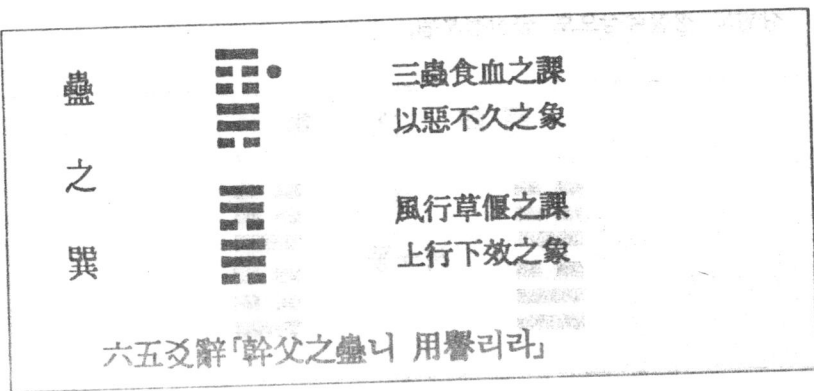

필자는 산풍고괘를 보자「고혹(蠱惑~마음을 흐리어 쏠리게 함)」이라는 낱말이 생각나서, 산목(算木~괘모양을 나타내는 음양 표시된 괘막대)배열을 다시 찬찬히 보았다.

 이괘는 3음3양괘로써 지천태(地天泰)괘에서 발생한 교역생괘(交易生卦~여기에서는 태괘의 초구가 상육과 자리를 바꾸었다고 본 것임)의 하나이므로 남녀관계 정사(情事)문제가 관련되어 있다는 직감이 들었다. 그것도 만약에 정분이 난다면 여인이 음탕한 기질이 더 짙어서 남자보다 정력이 강한 경우가 많다.

 산풍고괘는 외괘 간산(艮山~少男) 내괘 손풍(巽風~長女)으로 젊은 남성이 풍만한 여성에게 접근하는 모양이기도 하며, 먼저의 택뇌수(隨~⑰)괘와 음양이 효자리가 완전히 반대이고 또한 거꾸로이다.

 〔이를 복괘(伏卦~음양효가 서로 반대되는 괘, 일의 뒷면 또는 내부를 아는 데 쓰이는 역점방법) 또는 빈괘(賓卦~바로 보는 것이 주인괘라면 거꾸로 저쪽에서 본 괘를 손님 으로 삼아 저쪽에서 보았을 때를 알아내는 역점방법)〕

 게다가 변괘는 손위풍으로 바람바람이다.
 득괘로 보건데, 이여인은 바람이 난 것으로 짐작되는데, 그렇다면 그 남편은 병신이요, 등신같은 멍청한 양반이 아닌가?

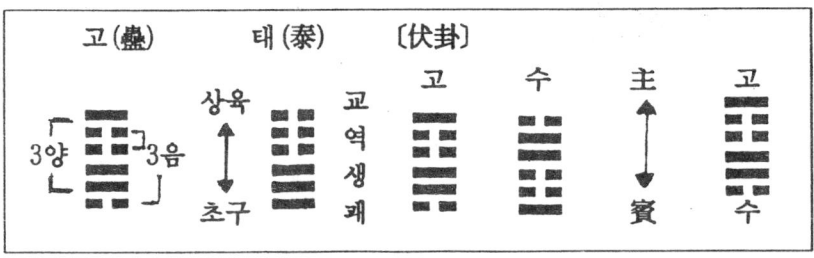

 여기까지 생각이 미치자 나도 모르게 그만 불쑥 말이 입밖으로 튀어 나왔다.「당신 남편은 병신이야!」라고….
 그 말이 떨어지자 젊은 부인은 감탄한 어조로,「예, 실은 3년 전에 큰 교통사고로 하체가 마비되어서 지체가 부자유스럽습니다.」
 실은 그런 뜻은 아니었는데, 그러나 이왕 내친김에 의혹스런 점을 죄다

뱉었다. 「그래서, 당신은 지금 외간남자를 둘씩이나 보구 다니는군요!」하니까, 젊은 부인은 그만 부끄러운 듯 고개를 떨구고 울먹이며, 사실을 그래서 어찌하면 좋을지 문복하고자 왔다는 것이었다.

간(艮)괘에 해당되는 연하의 남성은 저학력인 젊은 부인의 민원서류 등을 수차례 대필해준 말단공무원 총각이었다.

진(震)괘에 해당되는 연배의 남성은 중소기업가로 제조업을 경영하는 사장이었다.

삼각관계가 아니라 사각관계에 빠져 허위적거리는 이 젊은 부인을 위하여 다음과 같은 역점상(易占上), 인정상(人情上)의 판단을 내려 주었다.

1) 소남에 해당되는 공무원 총각은 오래 끌수록 서로에게 백해무익하므로 속히 관계를 끊을것. 만약 타일러도 안되면, 마지막 카드를 펼쳐 보이라! 그 카드는 "남편이 눈치챘다. 그는 앞으로 그런 소문이 계속되면 당신을 상부기관에 고발하겠다고 벼루고 있더라."고 하면 될 것이다.

2) 장남에 해당되는 사장님은 서로가 먹이되고 득이되니 당분간 관계가 더 계속 되어도 좋다. 그러나 양쪽이 모두 소중한 가정이 있는 만큼 들켜서 가정풍파가 나지 않도록 비밀을 지키는 것에 각별히 유의해야 할 것이다.

젊은 부인은 열심히 역점의 판단을 듣고 나더니, 정중히 머리 숙이며 "고맙습니다"고 인사하고는 갖고 온 손가방에서 흰봉투를 꺼내 두손으로 경상 위에 얹어놓고는 돌아갔다.

그 부인이 돌아간 뒤에 다시 득괘를 보면서 왜 그렇게 말해주었나 되새겨 보았다.

산풍고(山風蠱)괘는 내괘(內卦) 손풍(巽風)이 외괘(外卦)인 간산(艮山)에 앞이 막혀서 통풍(通風)이 되지않고 있는 모양이다.

비유컨데 예전에 냉장고가 없던 시절, 여름철 더위에 음식을 찬장 안에 넣고 문을 꼭닫은 상태이다. 그래서 그만 찬장 안의 음식은 썩어서 구더기와 곰팡이가 생긴다. 겉으로 보기엔 깨끗해 보여도 안은 썩어서 구린내가 나는데 간(艮)괘가 거기에 뚜껑을 덮어둔 모양이다.

그래서 이 간(艮☶)이 주효인 양(━)획을 없애면, 산풍고괘는 지풍승(地風升~향상발전)괘가 되어 좋아짐으로 연하의 총각을 속히 정리하라 일러준 것이었다.

대입법(代入法)으로 간산(艮山)대신 진뇌(震雷)를 올려 놓으면 뇌풍항

(雷風恒)괘가 되어 항구(恒久)로 오랫동안 부부처럼 변함없이 교제가 지속된다.
　항(恒)괘는 건금(乾金☰)괘가 내포(內包~包卦)되어 있어, 진·손(震·巽)이 거래해서 자리를 바꾸면 풍뇌익(風雷益)괘가 성립되고, 익(益)은 더할익으로써 이러한 두사람의 애정행각(愛情行脚)은 두사람에게 경제상 이득이 된다고 보았던 것이다(물론 도덕적으로 볼때, 불륜인 것은 사실이나 부도덕이 생존상 필요하다면 필요악이라고나 할까).

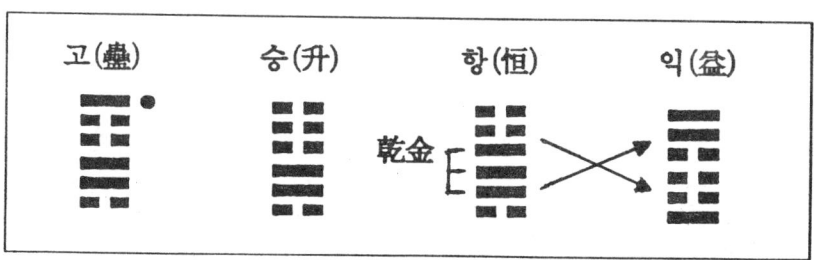

　결과는 총각과의 인연은 끊어졌고, 사업가와는 몇해 동안 오래도록 계속되었다. 그도 그럴 것이 이여인을 만난뒤 사업이 나날이 번창, 외자도입도 쉽게 되고, 수출도 증가하고, 공장도 확장되는 등 자꾸 늘어갔다.
　사장이 언젠가 홍콩에 출장갔을 때 유명한 명학명인에게 두남녀 사주를 보였더니 그 애인은 복운(福運)을 부르는 여인이라고 하면서 화수분 같다고 통역자가 가르쳐 주더란다. 그런데 그말이 맞는것 같더란다.
　그 당시 한달에 두세번 만났는데, 그때마다 생계비조로 10만원씩 주곤 했는데, 어느날 100만원짜리 수표밖에 없어서 큰마음 먹고, 여인에게 건네 주었더니, 그 다음날 뜻밖의 곳에서 거래가 트여 몇천만원의 수익을 올린 적이 있었던 일이 상기 되었기 때문이었다.
　그래서 달이 가고 해가 바뀌어도 그냥 습관처럼 한달에 세번쯤은 꼭 만났다. 그리고 여인의 낡은 집을 헐고 새로 집을 지을 때는 큰액수를 부담해 주었다고 한다.
　몇해 뒤 아이들 진로문제로 문점왔을때 경과 보고를 들으면서, 세상이 넓은 것처럼 인구도 많고, 옛말처럼 세상 살아가는 방법도 실로 천차만별임을 새삼 느꼈다.

⑲ 〈夫君入閣占〉

地澤臨 임할림

권총장의 입각 임박 예단

장차 入閣이 임박했음을 豫斷한 占例

정릉2동 대로변에 인접한 「권외과의원(權外科醫院)」은 입지조건이 좋은 탓도 있겠지만, 원장님을 비롯한 모든 종사자들의 친절함과 철저한 진료와 치료로 인근 주민들의 신뢰를 얻고 있다고 여겨진다. 필자도 장릉으로 이사 온지가 어언 25~6년, 초기부터 식구들이 여러차례 진료을 받은 바 있지만 그때마다 고맙게도 곧 완치되었다.

화창한 날씨여서 필자는 넓은 앞문을 활짝 열어넣고, 학회기관지 회보 "역리" 초교지가 나와서 교정을 보고 있던 필자는 우선 한 무리 부인네를 맞아서 인사를 건넸다. "어서 들어 오십시오!" 그러자 안면있는 권외과의원 원장 사모님이 "안녕하셨어요"하며, 동행한 여러분과 함께 방으로 들어와 자리를 잡고 앉았다.

집안에 무슨 잔치나 모임이 있었는지 한복으로 성장들을 하고 있었으며, 그 중 나이가 지긋해 뵈는 마나님이 여기서는 가장 연장자이고 어른이며 중심 인물로 여겨졌다.

바로 필자와 책상을 사이에 두고 마주 앉은 마나님은 당당한 풍채의 부티 나는 자태로서 반석과 같이 요지부동인 앉음새, 폼은 방안을 꽉채운 듯한 위압감마저 들었다. 성품도 소탈하고 꾸밈없는 대다가 직선적인 성격이어서, 대뜸 하시는 말씀이 「아범(? 당시 그렇게 들렸다)을 한번 봅시다. 사주팔자가 어떤지….」하는데, 목청도 컸고 걸걸한 편이었다. 그리고 생년간지와 생월, 생일, 생시 등을 차례로 차근차근 일러주었다.

필자는 말씀하시는대로 감정용지에 일일이 적고나서, 그것을 만세력과 대조해서 사주간지, 대세운 등을 대조해서 기록하고 난 다음에 "저, 성함자가 어떻게 되십니까?" 하고 물어 보았다.

그러자 마나님께서는 서슴없이 성명 삼자를 똑똑히 가르쳐 주시는 것이었다. 「성은 안동권 가요. 권세권자, 떳떳이자, 빛날혁자인데, 가운데 이자가 좀 어렵소. 한글로 크 비슷하게 우선 쓴 다음에, 그 밑에 가루분자를 쓰는데, 즉 왼쪽에 쌀미, 오른쪽에 나눌분을 나란히 적은 다음 다시 그 밑에 한일자를 가로 긋고 그밑에 되승자처럼 두다리를 내리 그시오. 그것이 떳떳이자요. 빛날혁은 붉은적자 두개 나란히 쓴 글자요.」

차근 차근 똑똑히 타이르듯 가리치듯 말씀해 주시는데 경상도 사투리의 강한 악센트는 있었지만, 아주 정확하게 일러주었다. 일러준 대로 성명삼자를 적고 나서 살펴보니 아주 지명도가 높은 인사의 함자였다.

權彛赫

권이혁 박사님은 전 서울대 의과대학 학장을 역임하다가 당시 국립서울대학교 총장으로 재직중이시던 유명인사였던 것이다. 이렇게 유명하신 인사의 사주와 장래 운명을 판단해 달라는 청탁을 받았으니 그것 자체가 영광으로 느껴졌으며, 그렇다면 이른바 미래예측(未來豫測)의 계산척(計算尺)이라 일컫는 주역점(周易占)의 역점괘(易占卦)를 꼭 내어 보아야 한다고 여겨 우선 손을 씻고 향로에 분향하고 서죽(筮竹)을 높이 받들고 고축(告祝)한 뒤 3변서(三變筮)로 입서하였다.

득괘(得卦)는 임지복(臨之復~地澤臨의 九二)이었다.

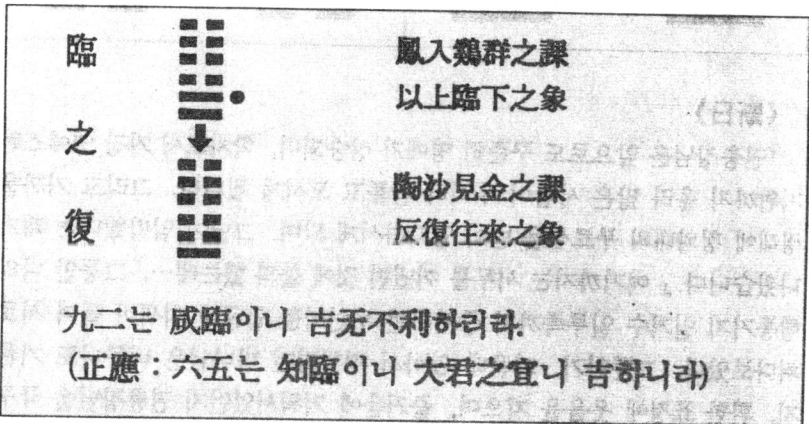

- 117 -

《占考》
　지택림괘는 대괘(大卦)가 대진(大震)의 모양으로써 매우 적극진취(積極進取)의 성향(性向)을 지닌 괘세(卦勢)이다.
　지금 임괘의 2양(九二)효가 강중(剛中)으로 발동하였는데, 응(應)이 되는 5효에는 바로 5음(六五)인 유중(柔中)효가 있어서 서로 정응(正應) 관계에 있다. 이는 효사에 있는 함림(咸臨)과 지림(知臨)으로써 바로 대군(大君~국가원수)의 적절하고 마땅한 현인군자(賢人君子)를 대신(大臣~장관)으로 발탁 등용함을 뜻하는 것으로 그 시기가 임박(臨迫)했음을 가리킨 점괘라 판단되었다. 그리고 지괘인 지뢰복(地雷復)은 반복(反復) 즉 되풀이로써 여러차례 입각됨을 예시한 것으로 보았다.
　그리고 선천운인 사주팔자와 대운세운 행운이 모두 길향(吉鄕)에 들어 있어 향후 종생토록 명망운(名望運)이 성대(盛大)함을 나타내고 있었다.
　여러모로 종합해서 판단한 필자는 일단 이런 점을 요약해서 단왈(斷曰)을 선고하듯 했다.

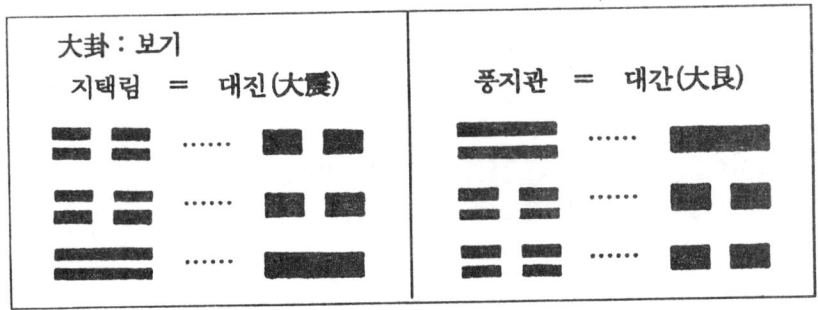

《斷曰》
　「권총장님은 앞으로도 꾸준히 명예가 상승되며, 학자로서 가장 영예스런 지위까지 올라 많은 사람이 우러러 받들고 모시게 됩니다. 그리고 가까운 장래에 청와대의 부르심을 받아 입각하시게 되며, 그날이 임박했다는 괘가 나왔습니다.」 여기까지는 서두를 꺼냈던 것에 불과 했는데…. 그동안 나의 행동거지 일거수 일투족까지 주시하던 부인네들 얼굴에 희색이 돌며 서로 쳐다보았다. 그뿐인가, 가운데 앉아서 경청하던 마나님은 너무나도 기쁜지, 환한 표정에 웃음을 지으며, 즐거움에 겨워서였던지 권총장님을 극구

칭찬하고 나서기 시작했다.

착실하고 양심적인 고상한 성품이며, 고매하고 성실한 거룩한 인격자로서, 학자로서, 교육가로서 충분한 자질 등.

예찬론을 한참 동안 펼쳐 나갔다. 듣기에 따라서는 너무 자화자찬이 지나쳐 약간 어색하고 거북하기까지 하였다. 그런 한편으로 앞으로 국가적인 인재로 발탁 등용(登用)되어 장관으로 입각, 큰일을 하게 될 것이라는 점사(占師)의 말만 듣고도 저렇듯 기뻐하고 즐거워함을 볼 때, 참으로 순진무구(純眞無垢)하고 직선(直線)적(?), 직정파(直情派)로써의 면모(面貌)가 약여(躍如)하게 느껴지기도 하였다.

모성애(母性愛)를 단적으로 노파심(老婆心)이라 하던데 옛말에 팔순노모께서 육십난 아들이 발목을 삐었다니깐 내 등에 업혀라 했다더니…, 이때의 노마님의 정경은 이를테면, 오로지 자식이 잘 되기만을 일구월심 발원하는 그리고 정성을 다하는 오직 한분을 지극히 하늘처럼 떠받드는 그런 인상을 매우 강하게 받았다.

그리고 그 기세에 압도 되어서 다른 말들은 그만 잊은 꼴이 되고 말았다. 일방적인 자기 자신의 말에 도취해 버린것 같은 마나님의 말을 듣기만 하는 입장이 되었다. 이거야 정말 주객전도격(主客顚倒格)이었다. 그때 하실 말씀을 다 마친 마나님은 두둑한 복채를 꺼내 놓고는 일어섰다. 그러자 함께 온 들러리 일행도 모두 따라 일어서서 방문 밖으로 나갔다.

필자도 할일 없이 방문 밖까지 나가서 배송하고 난 뒤, 방안에 들어와 털썩 앉았으나 한참동안은 어안이 벙벙한 그런 상태였다.

〈후일담〉

이윽고 보도매체를 통해 권장관의 입각 소식을 듣게 되었다. 그 이후 권장관의 관운은 승승장구 이어져 갔으니 참으로 명망이 좋은 분이다.

92년도 봄철 어느날, 어느 대학학장님 부부가 함께 오셔서 운명감정을 마치고 환담 끝에 어쩌다 권장관 얘기가 화제에 올라 필자가 그분 자당님께서 지난날 꼭 한번 다녀가신 적이 있다고 했더니 그 학장님께서 하시는 말씀이 "그 분은 권장관 모친이 아니라 어부인일 것이라고" 말하며 크게 웃었다.

그때서야 아차! 큰 실수를 했구나. 깨닫게 되었다. 그렇다면 왜? 어째서, 이런 엄청난 실수(어부인을 모친으로 착각)을 했을까?

아마도 지금 생각해 보니 권장관의 모습이 각종 보도매체(신문, 잡지, TV)를 통해서 보았을때, 동안(童顔)이였던데서 온 선입견(先入見)때문에 본의 아닌 착각을 했던 것으로 여겨진다.

그러나 시님께 실수한 일은 없으니 천만다행이란 생각이 든다. 실은 그당시 마음속으로 "율곡선생의 자당 신사임당 만큼 위대한 모친상"으로 보았었는데, 이제보니 그게 아니라 대단한 여장부로서 좋은 배필로 양처(良妻)요, 내조자임을 다시금 알게 되었다.

이 원고를 탈고 한 뒤에 다시 권장관님에 대한 뉴스를 듣게 되었다. 「92년 7월 31일, 대한민국학술원은 정기 총회에서 보사부 장관과 서울대 총장을 지낸 권이혁씨를 신임 학술원 회장으로 선출했다.」 31일 오후에 방영된 TV화면이나 8월 1일 조간에 실린 사진은 역시 동안(童顔) 그대로였다. 권회장님의 만수무강을 빌면서 이 항을 맺는다.

---

⑳ 〈無筮來情占〉

유아급환 병증과 회생

風地觀 | 불관

어린애의 病症狀을 占卦로 알아내고 速快를 豫示한 占例

예로부터 전해오는 「의로복소(醫老卜少)」라는 말이 있는데, 노년기에 접어드니 이말이 확실히 실감이 난다.

지난날 청소년시절 객기가 한창일 때 신기(神氣)인지, 총기(聰氣)가 밝아서였던지 점괘만 내면 이 세상 모든 일은 모두 예측 가능 하다고 장담하던 기백이 참으로 가관이였던 시절이 있었으니, 이 점례도 그 시절의 걸작품 중의 하나이다.

때는 58년도 초가을 경. 어느 날 오전, 대구시 동구 신암동 감밭소재

고동운명철학관 감정실. 그날따라 문점객이 밀려들어 붐비고 있었다.
 금방 문점이 끝난 분은 지방에서 불효자식을 찾아나선 노부(老父)였다. 판단은 수소문 끝에 아들은 찾겠으나, 전답문서 저당잡혀 얻어낸 거금은 거의 탕진해 버려서 현금은 한푼도 건지지 못할 것이라는 말에 실망해서 자신의 신세 한탄을 넋두리로 늘어놓자, 뒤에서 차례를 기다리던 손님들은 그 노인의 사정이 하도 딱해선지 비켜달라 재촉도 않고 있었다.
 바로 그때였다. 헐레벌떡 가쁜 숨을 몰아 쉬며 들어서는 낯익은 노마님이 계셨다. 들어서기가 바쁘게, 급해서 그러니 먼저보게 자리 좀 양보해 달라고 먼저 온 선객들에게 양해를 구했다. 그 기세에 눌려 선객들은 그렇게 하시라고 모두 응낙하고 말았다.
 노마님의 행동거지와 안색을 살펴 보건데, 어딘가 심상치 않은 느낌이 들어서 필자는 항시 애용하던 8면(八面)주사위로 내정(來情)을 알아낼 겸 무서득괘(無筮得卦~서죽을 사용치 않고 괘효를 내는 것)하였다.
 첫번째 8곤지(坤地)하니 내괘를 삼고, 두번째 5손풍(巽風)하여 외괘를 삼고, 세번째 1하므로 초효변(初爻變)인 즉, 관지익(觀之益~風地觀의 初六)을 득괘, 재빠르게 점고(占考)하였다.

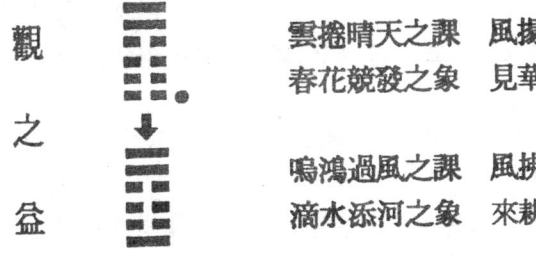

觀〈初六〉童觀이니 小人은 无咎요 君子는 吝하리라.

 관괘 초음효사「童觀이니 小人은 无咎요.」가 떠올랐고, 또 단역(斷易)으로는 관괘 초효는 미토(未土)로서 건금궁(乾金宮)이므로 부모효이다. 이는 바로 부동당두극자손(父動當頭剋子孫~부모효가 발동하면 자손효가 극을 당함)이라 내정은 필시 자손 문제 때문이라 짐작되었다.

어느새 점상 바로 앞에 바싹 다가앉아있는 노마님께 대뜸 한마디 말을 던지듯 건넸다.
「자손 때문에 오셨군요!」
아직도 약간 숨이 찬듯한 노마님은,
「네, 그래서 왔심더 예…….」
「아직 돌 전인 애기인 외손자 말인가요?」
「네, 아주 많이 아파서 몹시 걱정이 되어서, 문접코자 왔심니더…….」
「애기가 아파서 오셨다면, 너무 걱정마십시요. 벌써 미리 점괘를 내어 살펴보았는데, 내일이나 모레면 깨끗이 낫게 됩니다!」고 단언하듯 말했다.
노마님은 그런 말에도 별반 기뻐하는 기색 하나 없이 도리어 미심쩍은 표정을 지으면서 되물었다.
「미리 점괘를 내어 보았다니까 물어보겠는데, 우리 외손자 애기가 무슨 병을 앓고 있으며, 원인은 어디 있으며, 어떤 증세인지 그걸 알고 있소?」 그걸 알아 맞추어야 나의 말을 믿겠다는 것이었다.
그 당시 "총각점바치" 또는 "총각학생 철학박사"로 소문났던 나는 이때 절체절명(絕體絕命)의 위기(?) 아니 코너에 몰리게 된 판국(判局)에 이르렀다.
「그거야 문제 없습니다!」고 미리 호언(豪言)인지 장담인지 해 놓고나서,
「처음에 외손자인 애기는 배탈이 났겠고, 어른들이 걱정 끝에 큰병원에 가서 주사를 맞았지요! 그런데 집에 돌아온 후 애기는 흰 눈자위를 드러내며 고개를 뒤로 자꾸만 제치면서 경풍을 일으켜, 어미와 외할머니는 며칠밤을 잠도 설치고 뜬눈으로 세우셨지요!」하였더니, 노마님은 신기하다는 표정이 되어 크게 놀라면서, 「그말이 모두 맞다」고 하면서, 「그러면 내일이나 모레에 애기가 낫는다는 점괘도 믿겠다」고 했다.
그러나 그대신 오늘 저녁, 사위네 집에서 치성을 드리려고 준비 중인데, 홍도사가 와서, 신통력으로 빌어주었으면 좋겠다며 간곡하게 부탁을 하는 것이었다. 갈수록 태산이라고, 이제 애기 완쾌를 위해 기도까지 해주어야 하는 입장에 놓였다.
필자는 그때 이 애기가 반드시 꼭 나을 것이라는 확신이 있었기에 당장

쾌히 응낙했다.

「그렇게 하지요! 그럼 오늘 저녁때 보살(무당) 한 분을 데리고 가서 치성을 정성껏 올려 드리겠습니다.」

그날 해질 무렵 이웃에 살던 이북 황해도만신 예쁜이 어멈을 데리고 칠성동에 있는 노마님의 사위 김사장댁으로 갔다.

벌써 부엌에서는 떡시루며 부침 등 치성에 쓸 제물이 장만되어 있었다. 대청마루에는 병풍이 둘러 있었고, 이미 치성상은 마련되어 있었다.

만신 아주머니는 한지를 몇장 청해서 꼬깔모자를 두개 접어서는 하나는 자기가 쓰고 또 하나는 나를 주었다. 그리고 싸리대 여러개비를 달라해서 한지를 접어서 오린 것을 거기에 감아 세루화(?)를 만들어 시루떡에 꽂고, 또 길게 오려 그물같이 만든 한지를 제물 위에 덮어 씌우고 걸어놓고는 우선 부정풀이를 하였다.

나는 미리 준비해온 세로판에 싼 대경면주사(大鏡面朱砂~硫化水銀)분말 소량을 노마님께 건네주면서 은수저에다 놓고 모유로 개여 아기한테 먹이라고 일러주었다.

그동안 만신은 갖고 온 징을 방석위에 기대놓고 가볍게 "둥당둥당" 두둘기며 경문을 외우며 완쾌 기원을 축원하고 있었다.

나도 치성상 앞에 향을 사르고 절을 올리고 나서 염주를 굴리며 "천수경"을 외우고 "반야심경"을 세번 독송했다.

밤은 점점 깊어만 가는데, 애기가 경면주사를 먹더니 잠들었다고 알려왔다. 이윽고 날이 샐 무렵이었다. 갑자기 온 집안이 술렁거려서 어리둥절하고 있는데, 희소식이 전해져 왔다. 아기가 방금 긴 잠에서 깨어났는데, 눈을 뜨자마자 어미와 외할머니를 보더니 방긋하고 웃었다는 것이다. 그때서야 긴장감이 풀리고, 시름이 사라져 온 집안이 화기가 감돌았다. 이제 애기는 깨끗이 완쾌된 것이었다.

〈괘풀이〉

풍지관(風地觀)괘는 앞서의 지택림(地澤臨)괘를 반대쪽으로 본 괘로써, 대괘(大卦)는 대간(大艮)으로서 소남(少男)을 뜻한다.

동효가 있는 내괘는 곤(坤☷)이며 곤은 복부(腹部)로 즉 배인바, 배탈이나서, 다리(震)에 주사를 놓았다고 본 것이다.

변괘 진(震 ☳)은 놀랄 경(驚)이고, 부동(不動)인 외괘(外卦) 손(巽)은 바람풍(風)으로써, 이를 합치면 경풍(驚風) 즉, 경기(驚氣)가 났다고 판단하게 되었다.

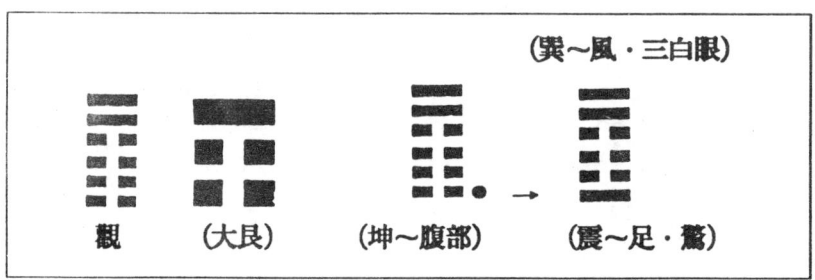

그리고 손(巽)은 삼백안(三白眼)이라고 되어 있으니, 이는 흰자위를 드러낸 모양으로 보았다.

괘상점(卦象占)에서 병점비결(病占秘訣)중에 초륙(初六~초효가 음효일 때)이 동(動~또는 變)하면 곤변진(坤變震~坤이 변해서 震이 됨)이 되는데, 이것은 곧 지뢰복(地雷復)을 뜻하므로 병이 회복됨을 뜻한다고 봐서 기사회생(起死回生)으로 판단한 것이다.

날짜에 대해서, 기일점(期日占)에는 초효변을 하루, 2효변을 이틀, 3효변을 삼일로 보는 법이 있다.

그래서 여기서도 하루로 볼 수가 있었고, 다른 방법으로는 변괘(變卦)의 오행을 천간에 해당시키는 방법이 있는데, 이 괘의 경우 변괘는 진(震)으로 오행(五行)은 목(木), 목천간(木天干)은 갑·을(甲·乙)이다. 점친 날이 계(癸)일이였으므로 내일이나 모레라고 판단했던 것이다.

〈후일담〉

노마님 외손자는 그 다음날 씻은 듯이 깨끗이 완쾌되었다. 노마님께서 문점오신 날까지에는 많은 이야기거리가 있었는데 요약하면 다음과 같다.

애시당초 발단은 애기가 배탈이 나서 푸른 변을 기저귀에 배변하는 데서 시작되었다. 애기엄마와 장모가 걱정되어 설치자 사위 김사장은 동창이 있는 경북대 의대병원 소아과에 데려가서 치료받고 귀가했는데 주사 맞을 때 놀랐던게 원인이었는지 고개를 뒤로 젖히면서 흰자위를 드러내자 애기엄

마는 외조모를 불렀고, 이웃에서 살던 외조모는 함께 밤을 지새고 이튿날에 노마님은 당시 대구에서 용하다고 소문났던 장봉사를 찾아가서 문점했다.

그때 장봉(張占師를 그렇게 불렀다)은 점괘가 흉점이 나왔던지, "이 애기는 이, 삼일을 넘기지 못해(필사·必死)!"라는 판단을 내렸다.

이 말에 대경실색한 노마님은 다른 용하다는 무당한테가서 묻거리했던 바 거기에서는 다행히 그날로 치성을 잘 드리면 곧 나을꺼라 하더란다.

점은 옛부터 삼세번이라고 이번엔 어디로 갈까 생각하다가, 신암동 감밭 총각점바치가 갑자기 떠오르더란다.

왜냐하면 재작년 막내 중학교 진학때 물었더니 "이 학생은 전기는 낙방합니다."고 해서 코방귀 뀌며 나왔는데(왜냐하면 당시 국민학교 전교 수석이였기에 명문인 경북중은 자타가 문제없다고 하던 차였으니까), 무슨 실수였는지 그만 전기시험에 낙방했다.

그래서 후기는 어찌되나 다시 문점하였던 바, 이번에는 대유지대장(大有之大壯)이라 큰대자 학교는 다 좋으니 대건중·대륜중 등에 지원하시오. 그리하면 아마도 수석합격의 영광이 있겠다고 해서 그대로 따랐더니 말대로 되었던 일이며, 그리고 지금 아픈 외손자를 큰딸이 태중일 때 물었더니, "현재 딸만 둘 두었으나 이번에는 외손자가 틀림없다"고 하더니 그대로 맞았다.

그러니 홍도사와는 우리 집안과 연대가 잘맞는 모양이다. 어째서 진작부터 그 생각을 못했을까. 그래서 한달음에 헐레벌떡 신암동 감밭 언덕 위까지 올라왔던 것이었다고 한다.

이른 새벽 아니 아침, 치성상을 허물고 여렷이 음복하고 상에 올렸던 쌀이며 고기며 복전등 일체를 예쁜이 만신이 자루와 보자기에 싸서 머리에 잔뜩 이고 감밭으로 돌아왔다.

하루가 지난 뒤 노마님이 다시 우리집을 방문했다. 안색을 살펴보니 아주 환한 얼굴이었다. 들고 온 보자기에는 당시 귀하던 일제 만수향 덕용 큰상자와 금일봉 봉투가 들어 있었다.

지괘(之卦) 풍뢰익(風雷益)은 나에게도 해당되는 모양이었다. 사례금도 고맙긴 하였으나 사실은 점괘(占卦)가 잘 맞아서 애기가 완쾌된 것이 더욱 기뻤다.

㉑ 〈電話問卜占〉

중국대륙 입국시일단

火雷噬嗑 / 씹고깨물서합

(1) 中國大陸 入國可否의 占斷例
(2) 乾坤一擲의 占例
(3) 빠찡꼬 오락占例

1992년 8월 24일 한국과 중국은 역사적인 정식 수교가 이루어졌다. 그 동안도 공식 비공식간에 인적교류나 물적교류가 해마다 늘어 갔었는데, 이거 국교가 정식으로 수립되었으니 중국대륙 러시는 더 한층 박차가 가해 질 전망이다.

그것을 뒷받침 하듯이 지금 중국어 학원가에는 만원사태가 빚어지고 있다는데 보도에 의하면, 대륙으로 진출하려는 기업인과 파견직원, 상공인, 특히 한의학을 배우려는 남녀학생들도 꽤 많다고 한다.

이 얘기는 지난 87년도에 있었던 일이다. 제6공화국 출범이후 이른바 "북방정책"에 의해 한국과 중국간에 사람들의 왕래가 조금씩 이루어질 때로서 대륙입국이 매우 어려울 때였다.

그해 정초, 이상복사장(李相福社長~예비역 대령)이 부부동반으로 오셔서, 일년운세를 보고 갔는데, 그때 필자가 말해주기를〈해외친지의 초청으로 해외여행도 있겠다고 했더니, 이사장은「실은 연변 조선족 자치주에 거주하는 친지의 초청이 있어서 중국대륙에 들어가 보고자 하는데 들어갈 수 있을까? 만약에 들어간다면 좋은 사업건들이 결실을 맺을 수가 있을 것인가?」를 물으셨다.

필자는 앞서 말한 바도 있기에 단호하게 —대륙입국 가능! 을 강조 해주었다. 그러나 사업전망에 대해서는 그들의 성격을 대강 아는 터라—만만디 (漫漫的)이므로 여러해 걸릴 것으로 각오 하셔야지 급속발전을 바라지

마시라!고 말해주었다.

이사장은 연세가 무진생(1928년생)이 였으나 영관(領官)출신이라선지 체질이 단단하고 얼굴이 동안(童顔)이라 나이에 비해 아주 젊어 보였다. 어부인인 사모님은 임신생(1932년생)으로 매우 미인이셨고 필자와 동갑이라선지 빨리 친숙해졌다. 자녀들도 잘 자라서 닥터(정형외과)도 있었고, 모두 훌륭하게 키우셨다.

이분들이 왔다간지 한, 두달 지나서 어느날 오전에 이사장 사모님한테 전화가 걸려 왔다. 내용인 즉-이사장은 현재 대륙에 들어가고자 출국, 지금 홍콩 호텔에 투숙하고 있는데 벌써 일주일째라며, 그곳 중국 창구에 입국허가서를 신청했는데 아직 깜깜 무소식이라는 것이다.

그곳에서 수속대행하는 여행사에 오전과 오후 하루 두차례 연락해보면, 아직 안나왔으니 좀더 기다리라고만 하는데, 하루하루 호텔비용도 쌓여가고, 기다리기가 지루하고 초조해서 모두 포기해 버리고 귀국하고 싶은 심정이란다. 그러면서 청수역리원 홍선생한테 문의, 역점괘를 부탁해서 점괘의 결과를 알려달라는 것이었다.

만약 대륙입국이 불가능하다거나 시일이 더 많이 지체된다면 포기하고 귀국 준비를 할 작정이니, 그날밤 국제전화를 걸때 알려 달라는 것이었다.

이상의 말씀을 듣고나서 사모님께 곧 역점괘를 내어서 점단결과를 알려 주겠노라고 하고나서 전화를 끊고는 역점괘 낼 준비를 하였다.

우선 손을 씻은 다음, 분향하고, 서죽을 들어 고축(告祝), 3변서로 득괘, 서합지이(噬嗑之頤~火雷噬嗑의 九四)를 얻었다.

| 噬嗑之頤 | ䷔ | 日中爲市之課
頤中有物之象
龍隱淸潭之課
近善遠惡之象 |

〈九四〉 噬乾胏하여 得金矢이니 利艱貞하니 吉하리라.

서합(噬嗑)이란 깨물다, 씹는다는 것인데 괘이름의 유래는 산뢰이(山雷頤)괘의 턱안에 물건이 끼어 있다는 모양에서 이름지어졌으며, 음식을 씹는데 입안에 어떤 물건이 끼어 방해가 되어 막혀있다는 괘모양이다. 그 막힌 것이 바로 아래서부터 네번째인 양효가 그것이다.

그러므로 어떤 일의 성취(또는 달성)여부를 점쳤을 때 화뢰서합이 나오면 그 일에 방해꾼이 가로막고 있다고 판단, 바로 그 막고 있는 4효가 동(변)하던지 유중효(柔中爻)인 5효가 동(변)할 때에야 방해를 돌파 목적을 달성하거나 또는 성취로 보는 것이다.

위 점괘에서는 천만다행히도 4효동(변)이라 일단은 목적을 이룬다고 보았다. "마른육포를 씹어서 금화살촉을 얻었다. 이는 어려운 지경을 헤쳐나갈 수가 있는가. 어떤가를 점쳐서 이 효를 얻은 것. 잇속이 있고 길하다는 점복." 이상은 스즈끼(鈴木)박사의 효사풀이.

그렇다면 언제 비자인지 대륙 입국허가서가 나오느냐? 여러가지 방법이 있으나 필자는 간단한 방법으로 판단했다. 5효가 이화(離火 ☲)의 한가운데 괘념이니 동한 4효를 오늘로 친다면 한 효뒤인 5효가 되는 내일, 문서가 된다고 보았다. 겸하여 변괘(變卦) 이변간(離變艮)인데 이화(離火)는 정(丁)이고, 간토는 천간 무기토(戊己土)에 해당 하는데, 오늘이 정일(丁日)이니 내일 무일(戊日) 오미시(午未時~戊午・己未時)로 판단했다.

얼마 후, 걱정과 근심서린 목소리로 다시 통화하는 사모님에게, 이상의 점괘풀이와 함께 내일 대낮에 비자를 교부받고 늦어도 모레는 들어간다(상효동이면 변震~進行)고 말해 드렸다.

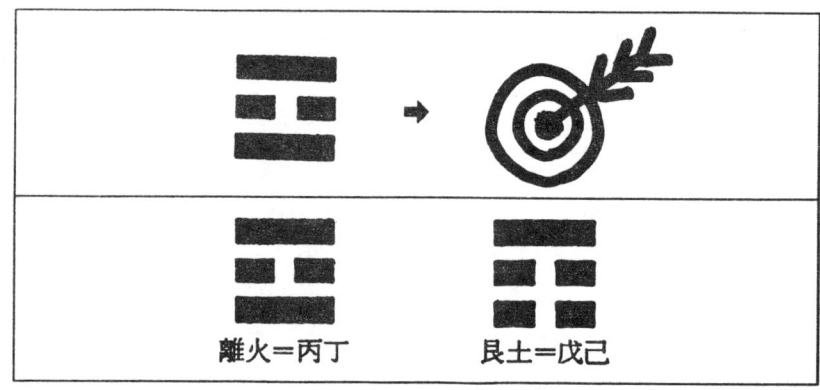

나의 희망적인 판단에 위로가 되었는지 전화받는 사모님 음성이 한결 밝아졌다. 「회소식이 오면, 꼭 찾아가 뵙겠어요!」하는 말에도 **탄력**이 느껴졌다.

〈結果〉

결과는 물론 점단대로 되었고, 대륙으로 들어가서 북경시내 관광은 물론 만리장성도 가보고 장춘, 연길, 용정, 도문도 두루 안내 받아 잘 구경했다고 한다. 또 귀로에는 심양에도 들렸다고 한다. 이러한 사항은 뒤늦은 그해 겨울에야 듣게 되었다.

우중충한 날씨 그러니까 크리스마스가 가까워 올 때였는데, 오랜만에 이사장 부부가 정릉골짜기를 찾아왔다. 인사가 끝나자 사모님께서 들고 오신 보자기를 끌러 꾸러미를 내미는 것이었다.

「이게 무엇입니까?」하고 물었더니 〈경면주사(鏡面朱砂)〉라고 하시며, 선생님이 필요하시면 쓰시라고 가져 왔다고 한다. 여러 겹으로 된 포장지 (유지안에 스폰지주머니가 들어 있고, 종이포장지에는 심양(瀋陽)의 무슨 점포 이름이 인쇄되어 있었는데 한귀퉁이가 찢겨져 있었다.

아마도 팔려고 실물을 보여주기 위해서 였으리라. 흘러내리는 빨간가루는 분명 경면주사를 분쇄한 미세한 가루였다.

그걸 본 필자는 「아뿔사! 대경면주사는 미리 가루를 내면 상품가치가 없어지는데….」했더니, 사모님이 그 말을 받아서, 「이 양반이 그것을 몰랐지 뭐예요. 심양에서 한약재를 사갖고 가시면 고가로 판매할 수 있을꺼라고 해서 다른 약재와 함께 구입했는데, 그곳 사람들이 가루로 만들어야 반출하기가 쉽다고해서 그 말을 믿고, 분쇄해서 포장해준대로 가져왔다.」는 것이다. 그런데 여기 건재약종상에게 보였더니, 말씀대로 상품가치가 없다고 사주지 않더란다. 몇집을 돌았으나 대답은 한결같았다고 한다. 그런 상태로는 판매할 수가 없다는 것이었다. 어떤 점포에서는 중국본토산이라는 대경면을 보여주는데, 원석 보석인 루비처럼 붉고, 겉은 수은이 감도는데 덩어리가 제법 컸다. 그리고 그 덩어리가 클수록 극상으로서 고가이며 순금보다 비쌌다. 알갱이가 작아질수록 값이 떨어져 괴주(塊朱?)가 되면 상품의 몇 10분의 1, 아니 약 100분의 1밖에 안되는 것도 있었다. 그것을 보고나서야 왜 갖고온 물건이 상품가치가 없는지를 알게 되었다. 말하자면 불순물이 많이 섞인 하급품을 분쇄한 것인지 아닌지 진부를 가리기 어렵다는 것을 알게 된 것이었다. 그래서 결국 실수요자인 필자에게 선물로 가져오게 되었다. 역점괘의 판단의 대가로는 약간 과분하였으나 기꺼이 받았다.

무게는 정확히 1킬로그램이라고 했다. 참으로 많은 양이었다.

(2) 乾坤一擲의 占例

이 점례는 「中國易占術」의 저자 나까이(中井瑛祐)씨의 글을 옮긴 것으로 (3) 빠찡꼬도 아울러 실었다.

「건곤일척(乾坤一擲)」이란 운명을 걸고 전력투구로서 승부를 건다 — 이를테면 죽기 아니면 살기를 뜻하는 어구일진데. 감히 이런 제목을 단것은 지나친 과장만은 아니다. 참으로 당시의 나의 처지로는 "生과 死"가 걸려있는 진짜로 "건곤일척"의 점(占)이었다.

그 당시의 매우 절박했던 사태, 앞뒤가 꽉 막혔던 나의 심경을 아시려면 1948년경의 일본 국내 사회상을 우선 알아두셔야 할 것이다.

당시는 세금 때문에 목을 매단 사람, 일가족이 몽땅 동반자살 했다는 이야기가 각신문 사회면에 흔한 기사로 실려있던 시절임을 상기해야 할 것이다. 당시의 세금공세의 태풍은 "다짜고짜"로써 매섭게 마구 불어닥치고 몰아치던 때였다.

부끄러운 일이지만 가옥세의 체납, 소득세의 체납, 지조세의 체납 등으로 집은 물론 가재도구며 집기류에까지 빨간딱지(압류처분 차압딱지)가 무더기로 붙여지게 될 형편에 이르렀던 것이다.

차압딱지가 붙여지게될 몇일전이었는데, 젊은 세무관리가 체납금의 강제징수문제로 조사차 들렸었다.

「빨간딱지가 붙여지면 말이죠. 기일만 되면 가차없어요. 그때 가선 울고불고 해봤자 아무 소용 없어요. 성의가 있다면 조금이라도 세금을 내놓아서 성의를 보여야지요. 그리고 뭐 역점도 본다면서요. 그것도 과세대상이 되요. 그래 대관절 얼마쯤이나 수입잡소……. 점을 치는 등의 야바위 같은 짓하지 말고, 부업을 한다던지 하다못해 종이봉투를 붙인다던지 좀 건전한 일을 하신다면 동정도 해주련만 이래서야 어떻게 하겠오. 상사한테 보고 드리려면 본 그대로 말할 수 밖에 별도리 없잖소!」

나는 말대꾸 해봤자 별수 없음을 알고 있었다. 내가 아뭇소리도 않고 있자 그는 일단 일어서서 도어쪽으로 다가서다가 무슨 생각에선가 나를 뒤돌아 보면서 조용한 말투로「역점이란게 정말 맞긴 잘 맞소?」하고 물어 오는데, 앞서와는 달리 말에는 가시가 돗지 않았다.

「역점이 맞는것이라면 한번 봐주었으면 좋겠는데…」실상은 벌써부터 속이 편치않던 나였으나 어느새 불만(憤懣)의 대상이 흐려지고 말아서, 그만 센티멘탈한 감상이 교차된 복잡한 기분에 젖어 있었기에 대뜸 "거절하겠소!"하는 말이 나오려는 것을 겨우 꾹 참았다.

뭔가 번쩍하고 짚이는게 있었기 때문이었다.

「역점이 맞는지 어떤지는 사실로서 증명해 드리죠.」하고 흰소리를 뱉어 내었다.

그러자 그는「아무것도 묻지 말고 맞추어 주길 바라오. 그래도 맞추겠소!」하면서 지갑을 열어 그 안에든 사진을 보여주고는「이 여성과 나 사이에 대해서 맞추어 보시오.」했다.

이것은 완전히 석부점(射覆占~물건을 넣은 그릇 등의 뚜껑을 덮어놓고 속의 것을 알아맞히는 점복)이었다. 이것을 못맞히면 "만사휴이(萬事休矣)로다.

주사위(8면 주사위 두개, 6면 주사위 한개, 득괘기구의 일종)를 쥔 손이 약간 떨리고 있었으니 이거야 정말 성공이냐 실패냐 견곤일척의 점이었다. 주사위는 넋이 있는 것처럼 전후좌우로 굴러서는 조용히 정지. 이(離)·진(震)·5를 가리켰다. 화뢰서합(火雷噬嗑)의 5효이다.

서합(噬嗑)은 3음3양(三陰三陽)괘이다(남녀문제는 거의 3음3양괘가 많이 나온다.). 이는 비(否~天地否)괘에서 온 것으로 보았다. 아무런 교제가 없던 비(否)에서 초육(初六) 구오(九五)가 교역(交易~서로 엇바꿔서)즉 서로 교제해서 서합이 되었던 것으로 현재에 이른 것으로 보았다. 그러니까 이화(離火)를 정열(情熱)로 삼고 진뢰(震雷)를 적극분동(積極奮動)으로 삼는다.

이는 열렬한 연애의 모습이다. 그러나 서합은 중간에 방해가 있는 괘상으로써 일이성취되지 못한다는 뜻이 있고, 또한 변괘의 무망(无妄~天雷无妄)은 "천명불우(天命不祐)"로서 도저히 가망이 없다. 이상을 겨우 수초

동안에 머릿속에서 정리하고는 괘막대(算木~괘효표시막대)를 만지작거리면서 독백 아닌 넋두리를 읊조리기 시작했다.

「이 여성은 참 아름다운 분이군요(離火~미녀). 당신의 연인…애인. 두사람의 사랑은 정말 열렬했으며 진지했으나 안타깝게도 함께 있을 수 없는 원인 때문에 그 장애를 제거해서 합쳐 보려고 애쓰고 괴로워하고 있는게 현재라고 여겨지는구먼요.」한탄조로 차분히 말한 다음 조용히 그를 쳐다보았다. 이제 그의 얼굴에서는 종전의 불순한 그림자는 사라져 있었다.

이것이 인연이 되어 그 세무관이 애를 써주는 바람에 소득재조사를 해주었고, 차압은 철회된데가 소득세액도 반감되어져서 몰락의 위기에서 구원받기에 이르렀다. 지금에 와서도 잊혀지지 않는 점례의 하나가 되었다.

(3) 빠찡꼬

저녁에 반주로 마셨던 맥주의 취기가 그냥 남아 도연한 기분에 젖어 있는데, 홀연히 "한번 바찡꼬나 해볼까" 하는 기분이 들었다.

주사위를 책상위에 일척했다. 서합의 2효였다(이때의 기분은 그야말로 산목막대를 희롱하는 그런 상응된 심경이었다고나 할까… 라는 것은 괘가 만약 흉괘였으면 중지하면 되는 것이므로 각별히 긴장해야 할 이유가 없었기 때문이다.).

효사는 살을 물어 뜯어서 코를 감추니 허물이 없을 것이다(六二는 噬膚滅鼻니 无咎하니라)로 부드러운 살속에 깊히 물어 뜯어서 코가 숨길 만큼 되었다는 것이다(이만하면 됐다)고 생각하였다. 서합괘의 모양은 그냥 빠찡꼬대와 닮았다. 상괘 ☲(離)는 「구멍」이다. ☳(震)은 퉁기는 용수철로 퉁기는 것이다. 퉁겨진 구슬이 ☲에 바로 들어가면 좋은데, 구사(九四)의 양효는 바로 장애물이다. 퉁긴 구슬이 쉽게 ☲에 들어가는 것을 훼방하는 것으로 이 장애만 없다면 수월하게 ☲에 쇠구슬이 들어가게 된다. 「한 시간쯤 있다가 돌아올께」하고서 집을 나서서, 걸으면서 궁리 했다.

목표인 빠찡꼬 오락실은 입구가 북쪽을 향해 있었다. 기계는 남에서 북으로 나란히 줄지어 있었다. 동쪽(震)줄에서 남(離)으로 －동효(動爻)가 2효였으므로 두번째가 좋다. 그것이 만약 선객으로 막혔으면 첫번째던지(서합의 초효면 변괘 화지진(火地晋)), 또는 네번째(서합의 4효는 噬乾

脢 得金矢. 爻變이면 頤卦)가 비어 있으면 좋으련만— 하고 생각하면서 걸었다.

오락실에 도착했다. 안을 들여다보니까 사람들로 붐비고 있었다. 북쪽입구로해서 들어갔다. 동쪽의 1, 2, 3번대는 모두 선객이 차지하고 있어서 안되었으나, 마침 4번대가 비어 있었다. 당장 4번대 앞에 섰다.

결과를 말씀 드리면, 처음부터 매우 순조로왔다. 약 30분 뒤에는 대단한 성과를 올렸다. 그만 두는게 아쉬웠고 아까웠으나 단념하는 것이 옳다고 여겨서 40분(4효)만에 끝내고, 따낸 구슬과 상품을 바꾸어 큰봉지에 가득 받아들고 돌아왔다.

득괘 서합지이(噬嗑之頤)와 일치해서 기계와 나 사이에 의기투합(意氣投合)이 이루어져서 나의 기분을 오락기가 알아준 것 같았다.

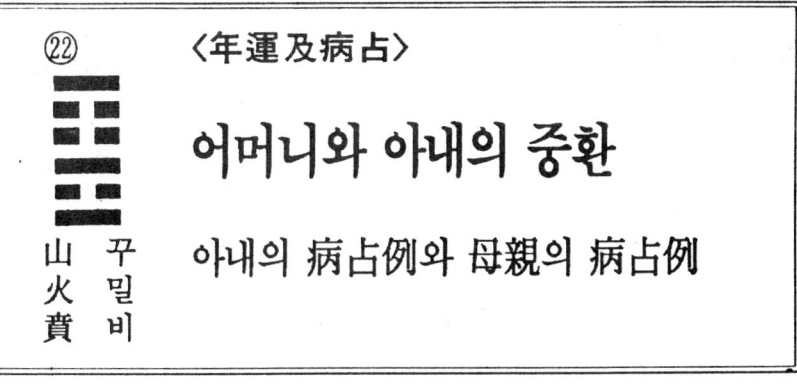

우환은 도둑이란 말처럼, 집안에 환자가 발생하면 정말 서글프기 짝이 없다. 하물며 병자가 아내인 경우 난처한 일이 이만저만이 아니다. 72년도 여름에 내자가 입원 했을 때, 집에는 13세, 12세, 9세 되는 세 딸과, 6살난 아들. 그러나 다행히 그때까지만 해도 정정하시던(?) 79세 되는 노모님이 계셨다.

집안일을 빈틈없이 돌보던 주부가 병상에 눕게되면 가장 낭패를 보는 것은 바로 가장(家長)일 것이다.

아내가 아프던 날 어느날과 다름없이 이른 아침에 조반을 지어서, 아이들을 먹이고 도시락을 싸서 들려서 학교에 세 딸들을 등교 시켰다. 2차로 남은 식구가 조반상을 대하였는데 어멈은 수저를 들려고 하지 않았다.
"왜 밥을 안먹느냐?"고 물었더니, "배가 아파서 밥생각이 없다"고 한다.
약방이나 병원에 가보라니까, 도리질을 한다. 안색을 살펴보니 심상치
않게 보였다(많이 아프면서 참는것 같았다. 평소 양약이나 병원약을 싫어
했는데 이유는 알약이 목안에서 넘어가지 않았다). 그래서 "그럼 금수한의
원 신원장한테 가보시구료!"했다. 신선생과는 몇해전부터 자주 왕래해서
친하게 지냈었다.

 참지 못할만큼 아팠던지 이웃집 부인과 함께 한의원에 다녀왔다. 체한
것 같다면서 가루약을 몇봉지 받아왔다. 그러나 여러차례 약을 먹어도
통증은 더욱 심한 듯했고 온몸에 열이 심했다. 어떻게 아픈가 물었더니
배전체가 다 아프단다. 더욱 심상치 않아서 주머니에 들은 주사위(파란색
8면 주사위, 빨강색 8면 주사위, 흰 6면 주사위)를 꺼내어 두손으로 상하로
흔들면서 마음속으로 축원하고나서 책상위에 던졌다.

 7간산·3이화·3효변, 득괘는 산화비(山火賁)의 3효변이었다.

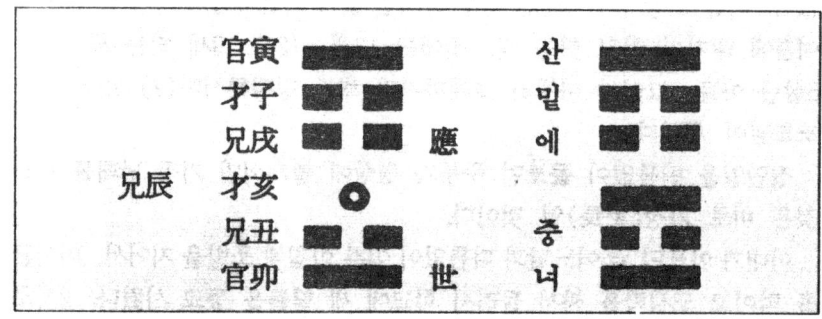

〈占考〉

점괘를 보고 놀라고 당황했다. 그것은 비(賁)괘는 산밑에 중녀가 누워있는 모양"인데다가, 단역으로는 비의 九三은 〈亥水 妻財爻〉인데 동하여 변하면 〈辰土 兄弟爻〉가 되므로 회두극(回頭剋)되어 용신(用神)이 살아날 방도가 없었다. 게다가 응효(應爻)까지 술토(戌土)인 형제효로 재효의 기신이었다.

죽을병이란 말인가? 아니야 그래선 안돼지. 겨우 일진(日辰) 신금(申金)이 생기(生氣)며 희망이었다.

정신을 가다듬고 다시 득괘를 살펴보았다.

산화비괘는 빈괘(賓卦~반대쪽에서 본것)가 화뢰서합괘로서 이빨 사이에 무엇이 끼어 있는 모양이며, 또 호괘(互卦~2·3·4효로 내괘삼고, 3·4·5효로 외괘를 만들어 대성괘를 낸 것.

대개 호괘로는 점칠때, 그 일의 내용이나 내부를 알아낼 때 응용한다)는 뇌수해(雷水解)괘로서 하괘의 아랫배인 뱃속에 감(坎~惡血, 毒素)나쁜 독소가 있다고도 보는데….

맞아! 아내는 처음부터 배가 아프다고 했는데, 이로 미루어 식중독이거나 아니면 급성맹장염(충수염)일 가능성이 높다. 어쨌던 병원에 가서 관장을 하거나 수술을 해서 원인을 제거 해야 된다.

재빨리 이상의 판단을 내린 나는 지체없이 내자를 부축해서 택시로 필동 소재 조정현외과의원으로 내달렸다.

원장선생님은 진찰하자마자 급히 환자를 수술실로 옮겨 수술준비를 시키는 한편 나더러 "맹장이 터져서 복막염이 된것 같으니 한시 바삐 수술 않으면 위태롭다"고 하시며, 곧 수술에 착수했다.

조원장댁과는 사백(舍伯)의 친우로서 형님댁 주치의나 마찬가지였으며, 수술솜씨가 매우 좋은 훌륭한 외과의요. 산부인과 전문의였다.

나는 대기실에서 수술결과를 초조히 기다리면서 나의 금년 운세에 대해 생각해 보았다.

正財破印에 年支·日支의 相刑殺

태세는 임자(壬子 1972년)년, 나의 사주의 일주(日主~생일간지)는 기묘(己卯)다(그래서인지 아내는 바로 기묘생 1939년 생이다. 많은 부부들

중 남자의 일주와 부인 생년간지가 같음을 본다).

천간대조는 정재(正財) 지지대조는 상형(相刑~子刑卯)이 된다. 정재는 정인(正印~母星)을 깨기 때문에 정재괴인(正財壞印)이니 정재파인(正財破印)이라고 한다.

어머님이 병환이라도 나시려나? 그리고 일지의 상형살은 바로 아내가 형벌을 다한다로 현재 병원에서 수술받고 갇히듯이 입원하는 것을 가리키는 것이리라. 그때 불현듯 정월 대보름 전후해서 일어났던 일련의 사건이 떠올랐다.

그것은 지난해 겨울 이웃에서 기르라고 준 흰 개 두마리가 몇일 사이에 모두 죽은 일이었다. 먼저 죽은 개는 잡견이나 흰털이 매끄러웠는데, 아내를 따라서 큰길에 나갔다가 멍청하게도 차에 치여 즉사했다.

또 한놈은 스피츠종이였는데, 그만 합실 아궁이속에 들어가서 자다가 가스중독으로 변을 당했다. 이놈은 그 이튿날 발견되어 어른인 내가 양지바른 둔덕에 매장해 주었다.

그 생각이 떠오르자 두마리 축생이 죽음으로써 대수대명이 되어 액떔이 됐을 것이라는 막연한 믿음이 생겨 "나무 아미타불, 나무 지장보살…." 입속으로 염불을 외웠다.

꽤나 오래걸려서야 수술이 끝났다. 크레졸 냄새를 풍기며 원장선생님이 수술실에서 나왔다.

일어서는 나에게 "수술은 성공적으로 끝났소!"라 해서 조이던 마음이 그제서야 좀 놓였다. 그러나 나중에 조수역인 수간호사 말을 들으니 아찔했다. 이미 맹장이 터져서 온 창자가 고름투성이로 범벅이 되어 몽땅 들어내고 세척하느라 시간이 평소의 세갑절이나 걸렸고 그래서 힘들었다고 한다.

회복실을 거쳐 병실로 옮겨져 침대에 누운 아내에게 수술이 잘됐다고 안심시키고 일단 귀가해서 어머님께 사실을 알리고 난뒤 가벼운 침구를 갖고 병원에가서 간호했다.

이틀뒤에야 창자들이 제자리를 찾았는지 드디어 까스가 나왔다. 그동안 물 한모금 못마시고 잘 참았다고 칭찬해 주었다. 8일만에 결과가 좋아 퇴원했다. 후유증이라면 수술후부터 체중이 불어나기 시작한 것이라고나 할까….

母親이 中風맞음

초겨울에 들어서자 어머님이 중풍으로 쓰러지셨다. 그날 아침 우리부부는 어머님한테 꾸지람을 들었다. 이유인 즉 큰형님댁 막내 우창이가 대학재학 중 해병대에 지원해서 몇일 뒤면 입대한다는데 작은아버지와 숙모된 도리로서, 닭 한마리도 먹이지 않느냐는 것이었다.

실은 우리 부부도 따로 복안이 있었으나 말대꾸 않고, 예, 예, 오늘 오라고 하겠습니다 하고는 서둘러 음식을 마련해서 조카들까지 모두 불러 들였다.

노모는 손자들이 모여들자 매우 즐거워 하시면서 평소 즐기던 만단내기 화투를 치자고 했다. 그래서 나는 모친과 조카들에게 5백원짜리 지폐를 밑천으로 나누어 주고 나도 끼어 들었다.

그런데 어찌된 노릇인지 몽땅 어머님이 돈을 다 따셨다. 기분이 최고 좋아지신 어머님이 소변이 마렵다고 하시면서 갑자기 몸을 일으키는가 했더니 왼손에 쥐었던 화투장을 맥없이 떨구면서 그만 왼쪽으로 기울며 쓰려졌다. 조카들과 내가 부축해서 요강에 소변을 보게하고는 요를 깔고 가만이 뉘였다. 상태가 심상치 않았다.

이튿날 아침, 큰집 장조카가 자기 승용차를 큰바위옆에 세우고 들어와 할머님을 자기집(큰집)으로 모시고 가겠다고 해서 그러라고 했더니 등에 업고 나가서 차에 태우고 갔다.

저녁때, 큰집에 올라가 모친의 용태를 보니, 의사가 왕진을 왔었다고는 하나 차도가 없이 의식불명인 채로 누워 계셨다.

이튿날 새벽에 일어나서, 냉수마찰을 마치고 반야심경을 독송한 다음 어머님 병환에 대해 문점코자 서죽으로 입서했다. 득괘는 비지간(賁之艮 ~山火賁의 初九). 공교롭게도 또 산화비괘가 나왔다.

병점괘는 팔순괘(八純卦~六親卦)와 귀혼괘(歸魂卦)를 가장 꺼린다. 왜냐하면 필사로 판단하는 것이 비결이기 때문이다.

변괘가 간위산(艮爲山~重艮山)이 되었으니 팔순괘라 쾌차할 병이 못됨을 알수 있다. 그렇다면 그 시기는 언제일까? 변괘인 간(艮)은 축인(丑寅)이다.

내년은 축년(丑年)이고 내명년은 인년(寅年)이다. 오는 축인월(丑寅

月)만 잘 넘기면 인년까지는 연명(延命)하리라고 판단. 가슴속 깊히 간직하였다.

이웃에 재래침술을 잘하는 노선생님이 계셔서 낮에 모시고 형님댁에 갔다. 굵고 긴 재래침으로 정문(頂門)인 백회(百會)며 인중(人中)이며 사정없이 찌르는데, 마음이 약해서 목불인견(目不忍見)이었다.

그런데 참으로 위효(偉效)가 있었다. 까맣게 탔던 입술이 화기가 돌고 꼭 감았던 눈도 떴다. 그리고 꿀물도 들었고 미음도 자시게 된 것이다.

삼일째 되던 날, 큰 형수님이 어머님을 일꾼에게 업혀서 함께 오셨다. 약간 정신이 들자 덩그란 큰집이 싫어졌는지 막내네 집으로 가시겠다고 막무가네로 가자고 졸라대서 할수 없이 모시고 왔다는 것이다.

큰집은 손자들도 다 커서 낮에는 텅빈 집 같아서 재미가 없던 모양이다. 우리집은 손녀 손자들이 어려서 왁자지껄하는게 그리웠던가 보다. 아니 그보다도 39세에 낳으신 막내를 못잊으셨기 때문일 것이다.

나를 낳자마자 부친과 생이별하시고 신의주 고보에 다니던 두 형님 뒷바라지하느라, 두 누님 키워서 시집 보내고, 8·15이후에는 나와 단둘이서 용정에서 연길, 화룡을 전전하며 지내다가 다시 평남 고향땅에서, 월남후도 줄곧 나하고만 사셨으니…. 40년 함께 산 모정. 그래서 평소에 남들은 딸이 더 좋다고들 하지만 나는 막내아들이 더 좋더라! 막내는 내 지팡이야! (나이들어서 보행이 불편해서 나들이 때 손잡고 다녔었다)하셨다. 그런 말씀은 큰누님(甲子生 1924년생)앞에서도 서슴없이 하셨다.

우리집에 온뒤 음식도 차츰 잘 자시고 기력을 많이 회복하셨으나 노환이라 결국 2년뒤인 갑인년 묘월(甲寅年 卯月)에 영면하셨다. 향년 81세.

딴 살림을 하시던 부친께서 문상오셔서 빈소앞에 꿇어 앉아 "죄많은 나를 용서 해주오. 내 곧 뒤따라 가리다!"하며 사죄 하시더니 부친은 그후 미국으로 이민가셔서 뉴욕에서 사시다가 12년후인 병인(丙寅年 1987년) 12월에 별세하셨다.

향년 89세. 장지는 뉴저지주 워싱턴 기념공원묘역. 참고로 모친은 갑오생(甲午生 崔聖淑)이고, 부친은 무술생(戊戌生 洪淳鳳)으로 모친이 4년 연상이었다. 그 옛날 혼례시에 신랑은 12세난 떡거머리총각이었고 신부는 방년 16세였다고 한다.

㉓  〈難問解決策〉

미인계에 넘어간 남편

山地剝 깎을박

家運衰退의 原因과 美人計에 걸려듦을 看破, 善後 對策 講求

奇異한 "女子의 一生" 2題

갑) 이여사(李海蘭)는 참으로 운명이 기구한 분이다. 초혼에 첫아들을 낳자마자 부군을 사별하는 비운을 겪었으며, 이후 개가해서 또 아들 낳고 남편이 죽었다. 이러기를 다시 두번씩이나 되풀이 하였다.

결국 남편 넷을 섬기고 아들 4형제를 보았다. 늦게 다시 인연이 생겨 또 다시 노부(老夫)를 섬겼는데, 이번에는 자식을 낳지 않았고 그래서인지 그분은 노환으로 별세하기까지 막내를 고등학교까지 졸업시켰으며, 다른 아들들 뒤도 봐 주었다.

이부동복형제간(異父同腹兄弟間)인 자식들은 장유유서(長幼有序)로 동생은 형을 깍듯이 받들고, 형은 아우들을 아껴주었다.

현재 모두 장성하여 제각기 사회에서 건전하게 활약하고 있으며, 서로 다투어 모친에게 효도를 다하고 있다.

모친 이여사의 의도적이었는지 또는 우연의 일치인지는 알 수 없으나 자식들의 부성(父姓)은 모두 이씨(李氏)였다. 이여사의 사주는 다음과 같다.

〔戊辰년 癸亥월 癸酉일 癸丑시〕.

을) 장여사(張英淑)도 팔자가 센 편이었다. 아들 삼형제를 낳은 후 첫남편과 이혼하고 아들은 자신이 맡아서 길렀다.

젊을 때부터 대단한 미인이었으므로 일찍부터 남자들이 주위에 몰려들었으나 자존심이 남달리 강한 장여사는 그중 사회적 지위가 높고, 경제력도 대단한 모 인사와 깊이 사귀었다.

반대급부로 생계비로 일정액을 매달 받았는데, 그후 그 양반 마음이 다른 젊은 여인한테로 옮겨가 교제는 끝났다.

그러나 장여사가 자식들을 키우느라 고생한다고 그후에도 장학금조로 매달 일정액을 십수년간 인편으로 꾸준히 보내 주었다.

40대 후반에 부동산업을 하는 김사장을 만나 서로 의기투합, 동거를 시작해서 몇차례 티격태격 하면서도 아직껏 함께 살고 있다.

장여사의 사주는 〔乙亥년 丙戌월 丁丑일 생시미상〕월건, 일진이 백호대살이다.

그래서 그런지 매우 화끈하고 활달한 성격을 갖고있다. 기이한 것은 장여사와 교제한 남성(깊은 관계가 있었던)은 모두 나이가 같은 정묘생(丁卯生~1927년생)이었다.

우연의 일치일까? 운명의 장난치고는 기이한 인연이 아닐 수 없다. 그리고 그 인사들이 모두 현재도 건재하고 있다.

땅을 깎은 것은 복을 깎은 것!

80년대 초, 어느날 단골인 장여사가 매씨를 동반, 필자의 감정소에 들렀다.

당시 동생네가 정릉소재 동방주택 근처에 아담한 단독주택을 샀는데, 이사길흉(移徙吉凶)을 물으러 왔다는 것이었다.

필자는 여러모로 살펴보고 나서(이사방위, 가옥번지 등) 모두 길하였으므로,

「매우 좋은 길복가이므로 이사오면 대발전이 있겠다!」고 판단을 내려 줬다.

필자의 예언대로 이사온지 약 3년동안 매사 순조로왔고 부군은 승진을 거듭, 국장(모 일간지 신문사 공무국장)이 되었다. 이런 소식은 가끔 들리는 언니 장여사한테 전해 듣곤 하였다.

그런데 어느날 느닷없이 장여사 매씨가 심상치 않은 얼굴로 찾아왔다.

주인의 운세를 잘 보아 달라는 것이었다. 우선 생년월일시를 법식대로 적고나서 운세괘를 내기위해 서죽(筮竹)을 들었다.

득괘는 박지이(剝之頤~山地剝卦 初六).

山地剝　「迎新去舊之課」　「鼠穿倉庫之象」

「群陰剝削之象」　「去舊生新之意」

〈初六〉 剝牀, 以足이니 蔑貞이라 凶하도다.

[판단]

점괘를 본 필자는 먼저 괘상부터 설명하기 시작했다. 「이 괘는 재미없는 괘입니다. 창고에 쥐가 들어가서 쌓아 둔 곡식을 갉아 먹어서 끝내는 속이 빈다는 것으로써 쇠운을 뜻합니다. 또 한편으로는 소인들이 작당해서 대인군자를 궁지에 몰아넣는 형상으로, 코너에 몰린 형태…」 잠자코 듣고 있던 장여사가 말문을 열었다.

「실은 얼마전서부터 주인이 도박에 손을 대나봐요. 아주 몇백만원씩 빚을 졌다고 해서 이자돈을 내어 갚았는데…, 그런데 저, 이집 이사올 때 복집이라고 하셨는데 아직도 해당 되나요?」하고 반문하는 것이었다.

그 말을 듣고 득괘를 다시 살펴보면서 말했다. 「도박하고 빚지고, 이젠 복이 나갔나 봐요!」 산지박 초효변이니 복이 깎여서 쇠운이 들었다…이거 혹시 마당이 높다고 흙을 깎아내리지 않으셨어요?」(산지박괘는 땅이 깎여서 복이 탈락되는 괘상) 그러자 그때야 실토했다. 얼마전에 집을 새로 수리하고 단장할 때 마당이 높아, 불편해서 흙을 파내어 낮추었다는 것이었다.

「그게 언제며 파낸 흙은 어떻게 처리했느냐?」 묻자, 벌써 한 40일쯤 지났으며 그 흙은 아래쪽에 사는 통장댁에서 달라고 하기에 그러라고 했더니 리어카로 여러차례 싣고 가서 자기네 마당에 깔았다고 한다.

「그렇다면 내 복을 깎아서 남에게 주었으니, 댁은 더욱 쇠망하고 흙을 가져간 댁은 복이 크게 늘어날 것이오!」

그말을 듣더니 많이 섭섭해 하면서

「복을 다시 찾을 방도는 없나요?」하고 아쉬운 목소리로 되묻는 것이었다.
「통장택에 가서, 마당의 흙을 다시 펴서 주십시오, 해봤자 되돌려 줄리도 만무하거니와 설혹 준다해도 한 번 떠난 "복기운"이 다시 돌아오기 어렵소!」.

그러니 지금은 복이 떠난집이니, 속히 복덕방에 내놓아 길방으로 이사 가셔야지 우물쭈물 하다가는 더 큰 난처한 지경에 처하게 됩니다. /」
그녀는「잘 알았습니다.」하면서 맥없이 돌아 갔다.

점잖은 양반이 "미인계"에 걸리다.

그러부터 달포쯤 지났는데 느닷없이 장여사 자매가 함께 방문해 왔다. 두분 얼굴을 처다보니 심상치 않아 보였는데 특히 동생의 안색은 숫제 사색(死色)에 가까왔다.

언니가 대뜸 말을 꺼냈다.

「선생님! 얘네들 운세가 왜 이렇습니까? 어찌해야 될지…, 잘 가르쳐 주세요」하였다.

직감적으로 무슨 좋지 못한 일이 터진 모양이였다. 우선 괘를 내기 위해서 손부터 씻고, 향로에 향불을 피우고 나서 서죽(筮竹)을 들어 3변서(三變筮)로 입서 했다.

이게 웬일인가, 득괘는 먼저번과 똑같은 산지박(山地剝)괘가 또 나왔다. 다만 효변(爻變)은 먼저가 초효였는데 이번에는 4효였다.

한집안을 점쳐서 같은 괘를 얻기도 드문 일이겠는데… 길괘도 아닌 박락 쇠퇴를 뜻하는 흉괘가 거듭됨은 심상치 않았다.

효사〈六四〉침상을 긁어서 피부에 미친다. 흉하다(六四는 剝牀以膚니 凶하니라). 또 상에 이르기를 재앙이 절박했음을 말하는 것이다(象曰 …切近災也라)….

스즈끼(鈴木由次郞)박사의 역경(易經)에는 부(膚)를 박(髆~肩甲=어깨죽지박)으로 풀이,〈상에 걸터 앉은 군자를 해치고자 그 어깨죽지에 미친다. 흉점)으로 되어 있다.

이대로 놔두면 직장에서 목이 달아날 지경에 이른다고 볼 수가 있다.
왜 이런 지경에 이르렀을까?

효사에서 상(牀)은 침대, 부(膚)는 피부요, 살갗이다. 잠자리에서 살을 맞대는 것은 성교(性交)가 아닌가!

이에 생각이 미치자 가토다이가쿠(加藤大岳) 저술 역학대강좌(易學大講座) 제4권 산지박 점고(占考~제4권 104쪽)와 육사(六四)의 점고(占考~제4권 116쪽)를 펼쳐서 내용을 읽어보니 다음과 같은 대목이 눈에 띄었다.

「교섭·거래는 적의 손이 이미 바로 어깨·등에까지 뻗어 있어서 헤어나려고 몸부림을 치면 칠수록 더욱 깊은 상처를 입게 되므로 단칼을 맞아서 상처를 받았더라도 감히 저항하거나 대들지 말고 도망칠 수 밖에 길이 없다. 자칫 잘못 저항하다가는 송두리채 벗겨져서 알몸이 되고 만다. 또 여인을 구하고자 한다면 상대는 대단한 여자로서 이쪽의 재산을 넘보고 다가온다. 또 이 효의 경우에는 미인계 등에 걸릴 우려가 있다. 걸리면 몽땅 털리고 만다.」

바로 이것이라고 여겨졌다.

〈점 풀이〉

먼저 동생한테 물었다.

「집은 복덕방에 내놓으셨나요? 아직 안 내놓았으면 빨리 서둘러야 합니다.」

「이, 괘로 보면 쇠운이 더 깊어져서 주인의 신분에 까지 미치게 되어 직장을 그만두게 될만큼 위험이 닥쳐왔어요. 옛말에 "뒤로 자빠져도 코가 깨진다"더니 여자를 잘못건드렸다가 미인계에 걸려, 패가망신당합니다……」

그 소리를 들은 장여사 (언니)는 「그것이 점괘에 나타났습니까? 실은 그 때문에 왔는데……」하며 자초지종을 얘기하기 시작했다.

품행방정(品行方正)한 모범 가장 (模範家長)인 제부(弟夫)가 무슨 마(魔)가 끼었던지 바로 일주일 전 택시에서 합승했던 젊은 여인과 눈이 맞아 그만 "러브호텔"까지 갔었단다.

사내들의 속성상 한번 실수는 병가지상사(兵家之常事?)로 치부해 두겠는데, 제부가 너무 순진해선지 멍청해선지 글쎄 그 여자와 헤어질 때 명함을 주었단다.

결국 6일전 점심때 여자한테서 전화가 걸려와 반가운 마음에 지하다방으로 한달음에 내려가서는 둘이서 차를 마시는데 그동안 한구석에 숨어서 동정을 살피던 그녀의 남편이란 작자가 불쑥 나타나서, 공갈과 협박을 하더란다.

그녀 행동이 요즘 수상해서 뒤를 밟던차 이제야 상대를 만났으니 당장 간통죄로 고발하겠다는 것이었다.

이런 일을 처음 당한 제부는 그만 대경실색(大驚失色)했다. 겨우 정신을 차리고 사태의 불리함을 알자, 우선 빌었단다. 실은 유부녀인줄 모르고 실수했으니 선처를 바란다고 그러자 그 남자는,

「당신의 사회적 지위도 있고하니 무마비조로 7백만원 (당시는 큰금액)만 주면 없었던 일로 해주겠다. 실은 얼마전까지 을지로에서 인쇄소를 하다 실패해서, 행실이 바르지 못하고 헤픈 계집과 이혼하려고 해도 위자료 줄 형편이 못되어 그러니 국장님이 선심 쓰는셈 치고 마련해 달라!」고 하더란다.

제부는 코너에 몰린 심정으로 돈을 마련해 보겠다고 하면서 겨우 그 자리를 빠져 나왔다.

그 다음날부터 수시로 남녀가 재촉 전화를 했는데 비서를 시켜 출장중, 외출중이란 핑계로 전화를 받지 않으니까 드디어는 집에다 전화를 걸기 시작, 그만 동생이 까무라쳤다가 겨우 응급치료로 회생, 저꼴이 되었단다.

그래서 문점하러 왔는데, 「내가 나서면 어떨까요. 아무래도 금액은 얼마쯤 건네줘야 끝나겠는지요? 얼마면 해결될까요!」

〈해결책〉을 위해 따로 괘를 내지않고 본괘와 지괘로 점고(占考)해 봤다.

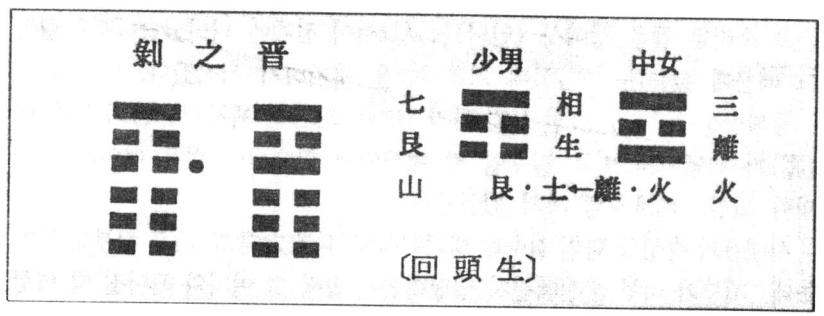

간토(艮土)가 이화(離火)로 변해서 회두생(回頭生)하므로, 우리쪽에

유리하게 전개 될 수도 있다고 보이며 미인계에 대치하는데 미인중녀(美人中女 ☲)를 내세워 간남소인(☶艮男小人)을 무마시킨다…는 점시(占示)가 이미 지괘(之卦)에 나타나 있었다.

그렇다면 무마비는 얼마면 될 것인가? 상대가 요구한 액수 7백만원은 7간산(七艮山)의 수이다. 그러면 변괘 3이화(三離火)수인 3백만원이면 해결 가능하다고 상정(想定)되었다.

이러한 점단을 알렸더니 언니 장여사가 상대와 만나기로 정했고 돈은 현찰로 준비하기로 했다.

양쪽이 약속한 시일장소에서 만났는데, 상대방 남자가 대뜸 국장님과 직접 해결할 문제라 제3자는 나올 필요가 없다고 강하게 나오더란다.

그것을 가까스로 얼르고 달래고해서 앉혀놓고 현찰봉투를 테이블 위에 얹었다. 그러자 그도 미리 준비해 온 각서 봉투를 꺼내어 일단 서로 동시에 맞바꾸었다.

장여사는 봉투에서 내용물을 꺼내어 읽어 보았다. "차후에 다시는 문제삼지 않겠다."는 구절이 들어있고 주민등록증번호, 성명, 날인이 되어 있었다.

현찰을 세어본 상대남자가 화를 내면서 「약속한 금액이 아니잖소!」하며 항의 하더란다. 그때까지 참고 기다리던 장여사 말편치가 터졌다.

「이거 왜이래! 그쯤이면 한번 실수 값으로 충분하다고 생각되는데… 그 이상 요구한다면 상습 사기꾼으로 고발할거요!」(사실은 이보다 더 심한 내용과 말투로 완전히 상대의 기를 꺾었다고 한다.)

그러자 그만 기가 질린 그 남자가 얼른 「알았소. 이것으로 끝냅시다…」하며 저자세로 나오더니, 누가 볼까 두려운 자세로 두리번 거리며 도망치듯 자리를 떴다.

그것으로 그 일은 일단락 지어졌다. 이윽고 집이 팔렸고, 임시로 전세를 살다가 길방인 아파트로 이사가서 잘 살고 있다.

㉔ 〈紛失物占斷〉

잃었던 보석반지 찾음(외)

地雷復 / 다시 복

가) 除隊와 歸鄕時期를 的占
나) 紛失占에서 發見經緯를 豫見

復卦의 占考에 對하여

「復」괘를 얻었을 때는 예전의 원상태로 되돌아 온다는 '복구(復舊)'라고 풀이하는 경우와 '새로운 출발'이라고 풀이하는 경우의 두가지 뜻이 있어서, 초심자(初心者)는 그 어느쪽을 따를 것인가에 몹시 망설이는 경우가 있다.

그러므로 사전에 현상태를 잘 참조해서 판단을 그르치지 말 것이다. 이에 관한 적절한 실점례가 있어서 이에 소개하기로 한다.

가) 國土建設隊의 除隊와 歸鄕時期를 占치다.

1961년 5월 16일 하면 바로 5·16을 상기하는 이가 많이 있을 것이다. 5·16직후에 「군사정권」은 당시까지 군에 입대하지 않은 소위 군미필자와 기피자의 일제 자진신고를 권유하는 한편 「국토건설단 설치에 관한 특례법」을 만들어 자진신고 군미필자 전원을 건설병으로 입대시키고, 특전으로 약 1년간의 복무로써 만기제대자와 같은 혜택을 준다고 발표했다.

당시는 자유당말기에서 4·19를 거쳐 사회상의 혼란 등으로 본의 아니게 혹은 의도적으로 군미필자로 또는 기피자로 이리저리 피해다니던 청장년들에게 자수해서 광명을 찾을 수 있는 기회가 주어진 것이다.

본인도 전란 중에는 3년에 걸쳐 철도경찰대에서 근무하다 퇴직했으나, 군복무는 미필했으므로 자진신고에 응했고, 따라서 대구에서 영장을 받아 62년 4월 중순 김천에 집결, 경북 예천까지 군열차로 수송되어 미리 기간요원들이 지어놓은 막사에서 기거하며, 군대식 편성으로 약 3주간의 제반훈

련과 교육과정을 거친 다음 본격적 건설작업에 투입되었다.

　사업은 경북선 철로 부설을 위한 성토작업이었는데, 장비는 주로 삽과 곡괭이로 인력노동이 위주인 중노동에 동원되었다. 물론 난공사 지역은 폭파전문가를 차출동원하거나 때로는 소대단위로 사비를 모아 중장비인 불도우저를 세내어 목표달성을 기간내에 하던 중대도 있었다.

　필자는 처음에는 허약체질이 감안되어 제53건설대 1중대 1소대 1내부반에 있으면서 취사반에 차출되어 좀 남들보다 편하게 지냈으나, 차츰 노동할 당량이 날로 증가함에 따라 3개월 후에는 타 대끼리 대원을 교체했는데 방출대원에 끼어서 51건설대 1중대 1소대로 전출명령을 받기에 이르렀다.

　그러나 다행히 역학을 전공한게 알려져 당시 대대장 탁금식 예비역 중령 이하 기간요원이나 소대동료들의 각별한 자애를 입어 도리어 육체적노동은 먼저보다 덜했으니 이른바 전화위복이 된 셈이었다.

　기억에 남는 것은 이 부대원들은 상주지방 출신이 많았는데 역학에 관심이 많은 동료대원 두명에게(봉씨, 김씨)작명법과 해명법, 그리고 단역(斷易)의 초보를 가르쳐 준 것이다.

　그럭저럭 가을도 지나고 10월 하순에 이르자 공사는 많이 진척되었으나 들판에 세워진 천막안은 차츰 추워져서 난로를 설치해 월동준비를 서둘렀고, 기온은 낮에도 가끔 급강하하여 능률도 오르지 않게 되었다.

　대대에서는 문집만들기를 청원한 대대자치 편집위원회의 제의를 수락함에 따라, 윤장혁(尹章赫)선배를 중심으로 모든 대원들에게 원고 모집을 알리고, 본인도 띠별로 본 새해운세난을 집필했다.

　편집회의때 윤선배께서 심각하게 나에게 물었다. "홍선생 육효점으로 우리 모든 대원이 연내에 제대되거나 귀향조치가 이루어질 것인지 한번 점쳐보시요"라고 정색으로 청하는 것이었다. 이때 필자는 지금이 바로 점기(占機~점칠기회)라고 여겨 즉시 득괘했다. 복지곤(復之坤~地雷復의 初九爻)을 얻었다.

　「복(復)은 「다시 복」자로, 옛날로 다시 돌아간다는 괘이므로 제대나 귀향이 성립된다고 봅니다. 그 시기는 복괘(復卦)가 자월괘(子月卦~양력 12월)이나 변괘(變卦~之卦)가 한달 앞인 해월괘(亥月卦~양력 11월)이니, 본래는 12월말이 될 것인데 1개월 앞당겨 11월에 고향으로 돌아가게 될 것입니다.」라고 점단결과를 설명해 주었다. 또 초효가 동했으니 앞으로

10일후 육본특명이 내려와 틀림없이 이달 11월 중에 귀향이 실현된다고 판단했다. 점단풀이를 듣던 편집위원들은 이 말을 듣고 모두 환호성을 질러댔다.

《결과》

과연 10일후 육본특명이 내려져 모든 건설대원은 제대가 되었다. 제대일자는 1962년 12월 31일자로 되어 있었으나, 귀가귀향은 그 이전인 11월중에 돌아가도록 조치가 내려졌다.

그동안 지급되어 입고 있던 동복내의와 피복 일체는 그대로 건설대원들의 제대복이 되어 대구집으로 돌아왔다(제5지단 제51건설대 기념문집을 프린트제본으로 제법 두꺼웠다. 제대 기념으로 전대원이 1권씩 받았다).

11월에 제대해서 귀가한 직후에 체중을 달아보니 49킬로밖에 안되었다. 사복바지를 입어보니 헐렁해서, 온식구들의 웃음을 샀던 일이 생각난다.

끝으로 이 난을 빌어 30여년전 당시 크게 신세졌던 모든 분들에게 감사의 말을 전하며, 특히 예천 남산사 주지스님과 가족에게 큰 은혜를 입었음을 새삼 상기하면서, 또 상주지방에 살던 봉선생과 김선생의 그후 안부가 궁금하여 연락이 닿았으면 한다.

나) 寶石 가락지 紛失占例

80년대초 어느 여름철 혜화동 할머니(제일병원 이동희박사 자당님)께서 정릉청수골 필자의 감정실에 들렸다. 언제나처럼 들러리격인 두 노부인과 함께…. 가끔 들리실 때마다, 맏손자 재곤(在坤)씨 장가 문제며, 병원 간호사 처녀들의 배필감 궁합들을 봐다주기도 하는 다정다감한 노마님께서 그날따라 표정이 약간 심각해 보였다.

말씀을 들어보니 항상 애지중지 끼고 있던 보석반지를 분실했다고 하면서, 찾겠는가 못찾겠는가 점쳐보아 달라신다. 덧붙여 반지를 잃어버린 당시 상황까지 장황하게 설명하신다.

그 전날 오후경 예전서부터 단골로 자주 드나들던 박물장수 여인네 둘이 왔었는데, 그들이 갖고 온 물건들을 구경하던중 그들이 할머니가 끼고 있던 반지를 보자고 해서 선뜻 뽑아 건네주었더니, 이리저리 보고나서 되돌려 받기는 한 것 같은데 그리고 난뒤 그만 그 반지가 어디로 숨어버렸는지 없어져 버렸다.

　약간 당황해진 할머니는 이리저리 찾느라 법석을 떨다가 혹시 박물장수 여인네들에게 "좀전에 반지를 나에게 돌려주었느냐"고 물어보니 틀림없이 "건네드렸다"고 했다. 혹시 장난으로 숨겼으면 내놓으라고 해봤으나 절대로 그런 장난을 칠 사람들이 아니라면서 펄쩍 뛸듯이 부인하면서 갖고 온 물건속에 싸잡혀 들었나 해서 모두 헤집고 찾아봤으나 반지는 나타나지 않았다.

　또한 앞으로도 자주 드나들 처지에 우리가 숨길턱이 절대로 없지 않겠느냐는 그들의 진지한 말을 안믿을 수도 없었다. 이 일을 어찌할꼬 하시는 한숨 섞인 말씀이 참으로 딱하게 여겨졌다.

　「참으로 안되셨군요. 물건을 잊어버리면 십중팔구 찾기는 어려운 법이지만 혹시 다복하신 분이니 되찾게 될는지도 모르지요. 분실물을 찾겠는가 한번 점괘를 내어 보아 드리겠습니다.」

　우선 송죽매향을 한대 향로에 피워 분향하고 대나무 산가지로 괘를 내면서 분실된 반지가 찾게되기를 축원했다. 삼변서(三變筮)로 입서한 득괘는 복지림(復之臨~地雷復의 六二)이었다.

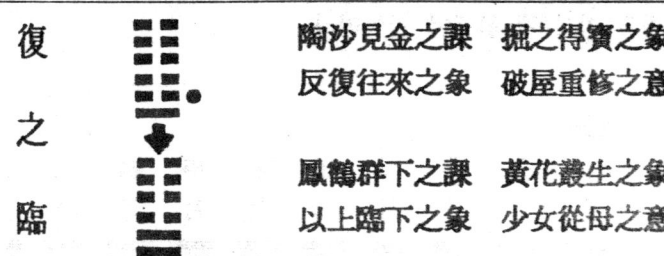

　復은 亨하니 出入에 无疾하야 朋來하니 无咎니라. 反復其道하야 七日에 來復하니 利有攸往이니라.
　六二는 休復이니 吉하리라.

〈占考와 풀이〉
　득괘를 본 후 나는 웃으면서 다음과 같이 할머니에게 알렸다.
　「이 괘는 복괘(復卦)로서 다시 되돌아 온다는 괘입니다. 반지는 꼭 찾게 될 것입니다. 단사(彖)에 이르기를 7일내복(七日來復)이라 했으므로, 빠르면 7일만에도 나올 것 같습니다. 동효가 내괘(內卦)에 있으니 아직 집안에 물건이 있다고 봅니다. 지괘(之卦)임은 소녀가 노모님을 따르니(少女從母), 아마도 집에서 소녀가 찾아서 할머니에게 가져다 주는 모양으로 그렇게 해서 발견될 것으로 판단됩니다.」

이상의 점풀이로, 찾게된다는 희망적인 말을 들으니 약간은 기분이 좋아져서 함께 왔던 할머니들과 돌아들 가셨다.

《결과》

그러나 정작 그 반지를 찾았다는 전화통화는 한해가 다 저물어가는 섣달에야 듣게 되었다. 「홍도사 말이 들어 맞았소! 집안일 보는 소녀가 응접실 마루구석 틈새에서 반지를 찾아내어 "이것 할머님 것 아니예요?" 하면서 찾아내었지요.」하였다.

답례로 큰따님(정릉 사시는 조사장 사모님)편에 선물을 보내주셨다.

혼자서 당시의 점풀이를 다시 생각해 보았다. 결과론으로 볼 때 〔七日來復〕은 〔七月〕이 되었으니 어찌된 셈일까. 내괘가 震이라, 日에 발이 달려서 〔月〕이 되었을까. 아니면 지괘림(之卦臨)이 축월괘(丑月卦~消長卦法)였던 것을 간과(看過)했던 것이리라.

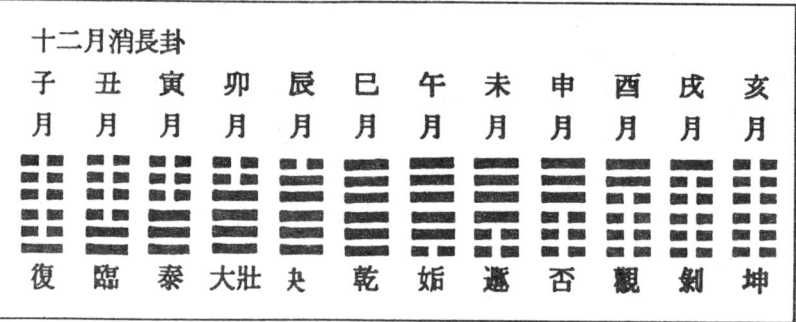

점칠 당시만 해도 분실물이 내괘가 동했고 집안에서 밖으로 나가지 않았으니 곧 찾게 될 것으로 여겼던 것인데, 7개월이나 걸리다니 당사자는 찾았다는 것에 만족하고 점이 맞았다고 기뻐들 했으나 본인은 시기를 잘못 맞혔다고 자괴했다.

그 뒤에도 혜화동 할머니는 다른 보석반지를 잃어버렸다가 다시 찾았는데 그때도 분실점이 맞아서, 답례를 받은적이 있다.

㉕ 〈難事對處策〉

天雷无妄 거짓없을망

신혼초야 탈출 신부!

新婚初夜 호텔방을 뛰쳐 나온 新婦의 占例

日官을 찾아온 손님

70년대 초에 있었던 일이다.

예전에 대한민국 모부처 원장을 지내셨던 이종화(무오생)씨 사모님 최정임(신유생)여사는 한국의 전형적인 "현모양처"의 본보기 같은 분이었다. 평소 말수가 적고 겸손한 편이었으나 앞에 닥친 일처리는 과단성있게 처리하였고 모든 처신 또한 절도가 있었다.

본시 건전한 양식(良識)의 소유자로서 절대 미신적인 것에 **현혹**되지 않는 분이였으므로 한 해가 바뀌었다고 해도 신수점 같은 것을 보는 법이 없었다.

그리고 2남 2녀를 키우면서도 진학문제를 문점한다거나 무꾸리는 전혀 가지 않았고 갈 줄도 몰랐다. 그런 최여사가 정릉 청수천변 **필자**의 **역리원**을 찾게 된 것은 자녀들이 대학을 졸업하고 장성해서 **성혼**할 무렵부터였다.

처음 장남(갑신생)한테 어울리는 혼처가 나와서, 두집안 어른끼리 혼인에 합의했다. 그런데 "택일문제"에 있어서 숫사돈쪽을 존중해서 인지, 또는 사돈댁 사회적 지위를 의식 어려워해서 인지 신랑댁측에 전적으로 일임 한다고 떠 맡겼던 모양이었다.

개혼(開婚)이었던 터라 약간 당혹도 했으나 자문을 구할겸 동향인(同鄕人~以北) 친지부인들과 상의조로 혹시 용하다는 일관(日官~옛 왕조시대 길일 선택을 맡아보던 관상감의 한 벼슬. 吉官)을 아시면 가르쳐 주세요? 하니까, 이대 정교수 자당님께서 정릉 청수천 골짜기 필자를 천거해 주셨다고 한다.

결국은 이때부터 이원장댁 단골 일관이 되어서 갑신생 장남을 시발점으로 다음은 정해생 장녀, 임진생 차녀, 이 댁 막내이자 차남 갑오생(한쪽 눈이 약간 불편 했었다)까지 모든 혼사택일(예컨데 약혼식 날짜, 납폐예단 가는 날, 결혼식 일시등)은 모두 필자가 도맡아 선택해 주었다.

그런데 이렇게 단골 일관이 되는데 결정적 계기가 되었던 "사건(?)" 아닌 "해프닝"이 있었는데, 아마도 이 일로 필자를 더 한층 신임하게 되었는지도 모른다. 그 사건의 전말은 이러하다.

초야에 신방을 뛰쳐나온 신부

최여사가 장남을 결혼시킨 다음해 어느날, 느닷없이 여동생분과 함께 필자를 찾아 오셨다.

그 당시 초면인 최여사의 아우님 면상을 쳐다본 순간 약간 놀랐다. 왜냐하면 얼굴이 아주 창백하다 못해 이건 숫제 사색에 가까왔기 때문이었다.

나중에 안 사실이지만 이 세상 어버이들은 참으로 가엾다. 자식이 뭔지… 어버이된 죄 때문에 저토록 속을 태워야 하는건지….

자리에 앉은 최여사(언니)께서 말을 꺼내기 시작해서 자초지종을 듣게 되었다. "실은 조카딸(함께 온 동생네 맏딸)에게 문제가 발생해서 왔는데, 혹시 좋은 방법이 있으면 가르쳐 주시오"하면서 말을 이어갔다.

조카딸은 지난 3일전에 서울에서 결혼식을 올린 뒤 곧바로 신혼여행을 떠났는데, 여행지는 시댁이 살고 있고, 또 앞으로 신접살림할 보금자리도 마련되어 있는 부산으로 떠났다.

미리 예약해 둔 동래온천호텔 객실에 투숙하여 여장을 풀고 도착 전화까지 왔었는데 난데없이 오늘 아침 전화가 걸려 왔다.

"이모님 전데요, 지금 서울 친구네 집에 와 있어요!"하는 새신부의 목소리에 깜짝 놀란 최여사는

"아니 그게 무슨 소리냐?"하니까

"이모님 그렇게 됐어요. 상의할 일이 있으니 이리로 와주시면 좋겠어요. 엄마한테는 아직 알리지 마시고 이모님 혼자서 오세요! 여기는 직장(중앙의료원 경리과)동료인 친구 하숙방입니다."하여 올지로 5가쪽 지리를 차근차근 가르쳐 주는 것이었다.

일단은 "그래 잘 알았다. 곧 갈터이니 다른데 가지말고 거기 그냥 있거라!"당부하고 전화를 끊고는 외출 채비하고 나서서 먼저 동생집으로 향했다(당시는 전화가 귀한 시절이라 동생댁에는 아직 전화가 없었다).

언니한테 자기 딸이 첫날밤에 호텔방을 뛰쳐나와서 서울로 상경했다는 소식을 전해 듣고 그만 까무러치기 일보직전인 동생을 데리고 조카가 묵고 있다는 집을 쉽게 찾아 내고 들어갔다.

모친과 함께 들어서는 이모를 보더니 "이모님 오셨어요!"하고 깍듯이 인사하고는 "엄마…"하고 붙들며 모친을 앉힌다. 그리고 침착하게 자초지종을 이야기 하면서 나름대로 사후대책까지 세워두고 있었다.

"그 사람(신랑)은 첫선을 볼 당시부터 내마음에 안들었어요. 부산에서 두번씩 데이트하러 상경했을 때에도 정말 만나기 싫었는데, 중신애비와 어른들의 권유로 결국은 마지못해 결혼식을 올렸었는데, 아 글쎄, 부산에 내려가 호텔에 투숙해서 여장을 풀자마자 나한테는 일언반구 양해말도 없이 홀로 방에 남겨두고 자기는 함께 온 친구들과 어울려 나가버렸지 뭐예요. 한참을 기다려도 아무런 기별도 없어 자존심도 상하고 약이 오르고 화가나서 그만 호텔방을 뛰쳐나와 밤차를 타고는 그냥 올라와 버렸었어요"라는 것이었다.

그러면서 스카프에 싼 것을 어른들 앞에 내민다. 풀어서 보여주는데 거기에는 신랑쪽에서 해준 혼인예물로 예물시계, 팔찌, 목걸이, 보석반지 등 패물이 몽땅 들어 있었다.

"그 댁에서 달라고 하면 다 드리세요. 그리고 만약 그쪽에서 금전적인 손해배상을 요구해 오면 죄송하지만 이모님께서 대체해서 갚아주시면 좋겠어요. 저는 아직 직장에 사표를 내지 않았으니 더 다니면서 빚을 갚아드릴께요!"

이상과 같이 자기 소신이 뚜렷하였으므로, 어른들로서는 할 말이 없었다. 모친은 너무나도 큰 충격에 어찌할 바를 몰라 당혹감에 넋이 빠진 사람 같았다.

일단 조카딸을 친구집에서 데리고 나와 이모집으로 갔다. 거기서 쉬게 하고 어른들은 일단 집을 나섰다.

최여사(언니)는 여러모로 생각하고 궁리해 보았다. 당사자의 주장을 들어보니 주관이 뚜렷한 것 같지만 꼭 그렇게 해야 되는지 어떤지 판단이 서지 않았고, 동생을 보니 낙담하여 몰골이 이만저만이 아니었다.

생각 끝에 동생의 마음도 진정 시킬겸 혹시 무슨「살」이라도 끼였는지 물어도 볼겸해서 정릉행 버스를 타고 종점까지 동생을 데리고 예까지 온 모양이었다.

新郞의 本命日·新婦 周堂 탓!?

필자는 우선 신혼남녀의 생년월일시를 물어서 적고 난 뒤, 결혼식 일시를 물어 적고는 자세히 살펴 보았다.

결혼 날짜는 신랑댁에서 택일했다는데, 직장인들 편리한데로 하느라고 일 일 오후에 거식했다고 한다.

그런데 그날은 신랑될 당사자의 생년 간지와 동일한 간지(일진)였다. 이런 경우 혼택(婚擇)에서는 본명일(本命日)이라하며 꺼리는 날로 되어 있다.

그리고 가취주당(嫁娶周堂)은 해당일이 지어미, 부(婦~신부)주당에 해당되어 있다. 옛날 전통혼례와 같이 초례를 치룰 때에는 매우 꺼렸던 것인데, 요즘은 신식으로 예식장에서 올리는 (국적불명?) 결혼식이라서 주당살은 그리 중시하지 않고 있다. 그러나 하필이면 하며 약간은 꺼림직하다.

그래서 우연인지는 모르겠으나 이러 이러한 꺼리는 것이 들어 있어 결혼식 날짜에 부정을 탔으니 부정을 풀어줌이 좋겠다고 일러 주었다.

그런 다음 이 두 젊은 남녀가 장차 다시 결합될 것인가? 아니면 이것으로 인연이 끝장나서 타인이 되고 말것인지?

알아보고자 역점괘(易占卦)를 내어 보기로 하였다.

우선 법식대로 분향고축한 다음 서죽(筮竹)를 들어 받들고 입서(立筮) 무망지익(无妄之益~天雷无妄의 九四)을 득괘 했다.

```
  无    ䷩   石中蘊玉之課
  妄        守舊安常之象
  之
  益        鳴鴻過風之課
            滴水添河之象
```

〈九四〉는 可貞이니 无咎리라.

[占考]

　원괘가 천뢰무망괘인데 우선 4효변(四爻變~動)인 것에 한편 안도감을 느꼈다. 왜냐하면 3효변이었다면 무망의 재앙이다. 어떤이가 소를 매어 놓았는데 행인이 몰고 간 것은 고을사람의 재앙이 된다(六三은 无妄之災니 或繫牛하나 行人之得이 邑人之災로다)라고 했으니 이렇게 되었다면 이 여인은 이미 몸·마음이 딴곳으로 떠나 절대로 되돌아가지 않을 것으로 판단되기 때문이다. 그런데 천만 다행히 4효변은 외괘 건(☰乾) 변손(☴巽)이 되어서, 손(☴)여인과 진(☳)남자가 함께있는 부부괘(夫婦卦)인 뇌풍항(雷風恒)괘와 상하괘가 자리만 바뀐(易位), 풍뢰익(風雷益)으로 변괘되므로 곧 다시 당당하게 결합해서 부부가 된다고 판단 했다. 그리고 원괘 천뢰무망괘를 거두절미(去頭截尾)해서 호괘(互卦)를 살펴보면 장녀 출가지상(長女出嫁之象)인 풍산점(風山漸)괘가 들어있다. 그러므로 우여곡절은 있더라도 다시 결합되어 부산에 내려가서 잘 산다고 보았다.

　단왈(斷曰) : 두 젊은 남녀는 곧 다시 결합됩니다. 부산에서의 새살림도 순조롭게 시작하게 되며, 앞으로 딸 아들 낳고 잘 살게 됩니다. 그동안 혼례날도 좋지 않았고 부정을 탄 데다가 시집에 필시 조상에 탈이 있어서, 어른들을 한 때 놀라게 하였으나 이제 그 부정을 풀고 부산에서도 조상께 치성을 드려서 일단락 진정이 될 것입니다.

　오늘 저녁 당장 기별이 올 것으로 보는데 먼저 이모님 댁으로 전화가 오겠지요. 그리고 내일 신랑이 상경해서 새색씨를 데리고 갈것입니다. 색씨는 순순히 제신랑을 따라 갈것이니 아무 걱정 마십시요! 하고 일단 안심시키고 나서 간단한 부정풀이 방법을 가르쳐 주었다.

그러나 두 분 최여사는 필자의 말에 반신반의하는 눈치로 나를 쳐다보다가 동생이 말문을 열면서 "제발 도사님! 내딸년 마음이 바로 되게 부적이라도 써 주십시오!"하며 간청하는 것이었다.

대경면주사(大鏡面朱砂)곱게 간 것을 참기름에 개어서 괴실(槐實)물을 들인 황지에 정성껏 부적을 그려서 9절로 접어 백지에 싸서 주면서 빨간 주머니를 만들어 그안에 넣고 따님더러 잘 간직하도록 시켰다.

그때서야 겨우 안색이 좀 회복한 아우를 재촉해서 앞세우고는 돌아들 가셨다.

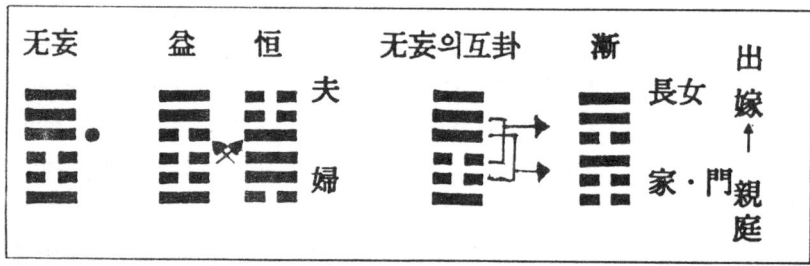

결과와 후일담(後日譚)

훗날 최여사께서 다시 자녀의 혼인백일건으로 오셨을 때 들려준 이야기.

문점 왔던 바로 그날 저녁, 이모인 자기집으로 새신랑이 전화를 걸어왔더란다. 먼저 어른들의 안부와 문안 인사를 깍듯이 하고 난뒤, 혹시 새색씨가 그곳에 와있지 않습니까? 하고 정중히 묻더란다.

그래서 지금 여기 와 있으니 바꿔주마 하고 조카딸을 바꾸어 주었다. 서로 몇마디 주고 받더니 끊었다. "뭐라고 하더냐?" 묻는 어른들 표정에 조카 딸은 "내일 오전에 저를 데리러 온데요."하고 통화내용을 말해 주었다.

그 이튿날 약속대로 오전중에 새신랑이 처 이모댁에 나타났다. 어른들한테 인사를 마치고 단둘이 밀실에 들어가 잠시 얘기를 주고 받더니, 나오는데 두 젊은이 표정이 한결 밝아 얘기가 잘 된듯이 보였다.

차려주는 점심식사를 서둘러 먹고는 경부고속버스 (당시 개통된지 얼마 안됨)편으로 함께 하부(下釜)하기로 했다며 어른들한테 큰절을 올린뒤

둘은 다정스레 떠나갔다.

두사람을 떠나 보내고 나서도 두분 최여사는 잠시동안 어안이 벙벙했었단다. 그도 그럴 것이 꼭 무엇에 홀린 것 같기도 했으리라. 한편 참으로 어처구니 없었다. 이틀 동안 살얼음 밟듯 조마조마 가슴조리던 일, 모친은 충격에 까무러치기 일보직전까지 이르렀었다!? 조카딸은 재입으로 파혼까지 각오하며 사후대책까지 세우고는 꼴도 보기 싫다더니…, 그 기세는 어디를 가고 신랑이 와서, 함께 부산으로 내려 갑시다 하며 잡아 끄니까 기다렸다는 듯이 아무 소리 않고 순순히 따라 나서는 것은 또 뭐냐!?(하기사 신랑이 데리러 오지 않았다면 그야말로 큰 낭패이며, 파탄일 것이니 잘된 일이었지만.)

나중에 중매장이한테 들으니 더욱 이상한 얘기꺼리가 사돈댁에 숨어 있었다.

새신랑은 부산에 내려와서, 서울까지 따라갔던 친구들과 부산에서 기다리던 친구들 성화에 마지못해 따라 나갔다가 통행금지가 끝난 새벽에야 겨우 풀려나 호텔방에 와보니, 신부가 안보였다. 뒤늦게 증발한 것으로 단정하고 우선 모친한테 전화를 걸어 이 사실을 알리고 "어찌 하오리까?" 호소했던 모양이다.

그러자 모친은 "알았다! 얘야, 아무한테도 신부가 실종됐다는 사실을 말하지 마라!"고 다짐해두고 "이번에도 푸닥거리하면 아마도 무사히 수습이 될꺼야!" 혼자말 처럼 하시더란다.

그것이 무슨 말씀인고 하니, 이 댁에서는 이런 일을 이미 두번씩이나 겪었던 선례가 있었던 것이었다.

처음 맏아들 장가간 첫날밤에도 새색시가 자취를 감추었었다. 둘째아들 결혼 초야 때에도 신부가 몸을 숨겨서 애태운 일이 생겼었다. 하도 수상해서 당시 용타는 초량무당한테 무꾸리 하니까 시누이(아이들 고모)한 분이 잔치날 받아 놓고 비명횡사를 했는데, 그 몽달귀가 시샘을 해서 조카가 장가든 첫날밤에 신부를 내쫓는다는 것이었다. 결국 굿당(국사당)에 제물을 바치고 치성을 드리고 위무(慰撫)하고 나서야 진정되었다. 결국 셋째 아들때에도 모면하지 못하고 또 그런 일이 발생했으니, 소문이 퍼지지 않게 쉬쉬하는 한편 제수를 장만해서 또 치성을 마치고 난 뒤, 셋째아들을 시켜서 새색시를 데려오라고 시킨 것이었다.

조상을 받든다, 신령에게 치성을 드린다, 귀신을 위무안위한다 등은 차원이 다른 문제이긴 하지만.

천뢰무망(天雷无妄)괘, 풍택중부(風澤中孚)괘, 감위수(坎爲水)괘가 본괘, 지괘, 호괘, 어디에건 그 괘가 나오면 정성을 드리거나 치성을 드리는 것이 좋은 경우가 흔히 있다.

그리고 이 부부는 그후 매우 원만한 가정을 이루어 잘 살고 있는데, 첫딸은 살림밑천이라더니 첫번째는 딸아이 낳고 재산이 늘었고 (내집이 마련되었음), 두번째로 아들을 얻었는데 그 뒤에 가장이 승진까지 했다고 하니 희경사가 겹쳤던 것이다.

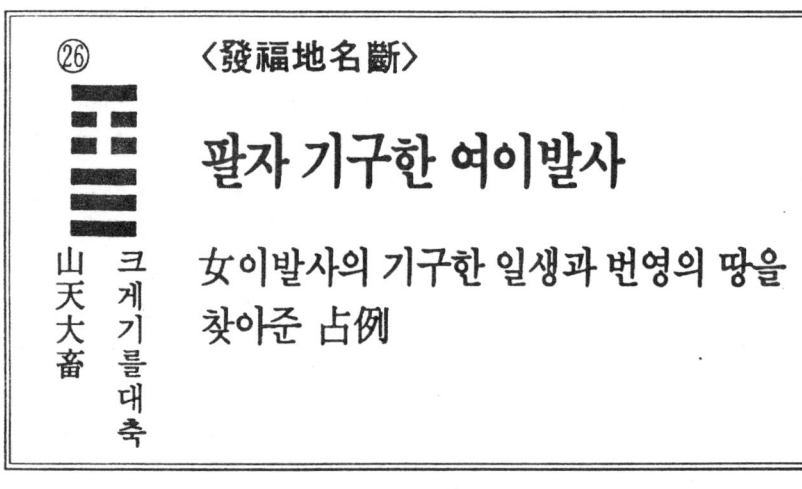

㉖ 山天大畜 크게 기를 대축

〈發福地名斷〉

팔자 기구한 여이발사

女이발사의 기구한 일생과 번영의 땅을 찾아준 占例

이발사 따라온 이발사 지망녀

현재 은평구 응암동에서 제법 큰 이발관을 손수 꾸려가고 있는 서사장은 자수성가의 본보기 같은 청년이다.

무작정 상경한 지방소년이 오늘이 있기까지는 참으로 눈물 젖은 밥도 많이 먹었다. 이발소에 취직, 머리감기에서 시작, 면도질 머리깎는 법 등 이발기술의 실기를 쌓은 뒤 틈틈이 자격시험공부 끝에 이발사 자격증을 취득했고, 열심히 일하여 계를 부어 저축을 늘려서 목돈을 장만하자 그것을 바탕으로 작지만 점포를 얻어 독립자영했던 것이다.

맨처음 자영을 시작할 때부터 다시 점포를 키우고 늘릴 때마다 정릉

청수천 냇가 산방에 찾아와서 필자의 자문(?)을 구하곤 하였다.
 몇개의 점포 후보지를 적어와서는 그 가운데 자기에게 잘맞아 발복할 수 있는 곳을 가려달라는 주문이다.
 그때마다 방향, 위치, 번지 등을 살펴서 가장 좋다고 여겨지는 것으로 가려주면 그 다음은 택일차례다. 수리하는데 길일, 이사길일, 개업·고사 길일 등 좁쌀영감 같아서 시시콜콜 묻고 물어 가장 길복(吉福)이 있다는 것으로 골라주면 그때야 결정을 내리고 실행·실천 했다.
 그래선지는 몰라도 서씨 이발소는 일취월장 나날이 발전을 거듭, 오늘의 번영을 이룩했다고 당자는 굳게 믿고 있다.
 70년대초 그러니까 아직은 서씨네 이발소가 그리 크지는 않을 때 였으나 그런대로 발전단계에 있을 때의 이야기인데 어느날 젊은 여인을 데리고 정릉 필자의 역리원을 찾아온적이 있었다.
 그는 들어서자마자 언제나처럼 "도사님 절 받으십시요!"하면서 큰절부터 하고나서 내가 "편히 앉아요!"하니까 그제야 자세를 편하게 취하면서 앉는다.
 오늘이 정기휴일이라 문안인사도 드리고 이 분이 도사님을 꼭 뵙고 싶다고 해서 안내도 할겸해서 왔다는 것이었다.
 따라온 여인을 쳐다보니 30세 전후의 얼굴은 둥글고 예쁘장한데, 심신이 고달파 보이는게 어딘지 모르게 수심의 그늘이 있어 보였다.
 법식대로 이름을 묻고 생년월일시를 물어서 만세력을 대조 사주간지를 내어 감정용지에 적고나서 살펴 보았다.
  성명 : 吳　貞　德
  사주 : 丁亥년 辛亥월 戊申일 甲寅시
  대운 : 5세운　공망 : 寅卯
 부녀자의 사주간명은 지아비부(夫)운을 먼저 살피고, 다음은 자녀운을 살펴 보는게 원칙이며 차례이다.
 위 사주를 얼핏보니 그 두가지 모두가 정상이 아닌 것으로 보인다. 왜냐하면 배우자 자리(夫位)인 일지(日支) 신금(申金)이 시진(時辰) 인목(寅木)과는 상충(相冲)이 되어있고, 한편 관살(官殺~夫星)인 인(寅)은 년월지 해(亥)와 지합(支合)되어 있다. 그리고 자녀자리 시진(時辰) 인시(寅時)는 순중공망에 빠져있다. (柱中에 地殺·劫殺·亡神殺·孤鸞

殺 · 陽差殺)

　―이 사주는 남자라면 몰라도 여자로는 팔자가 세서 매우 기구한 인생행로를 걷는 답니다. 고향을 떠나 타향에서 사는 것은 약과이며, 남편운이 복잡해서… 내 남편은 남에게 빼앗기게 되고, 남편을 섬기려면 남의 남편을 빼앗아와야 되는데 그나마 그 남편한테도 호강하기는 글렀고, 도리어 낭군은 집안에 편안히 모셔두고 내손으로 벌어먹여야 하며 그 남편을 호강시켜야하는 그런 사주팔자 운명이라오. 그리고 자녀복도 없겠소!

　좋지 않은 말만 늘어 놓았으나 그녀는 모두 맞는다고 수긍하면서, 자신의 처지가 비참해선지 눈시울을 적시면서 차근히 지난일을 얘기했다. 그 요지는……

　일찍 고향을 떠나 대처인 부산에서 직장에 다니다 교재하던 남자와 동거생활까지 했는데 그는 다른 여자와 결혼했다. 애인의 변심에 세상을 비관 자살할 마음까지 먹었는데 셋방 주인아저씨가 위로하고 만류해서 참았다.

　그런데 그만 동정심 많은 그 아저씨와 눈이 맞아 깊은 관계에 빠졌다. 그런데 공교롭게도 아저씨는 다니던 회사에서 사고를 냈다. 업무상 중대한 실수로 회사에 재산상 손해를 입히게 되자 형사상 책임까지 뒤집어 쓰게되어 형무소에 수감될 것이 뻔했다. 결국 구속을 모면하는 길은 도피하는 길밖에 없었다.

　본래 신체가 강건하지 못한데다 심적 충격으로 녹초가 된 아저씨를 이번에는 정덕씨가 용기를 북돋아 주어야 했다. 부축하다 시피해서 일단은 서울까지 올라 왔는데 임시로 삯월세방을 얻어서 아저씨 병구완을 하는 한편 뭐든지 기술을 배우고자 서씨네 이발소에서 일하면서 면도와 머리깎는 법을 배우는 중이란다.

　그리고 마지막으로 이런말을 했다. 어떤 손님이 지나가는 말로 "인천 부평에 가면 무허가집이 싼 것이 있는데…" 하더란다. 그말이 잊혀지지 않아서 사실은 부평으로 가는 것이 어떨까? 그것을 도사님께 물어보고자 따라 왔다고 실토했다.

　필자는 진지한 그녀의 말을 듣고는 이거야 말로 "내가 설 땅은 어디냐?"로군 역접괘를 내어 보아야 겠다고 생각하면서 손씻고 분향고축 3번서로 득괘, 대축지손(大畜之損~山天大畜의 九四)를 얻었다.

> 大畜은 利貞하니 不家食하면 吉하니 利涉大川하니라
>
> 大畜 ䷙ 龍潛大淵之課
> 移淺入深之象
>
> ↓
>
> 之損 ䷨ 掘地見水之課
> 握土爲山之象
>
> 〈九三〉은 良馬逐이니 利艱貞하니 日閑輿衛면
> 利有攸往하리라.

점고〈占考〉

산천대축괘의 호괘(互卦)는 뇌택귀매(雷澤歸妹)괘로 나이가 지긋한 남자와 젊은 여인이 함께 있다. 단사에 이르기를 〈利涉大川〉이라 하였으니 川자가든 인천으로 가는 것은 좋으리라고 본다. 변괘도 건(☰)변 태(☱)하니 태는 서쪽으로서, 먼저는 손(損)일지라도 나중에는 덕(德~得)이 되리라 보이며, 본시 대축괘가 오랜시일에 걸쳐 재물을 쌓아 이른바 적소성대(積少成大)의괘이듯이 앞으로 크게 부유해질 것이며 축재될 것이니 인천에 가는 것은 크게 찬성한다고 말해 주었다.

이 말을 듣고 매우 희망에 찬 표정으로 돌아 갔는데, 인천으로 가기 직전 주인 아저씨를 모시고 함께 왔었다.

김성건명 갑술생 임신월 갑술일 경오시였다. 본댁에는 사정상 거처를 알리지 않고 지냈으며, 2남 1녀가 부산에서 살고 있다고 한다.

인천 부평으로 이사가서, 처음에는 무허가 이발소를 차리고 열심히 일했다.

한해 한해 살림을 늘려갔다. 돈이 모이면 이웃집을 사들이고, 아저씨도 건강히 회복되었다. 이발업을 하루종일 서서 작업한다. 그래서인지 정덕씨는 언제나 종아리가 부었고, 어떤때는 다리에 종기가 났는데 치료해도 속히 치유되지 않아서 고생하곤 했다. 십년이 지나자 작은 아파트를 사게 됐고 친정 노부모님을 모셔다 놓았다.

벌써 약 15년이 되었는데도 해마다 몇차례씩 들린다. 오기전날 월요일에 전화 걸어본 뒤 이튿날 화요일에 오는데 그것은 인천 북구 청천동 이발업소들의 정기휴일이기 때문이라고 한다.

기구한 사주팔자를 타고났으나 그 운명에 순응, 그 가운데서 나름대로의 노력으로 행복을 찾아내어 살아가는 오정덕의 "여자의 일생"을 간추려 보았다.

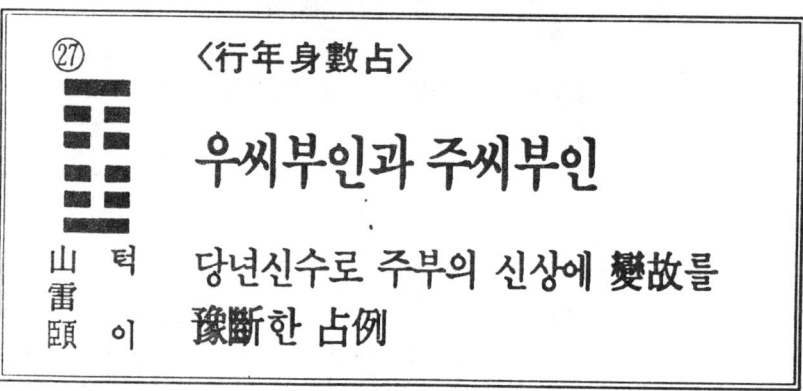

우씨부인 주씨부인

필자가 살고 있는 정릉3동과 이웃한 4동(개울만 건너면 4동임)에 아주 단짝이고 짝꿍인 두 부인이 살고 있었다.

우씨댁 아주머니와 주씨댁 부인으로 남편들은 모두 자동차와 관계된 사업을 하는 분들이였다.

동리에서는 아들이름을 붙여, 중근이 엄마, 경수엄마로 통하였으나, 필자는 두 부인을 "재치부인·아차부인"으로 별명을 붙였다. 왜냐하면 두부인의 체격이나 성격이 아주 대조적이였기에 그렇게 붙인 것이였다.

우씨댁인 재치부인은 38년생, 체구가 자그마한 미인형으로 약간 청결벽이 있었다. 주씨댁인 아차부인은 39년생, 키도 크고 체구도 당당한 여장부로 성격이 쾌활 명랑한 소위 걸걸한 편이었다. 이 두 여인은 서로 사이가 무척 친해 어디를 가든지 그림자처럼 꼭 함께 붙어 다니곤 했다.

해마다 정초무렵만 되면 언제나 필자한테 들려 가족의 일년신수를 봐가곤 했다. 그런데 참으로 미안스럽게도 언제나 한쪽은 내리 흉운패가 나왔다.

 그 언제나 길운인 쪽은 중근모·재치부인이었으며, 몇해째 언짢은 불운인쪽은 경수모·아차부인 차지였다.
 그럴때마다 좋다는 쪽은 기쁨을 감추질 못해 웃음이 나오는 것을 억지로 참는 표정이 역력했고, 나쁘다는 쪽은 상대적으로 낙담 상심해서 힘없이 맥빠진 표정으로 울상을 짓다가 금시 결결하며 웃어 넘기기 일쑤였다.
 한편 이렇게 되면 약간 약이 오른 아차부인은 다시 단짝끼리 어울려서 소위 용하다는 역술가를 찾아 나선다.
 이집 저집 여러 곳을 순례하기 시작한다. 그런데 어떻게 된 것인지, 웬일인지, 가서 보는 곳마다 소위 쪽집게 보살님, 무슨산 도사님, 척척박사, 만신, 무당, 박수, 신할미…, 모두 하나같이 서로가 미리 짜고 입을 맞춰둔 것 처럼, 중근모는 좋은 운이 들었고, 경수모는 흉운의 해이니 혼수매김이나 푸닥거리를 하라고 시키던지, 부적을 써줄테니 지녀야 한다든지 액막이 하라고들 했던 것이다.
 그리고 그 한해를 지내보면 우씨댁은 주인이 하는 일마다 척척 잘 풀려서 마음 먹은대로 토지도 매입되고 2층 집도 쉽게 건축되고 점포도 잘 나가는 등 막힘없이 잘되어 갔다.
 반면에 주씨댁은 애로가 많이 생겨 대주가 차사고를 내서 큰재물이 나가고, 계주로 애써 모은 부인의 뒷받침도 물거품처럼 허망하게 되거나 아이들이 싸우다 팔다리를 다쳐 기브스를 하거나 아무튼 여러모로 금전손실이 잇따라 일어나는 등 애로가 많았다.
 재수있는 집은 뭐든지 잘되어가는데, 안되는 집은 하는 일마다 마가 끼인듯 손실만보게되니 이거야 정말 운수소관이랄 수 밖에.
 1972년도가 되었다. 설날을 몇일 앞두고 필자가 한가할 때를 틈타 재치부인과 아차부인이 함께 찾아 왔다.
 전례대로 연상인 우씨부인이 먼저 보게되었다. 대주를 비롯하여 부인과 남매가 모두 길운괘가 나왔다. 매사 발전적이며 자녀들도 잘자라고 학업도 성적이 좋아 상을 탈것이라며 일가가 향상 발전한다는 上길운이라 예단했다.
 다음은 주씨댁 차례였다. 신중히 식구들의 생년월일시를 적어 사주를 내어서 살펴보는 한편 연서괘(年筮卦)를 내었다.

신수괘는 이지비(山雷頤之山火賁～頤之六三)였다.

| 頤之賁 | ䷚ | 龍隱淸潭之課
近善遠惡之象

간산(艮山)
중녀(中女) |

〈六三〉拂頤. 貞凶. 十年勿用, 无攸利.
(기르는 길에 어긋난다. 점쳐서 이효를 만나면 흉하다. 10년동안 쓰지 말라. 이로울 것이 없다.)

점고〈占考〉

이에 앞서 식구들의 일주와 태세를 살펴본 것을 예시하면 다음과 같다.
태세 임자(壬子)·주씨대주 일주가 계묘(癸卯)로 접재·상형(相刑). 부인 일주 병오(丙午)로서 칠살·상충(七殺·相冲). 아들 일주 기토(己土)에서는 정재(正財)가 되어 인수(印綬～모친의 별)를 파괴하고 있다.
이상에서 혹시 부인신상에 이상이 있을 것으로 우려되고 있는 터였는데, 득괘가 산뢰이는 유혼괘(遊魂卦)인데다가 지괘 산화비(山火賁)괘는 산밑에 중녀(中女)가 누워 있다고도 보이므로 심상치 않았다.
이상을 종합해서 살펴보니 아무래도 당자인 주씨댁 신명(身命)에 중대한 변고가 발생할 것으로 판단했다. 그래서 우회적으로 경고를 해주었다. 금년은 신상에 변고가 발생하니 너무 집안을 일으키려고 애쓰지 말고, 특히 혈압이 높아져 쓰러질 염려가 있으니 무리하게 일을 벌리지 말것 등을 강조해 두었다.
그러나 원래가 남성적인 활달한 성품이라서 필자의 경고가 지켜질 턱이 없었다. 결국은 그해 여름 목욕탕에서 쓰러져, 뒤에 대학병원 응급실 신세를 졌으나 다시 회생하지 못하고 저 세상으로 떠났다.
오호라 영령이시여! 부디 명복을 길이 비나이다.
주씨댁은 주부가 사망한 뒤 일년이 지나자 새 주부를 맞아 들였다. 전부인이 애써서 장만했던 대형버스, 그것을 토대로 한 운수사업은 영령이 도왔던지 매우 순탄하게 잘 발전해가서 새사람이하 모든 가족이 잘 살아가고 있다.

재치부인은 한때 단짝이었던 아차부인을 잃어서 큰 슬픔에 잠겼으나 다시 새로 사귄 친구들과 우정을 나누며 세월이 흘러가자, 차츰 먼저 가버린 단짝 생각은 잊혀져 갔다. 인생무상이라고나 할까.

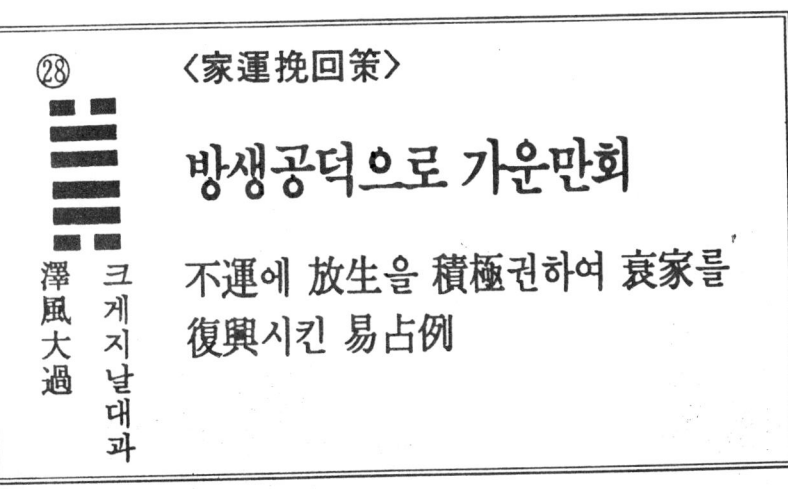

㉘ 〈家運挽回策〉

澤風大過 크게지날대과

방생공덕으로 가운만회

不運에 放生을 積極권하여 衰家를 復興시킨 易占例

불공과 방생공덕

필자는 모친의 영향으로 불교를 좋아 했다. 약관시절 암자에서 역학공부 할때 틈틈히 불경도 몇권 읽어보았고, 조석 정근시 스님을 따라 예불하다보니 자연 천수경이나 반야심경은 일찍 암송, 익혔었다.

그리고 후에 역술업을 시작한 뒤 가끔 고객에게는 "어느 절에 가서 불공을 드리면 좋겠소, 몇일 기도를 드리시요!"하면서도 정작 본인은 기도절에 다니지 않았는데 그럴 기회가 별로 없었기 때문이기도 하였다.

서울에 상경한 뒤에도 겨우 65년도에야 강화 보문사에 3일 기도를 갔는데, 그때는 모친(당시 72세)과 맏딸 명희(당시 6살)와 함께 갔었다. 당시 주지는 박해원 스님이었고 부전은 김재도 스님으로 보았는데, 다음 해에는 혼자 가서 7일 기도를 드렸더니, 불공을 드린 공덕으로 아내가 잉태했고, 77년 초봄에는 아들을 보았다. 딸만 셋이 자라고 있던터라 모친의 기쁨도

컸으려니와 필자도 기뻤다.
　그 뒤부터는 해마다 열심히 다녔는데, 그때마다 영험이 있어서 집도 생기고 가재도 늘어났다. 그러는 동안 용성이 할머니라는 최보살을 알게 되어 본격적으로 전국의 유명한 사찰 기도도량을 순례하게 되었다.
　최보살의 부군은 종로 5가에서 한약건재상을 하셨는데 보살께서 절에 가서 기도 드리고 오시면 집이 한채씩 생겨났다.
　어느 해는 녹번동에 새집을 지으셨고, 그 2층마루에는 불단을 꾸미고 부처님을 모셔놓고 조석으로 시봉하셨다. 그리고 동해안 정동진 등명낙가사에 자주 다니며, 노장고승 고경덕 주지와 숙친해져서 거금을 선방신축 불사에 희사해서 건립하리만큼 대단한 지심자였다.
　필자의 모친 성씨가 최씨였는데다가 형님 아우님하며 친하게 지내었기에 자연히 최보살을 필자도 이모님으로 호칭하였는데, 이모님은 종교적으로는 대부(代父) 아닌 대모(代母)격이 되어준 분이시다. 필자보다 연상인 이모님은 기도절 다닐때면 필자를 짐지워 앞세우고 다니기를 좋아했으며, 끔찍이도 필자를 아껴주셨다.
　어느해 이모님은 친지(추종자?) 여러명과 필자를 대동하고, 청도 운문사 경내 사리암으로 기도여행을 떠났다. 사리암은 본사인 운문사에서도 산속을 한참 올라가서 있었는데, 보살들(여신도) 숙소는 암자 바로 곁에 있었으나, 처사들(남신도) 숙소는 암자와 좀 떨어진 거리 변소칸 옆에 붙어 있었다.
　사리암은 본존불이 독성(獨聖~獨修聖)인 나반존자를 모신 곳으로 옛부터 영험스럽다는 기도도량이다.
　당시 우리 일행보다 몇일 앞서서 오신 일행이 있었다. 인솔하신 스님과도 수인사를 주고 받았는데, 신촌역 근처에 있는 안양암 조운영(曺云榮) 주지라고 했다.
　이야기를 주고 받던 중 예전 강화 보문사에 주지로 계시다 축출(?)당하신 박해원스님 행방을 물었던 바, 현재 노장스님은 안양암에서 모시고 계신다고 했다. 노스님과의 옛 친분이 새삼 떠올라 몹시 고맙게 여겨져서 더욱 친근감이 들었다.
　스님과 함께 온 그쪽 일행과도 금방 친해져서 이야기를 주고 받았는데, 안양암에서는 매월 음 18일(지장제일)마다 (단, 정·칠월은 보름날) 방생법회를 베푼다는 것, 회비는 아주 소액(당시 2천원정도)이라서 부담이 적었고, 어려운 처지에 처했던 불자가 방생을 몇차례 했더니 막혔던 일이 풀려, 그런 소문탓인지 달마다 회원이 늘어나고 있다고도 하였다.

그들 일행과 4일동안 함께 기도하다가 그들은 우리 일행보다 3일 먼저 하산했다. 우리 일행도 드디어 7일 기도를 무사히 마치고 하산하여 본사인 운문사를 두루 구경한뒤 귀경하였다.

사리암에 다녀온지 몇일 되지 않은 어느날 오후 늦더위에 앞뒷문을 활짝 열어 놓고 독서를 하고 있는데, 웬 젊은 부인이 문안을 쭈볏이 기웃거린다. 필자는 읽던 책을 덮으면서 "어떻게 오셨어요?" 하고 물었더니, "예, 실은 저… 이웃에 혹시 사글세방 내놓은 집이 없는지요?" 하는 것이었다.

그말에 유심히 그 여인의 행색을 살펴보니 아무리 봐도 사글세방이나 얻어들 형세같지는 않았다. 그래서 일단 "잠깐 들어와서 쉬었다 가세요." 했더니 그제서야 신발을 벗고 방에 들어와 한쪽 구석에 앉았다.

필자는 얼른 서랍에서 주사위 주머니를 꺼내 그 속에 들었던 주사위(8면 주사위 두개와 6면 주사위 한개)를 주먹안에 쥐고 세번 흔들어서 경상위에 살며시 던졌다. 살펴보니 앞주사위는 2(☱兌澤) 뒷주사위는 5(☴巽風) 6면 조사위는 4(四爻動)였다.

寒木生花之課
本未俱弱之象

大過 之 井   〈九四〉棟隆. 吉. 有宅吝

〈占考〉

대과괘는 과중한 무거운 짐이라는 괘의(卦意)로서 집의 중심인 대들보가 너무 크고 무거운 데다 네 기둥이 약해서 떠바치지 못하는 상태를 뜻하는 괘다.

사업은 설비나 투자를 무리하게 확대했기 때문에 빚지고 도산한 상태를 말하고 있다. "지금 당신네 신세가 이와 같으냐?"고 물었더니, 그렇다고 끄떡이며 울먹이는 표정이 되었다.

필자는 불현듯 연민의 정이 생겨나 무엇이건 방편(方便)을 가르쳐 줘야 겠다는 생각이 들었다(易者의 使命感이였는지도…).

변괘인 수풍정(井)괘로 보아서 용왕제(龍王祭)를 지냄이 좋을 것으로 판단되었다. 괘를 역위(易位)하면 풍택중부(中孚)괘로 이괘는 성심·정성을 뜻하는 괘이다.

이때 머리를 퍼뜩 스치는게 신촌소재 안양암과 주지 운영스님이 떠올랐다. 용왕제는 바로 방생(放生)이다. 그래서 안양암에 가서 방생할 것을 권하면서 3, 4번만 실천하면 가운이 회생되어 사글세는 전세로, 전세는 다시 내집이 마련될 것이며, 대주는 직업이 안정될 것이라 일러 주었다. 그리고 쪽지에 안양암 전화번호, 주지 이름, 방생 날짜 등을 메모해서 건네 주었다.

그녀는 고맙다고 고개숙여 인사하면서 손에 쥐고 있던 얼마간의 돈을 내놓으려는 것을 극구 사양, 그것으로 방생을 꼭 실천하라고 당부하듯 일러주며 돌려 보냈다.

그로부터 세월은 3, 4년 흘러갔다. 하루는 잘차려 입은 한쌍의 부부가 케이크상자를 들고 필자를 내방하였다. 방에 들어온 두사람은 정중히 인사부터 하는 것이었다. 영문은 알 수 없었으나 필자도 답례를 했다.

부인이 먼저 아는 체를 하면서 말문을 꺼냈다. 들어보니 바로 3, 4년전에 사글세 방을 얻으러 다니던 그 부인이었다.

그 이후 안양암에 다니면서 매월 방생법회에는 꼭꼭 참례했다고 한다. 그 공덕인지 부처님 덕화로 현재는 다시 내집도 마련해서 잘살고 있다고 한다.

주인은 그 당시 무리하게 사업을 확장, 도산했고 빚잔치로 집칸까지 날렸었는데, 당시 꼬장꼬장하기로 소문이 자자했고, 원리원칙파라서 집안 사람일은 절대로 안봐준다던 6촌형인 한국전력 김사장께서 자기집에 들리라는 기별이 인편으로 왔다. 그래서 부부가 함께 찾아 갔었단다. 김사장은 자신들의 처지를 어디서 들었는지 남편더러 이력서를 써가지고 내일 회사로 나오라고 하시더란다.

결국 학벌과 경력에 따라 대리로 특채(特採)되었고 해가 바뀌면서 과장으로 승진, 다시 지방에 내려갔다가 올라오면서 차장으로 승진하는 등 초스피트로 올라갔고, 물론 본인의 업무 수행능력도 탁월했지만 사실은 현직 사장의 빽인지 후광 덕을 톡톡히 입었으며, 얼마 안가 부장승진 물망에 오르고 있다는 것이었다.

필자는 남의 일이었지만 듣던 중 신나는 얘기가 아닐 수 없었다. 그래서 궁금하던 의문점을 물어 보았다. "오늘은 무슨 바람이 불어서 이렇게 두분이 함께 찾아 오셨나요?"하니까, 약간 멋적어 하면서 다음과 같이 실토하는 것이였다.

─ 몇일전 지장제일에 월례행사인 방생법회가 있었는데, 귀로에 어쩌다 보니 주지스님 옆에 앉게 되었다. 치하를 드리면서, "오늘 수고 많으셨습니다. 그동안 부처님의 가피를 많이 입어 집안이 잘되어 가고 있습니다. 방생공덕이 큰가 합니다."

그러자 주지스님은 무슨 생각에선지, "보살님께서 우리절에 오셔서 방생 다니신게 꽤 오래 되셨지요?" 하였다.

"네, 만 3년째가 되었습니다." 그러자, "어느분께서 안양사로 인도해 주셨나요?" 하며 물어보셨다. 그때야 예전 기억이 되살아나서,

"그러니까, 그게 정릉골짝이 청수천변 홍몽선 선생이었는데, 방생하면 가운이 회복될꺼라고 안양사 전화번호와 대사님 존함을 가르쳐 주셨지요" 그랬더니만, 글쎄,

"그럼 그 뒤엔 한번도 찾아가보지 않으셨군! 이세상에 올바른 길을 가르쳐 주거나 잘 인도해 주시는 이는 모두 관세음보살의 화신인 것을, 그 은혜를 잊는다면 그것은 곧 배은망덕입지요. 그리되면 내려주셨던 복운도 하루아침에 다시 거두어 들이는 법, 때늦은 감은 있으나 이제라도 정릉 홍도사한테 문안인사 드리는 것이 좋을 것 같소." 하시더란다. 그래서 이렇게 사의를 표하고자 부부가 함께 왔다는 것이었다.

그리고 겨우 녹차 한잔씩 마신 후 "촌지(寸志)" 봉투를 내놓고 돌아들 가는 것이었다. 눈치가 자가용을 한길가에 주차시켜 놓고 온 모양이었다.

그들 부부를 보내놓고 봉투 속의 내용을 꺼내보니 "보증수표"였다. 액수는 몇일전에 7일 기도 다녀온 강화보문사에 기도비로 내놓은 액수의 무려 7배나 되는 거금이 들어 있었다.

혼자 생각하기를 '기도 드린 공덕이 이렇듯 속하고 영험할 줄은 미처 몰랐었네…'하면서 절로 웃음이 나왔다.

㉙ <年筮不吉斷>

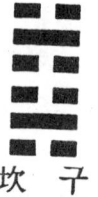

坎爲水 구덩이감

장군예편 영오예단(외)

1話 재수생의 서울대 법대·법학과에 합격됨을 豫斷한 占例
2話 楊장군의 豫編과 장차 囹圄의 신세됨을 豫斷한 占例

1話 서울대 법대에 도전, 성공한 女大生

수유리에 살고 있는 한씨댁은 2남2녀를 두었는데, 자녀들이 모두 두뇌가 우수한 수재들이라 이웃들이 부러워하는 가정이다. 큰아들 순구군은 고등학교를 전교 수석으로 졸업하고 국립서울대학교도 쉽게 합격하여 입학했고, 학부 졸업시 차석이었다. 미국박사과정 유학시험에도 좋은 성적으로 합격, 유수한 대학원에서 서로 우수한 학생을 유치하려고 경쟁을 벌이고 있다던데, 현재 군복무관계로 병역을 필하고 떠나고자 카투사에 지원, 미군부대에서 근무중이다. 부모는 도미유학시 짝을 지어서 함께 보내고자 며느리 감을 고르고 있는데, 지망자가 많이 나타나리라 본다.

장녀는 이화여대에 무난히 합격해서 재학중인데, 성격이 여린 편이어서 서울대를 겁내는 바람에 이화여대를 택했었다. 그러다보니 큰아들은 부친과 동문이 되었고, 맏딸은 모친과 동문이 되었으니 모친은 도리어 흐뭇해 하는 것이었다.

세번째인 차녀는 패기만만, 당찬 편이라 남들이 대단한 아이, 무서운 아이로 통한다. 매사에 철저해서 자기의 목표를 뚜렷이 설정해 놓고 그 길로 일사불란, 한눈 팔지않고 매진하는 그런 형이다. 여고 1학년때 이미 진학할 대학과 학과가 정해져 있었다. 즉 목표는 단 하나 국립서울대학교 법대 법학과였다.

모친은 돈독한 불자로 화계사에는 수시로 새벽에 달려가서 예불하고 내려오곤 하였으며, 열성적인 편이다.
　장남과 장녀가 대학입시 때는 사전에 필자한테 들러서 역점괘를 내어 보아달라고 간청을 하였는데, 그때마다 알맞은 진학괘가 나와서 점괘대로 무난히 원하는대로 되었다. 그런데 차녀의 대입시때에는 오시질 않았다. 다만 전화가 한번 있었는데, "둘째 딸아이는 고집이 세서 아무도 못꺾어요. 자기가 원하는대로 할밖에 별도리가 없어요" 하면서 다만 지원서 접수날짜를 어느 날이 가장 좋은가 참고삼고자 하니 알려주면 고맙겠다는 것이었다. 그래서 여러 날짜중 가장 유리해 뵈는 일자를 알려 주었다. 하기사 무조건 제주장만 판철할 위인(?)이니 곁에서 왈가왈부 해봤자 우이독경격이었겠지만.
　이 여학생은 원했던 서울대 법학과에 지원 응시했고 한달뒤 합격자 발표가 나왔는데 그 명단에는 이름이 없었다. 결과는 알아보니 근소한 점수차로 낙방했음이 밝혀졌다. 본인은 다시 재수하겠다는 결심을 선언했고, 그 누구도(부모라 할지라도) 그 고집을 꺾지는 못하였다. 일년동안 명문학원에 다니며 재수를 하였으나, 그 기개는 매우 대단하였다. 그러나 어버이 심정은 편안치 못했다. 처음으로 불명예스럽게도 재수생이 나왔으니 그 심경은 그야말로 노심초사였다.
　91년도 늦가을의 어느날 아침일찍 찾아오신 한씨댁 사모님은 화계사에서 예불하고 오는길에 들렀노라 했다.
　「이번에도 둘째딸은 초지일관 서울대 법대 법학과를 지원 응시할 모양인데 결과가 어떻게 될지 미리 역점으로 봐주었으면 합니다!」

```
坎     ䷜•    船漏重灘之課
之            外虛中實之象
師
              九五는 坎不盈이니 祇旣平하면 无咎리라.
              (물이 구덩이에서 넘치지 않았다. 이미 구덩이
              의 전과 평면을 이루었다. 허물이 없을 것이
              다.)
```

그래서 서죽을 들어 정성껏 3변서로 입서 하였다.
득괘는 감지사(坎之師~坎爲水의 九五)였다.

〈占考〉
　감위수괘는 아래도 물, 위에도 물로서 물구덩이에 겹쳐 빠진 모양으로 치며, 이를테면 험난한 고통을 두번씩 겪는 꼴을 뜻한다. 모든 팔순괘는 육충괘로서 같은 일이 중복됨이다. 그런 뜻으로 볼때 현역(고3생)인 입시생일 경우라면 다시 되풀이해야 된다는 점시(占示)로 보게되는 것이나, 이미 지난해에 실패한 재수생에게는 당연히 두번째 도전이라는 뜻이 되어 도리어 유망할 수도 있다.
　괘중 九五가 변호(동효)하였는데 이자리는 왕조시대의 군왕의 자리로서 최고위 권좌, 도읍지 수도를 뜻하는 위치이다. 그러므로 대학에 비정(比定)할라치면 바로 "국립서울대학교"를 뜻한다. 또 감위수(坎爲水)는 학과로는 바로 법(法)과도 상의(象意)가 상통한다.
　더구나 험난한 감수(䷜)괘가 변해서 곤지(䷁)즉 평지가 됨은 어려운 난관을 극복 이겨내었다(平定)는 것으로 판단된다. 그렇다면 수험생의 희망대로 나가도 틀림없이 좋은 결과가 있다고 보았다.

〈斷曰〉
　이번 대입시에 서울대학교 법대에 지원 응시하면 시험에 급제 합격하리라 본다. 고 점고한 결과를 곁들여 자세히 설명해 드렸다.

〈결과〉
　역시 대단한 집념과 실력을 지닌 무서운 학생이었다. 원하던 서울대 법대에 재도전 무난히 합격하여 현재 잘 다니고 있다.

2話 楊中將의 豫編과 囹圄의 몸이 됨을 豫斷한 占例.
○ 楊國鎭將軍(陸軍中將)은 1916년 음 9월 30일 자시생. 평남출생으로 만주국 신경법정대를 중퇴, 광복전까지 만군장교로 복무했다.

```
丙辰년  9월  30일
戊戌월
丙申일
戊子시      大運  五歲運.
```

○ 朴正熙大統領은 1917년 음 9월 30일 인시생 경북출생으로 대구사범을 졸업, 광복전까지 일군장교로 복무했다.

```
丁巳년  9월  30일
辛亥월
庚申일
戊寅시      大運  三歲運.
```

지금은 두분이 모두 고인이 되신 분이나 본지 애독자 특히 명학연구가에게 참고자료가 될까해서 기재한 것이다.

이 두분은 4. 19 이전인 58년도에는 양중장은 제1군단장을 역임했고, 박소장은 1군사령부 참모장을 지내고 있었다.

5·16혁명이 일어나자 얼마후 양장군은 숙군(?)에 걸려 예편되는 등 어수선했는데, 나의 모친은 조카사위의 안위가 걱정되어 서울에 올라가 보아야겠다 하시면서 저더러 양장군의 앞날에 대해서 역점으로 운세를 봐서 적어 달라고 하셨다.

당시 우리 모자는 대구 신암동에 거주하면서 운명철학관을 개설, 인기가 한참 상승·연일 고객이 늘어 대성황(?)을 이루고 있을 때였는데, 손님들이 용타고들 해서가 아니라 나의 모친은 아들의 실력을 누구보다도 확신한 유일무이의 신봉자 셨다.

모친의 모처럼의 부탁인데 거절할 이유가 없었을 뿐만 아니라 필자 자신도 이종사촌 사형의 앞일이 걱정되던 참이었기에 아침일찍 소세하고 제일먼저 점괘를 내어보기로 하였다. 우선 정안수 떠놓고 등촉을 밝히고 일주향을 사르고나서 서죽(筮竹)을 높히 받들어 설서(揲筮) 6변서(六變筮)로 입서 (立筮)했다.

득괘는 감지환(坎之渙~坎爲水의 上六)이였다.

　모친은 낮차로 상경. 곧장 장충동으로 들렸다한다. 마침 조카딸과 양장군부부는 거실에서 쉬고 있었다. 그날도 무척 반갑게 맞아 주었다고 한다.

　양장군은 건네주는 봉투를 받자마자 펼쳐서 곧 읽어 보았단다.

　운세괘 풀이를 죽 읽어 본뒤 양장군은 이친구 언제 이렇게 주역에 통달한 도사가 되었나? 실로 어제의 아몽(阿蒙~삼국지연의에 나오는 呂蒙의 故事)이 아니로세!"하고 감탄 했다고 한다.

　그 내용을 여기에 다시 적으면 다음과 같다.

```
      坎     之    渙
習坎. 有孚. 維心. 亨. 行有尙.
上六. 係用徽纆. 寘于叢棘. 三歲不得. 凶.
```

　주역 감괘 상6효사 「오랏줄에 묶여서 감옥에 갖히게 된다. 적어도 3년동안 풀려나지 못하리라 흉하다」

　이렇듯 괘상이 불길하니 만일에 대비 **각오를** 하시기 바랍니다.

　그러나 단사에 「진실된 마음, 성심을 오직 갖고 있으면 **형통함이** 있고 나아가서 남의 존경을 받는다」하였으니 위태로움에 처하더라도 종교 경문을 가까이 하고 정성스런 행을 하신다면 끝에는 다시 좋은 일이 있을 것입니다.

　—이하 생략—

　얼마후에 부정축재로 몰려 많은 재산은 국가에 **환수조치되었고** 그에 끝나지 않고 교도소에 수감되는 수모를 겪었다.

　그러나 양장군은 수감중 정신수양에 힘썼고 그안에서 경제사범으로 들어온 여러 인사들과 친교를 맺게 되었다. 후에 다시 사회에 나왔을때 크게 도움이 되었으니 그것이야 말로 "전화위복"의 계기가 되었다.

　최태섭 사장과의 만남도 그 본보기로서 한때 동양제과 부사장으로 봉직하게 되었던 것은 최태섭사장이 이양구사장에게 양장군을 천거해 주었기 때문이었다.

그리고 훗날 펭귄표 통조림으로 알려진 대한 종합식품사장이 되었는데 그 동기가 실은 동양제과 오리온상표 덕분에 된 것이니 이러한 창업비화는 이미 본지에 실었는바, ⑬번 天火同人괘를 한번 읽어 보시라. 거기에 상세하게 실려있다.

양장군이 대한종합식품사장을 그만둔 뒤 누가 전자산업을 권유해서 손을 대었다. 그러나 그것은 대실패로 돌아갔다.

그 이유는 여러가지가 있겠으나 역학상으로 볼때에는 첫째 시작한 시기가 쇠퇴운이었다는 점과, 둘째 업종이 절대로 맞지 않는 사업이었다는 점, 셋째로 손발 즉, 수족같은 수하인 부하들이 덕이 못되고 해인들이 모여들었다고 보는데, 글쎄 그 전처럼 필자에게 자문을 구했었다면 극구 말렸으리라 여겨지는데 한번도 하문해 오지 않았다.

옛말에 "도둑이 들때는 개도 짖지 않는다"고 했는데, 그것이 모두 운수소관이 아닌가 한다.

지금은 동작동 국립묘지 장군묘역에 부부가 나란히 잠들고 있는 고인의 명복(冥福)을 빌어 마지 않는다.

㉚ 離爲火 떠날이

〈各爻占斷例〉

건각 황영조 오륜제패(외)

(1) 이혼을 작심한 여인
(2) 황선수 마라톤 제패
(3) 차사장의 철 지난 신수점
(4) 비통! 외종 매부의 필사점
(5) 오석천 선생님의 추억기
(6) 희망 해외지사 발령 점단

離初九

(1) 離婚을 作心한 女人

93년 2월 하순경, 아침 일찍 첫손님이 내방했다. 중년 부인이었다. 자리에 앉자마자 대뜸「선생님 나쁘면 나쁜대로, 좋으면 좋은대로 솔직하게 말씀해 주세요!」한다. 초면이었는데, 당돌하게 나오니 필자는 기분이 별로 좋지는 않았다. 그래서 그말에는 대꾸않고 격식대로 부부의 생년월일시를 묻고는 일러주는데로 적고나서 다시 만세력을 대조, 사주팔자를 배열해서 살펴 보고난뒤, 일단 년초인지라 역점괘도 내어 보았다.

일주향(一炷香)을 향로에 피우고 3변서(三變筮)로 입서(立筮)했다. 득괘는 이지려(離之旅~離爲火의 初九)였다.

```
離             飛禽振羽之課
之             大明當天之象
旅
               如鳥焚巢之課
               榮極悲生之象

〈初九〉 履錯然 敬之. 无咎
```

```
   [夫 君]              [婦 人]
癸未 (年柱)           甲申 (年柱)
辛酉 (月柱)           甲戌 (月柱)
丙子 (日柱)           己未 (日柱)
壬辰 (時柱)           己巳 (時柱)
```

四柱와 易卦로 來情을 살피다

우선 두 사람의 생년지를 보니 서로가 고과살인 것이 얼핏 눈에 띠었다.

즉 未生은 申이 고신(孤神)이요, 申生은 未가 과숙(寡宿)이다(참고도 참조).

더구나 부인의 사주에서 생일이 未일 이어서 부부간에 문제가 있는 것으로 보였다.

─ 그렇다면 이위화(離爲火)괘는 이혼(離婚)의 이(離)로 볼 수가 있고, 호괘(互卦)인 택풍대과(澤風大過)는 心中에 그런 마음을 먹은지 꽤 오래 되었다고 판단되며, 지괘(之卦)인 화산여(火山旅)는 "나그네 설움"으로 매우 착잡한 심정이라 보여졌다. ─ 이같은 점고를 근거로 일단 대화를 나누었다.

```
[참고도]
 亥 · 子 · 丑生 = 寅孤戌寡殺.
 寅 · 卯 · 辰生 = 巳孤丑寡殺.
 巳 · 午 · 未生 = 申孤辰寡殺.
 申 · 酉 · 戌生 = 亥孤未寡殺.
```

「당신은 현재 매우 고달픈 신세로서 오랜 생각과 궁리끝에 주인과 이혼할 결심을 굳혔군요?」하고 말문을 열었다.

부인은 긍정한다는 표시로 고개를 끄덕여 보이더니 자기 처지가 한심해 선지 가련해선지 복받치는 설움에서 눈물 · 콧물을 흘리며, 곁에 놓인 크리넥스 티슈를 연신 뽑아서 눈물을 닦고 코를 풀어댄다.

필자「세상에는 주색잡기에 빠져서 가정을 돌보지 않고, 부인을 괴롭히는 남편들이 가끔 있던데, 댁의 남편도 그런 수렁에 빠져서 헤어나지 못하고 있소!」

부인「남편은 술은 안합니다. 그대신 여자를 무척 밝히고, 도박벽이 남보다 심합니다. 그동안 살림은 저혼자의 힘으로 해결, 아들 둘도 제힘으로 키웠고 공부도 제가 시켰답니다. 한때, 땅부기를 해서, 큰집도 장만하고 자가용까지 굴렸는데, 남편은 야금야금 돈을 빼가서 사업한답시고 탕진해 버리고는 빈손으로 돌아오기가 여러차례, 글쎄 지금은 다들어먹어서 부끄럽게도 셋방 단칸방에서 살고 있답니다. 이게 모두 원수 같은 남편 때문이

예요. 지금까지 아이들 때문에 참고 견디고 살았으나 이젠 아이들도 20세가 넘었으니 한시바삐 지긋지긋한 구렁텅이에서 **빠져 나오고자 합니다**. 위자료도 필요 없어요. 하긴 20수년간을 살면서, 뒷바라지한 보상을 한푼도 받지 못함은 억울하지만…. 남편명의 토지는 약간 있답니다. 남편은 개신교로 교회엘 다니는데, 저는 조계사엘 열심히 다닌답니다. 이게 **무슨 전생 업보입니까?**」

말문이 열리자 줄줄 넋두리가 봇물처럼 터져 나온다.

일단 말문을 막고 해결책을 위해서 필자는 전생록 얘기를 꺼냈다.

남녀가 뒤바뀐 전생

「-이런 전생록이 있어요.」

옛날에 사대부댁에 **책방 도령**인 미소년이 있었는데 과거에 대비, 독선생을 두고 학문 수학에 전념, 밤이 깊어서야 겨우 잠자러 자기 침실에 돌아오곤 했다.

대감댁에는 관노(官奴)부부가 집안 살림을 맡고 있었는데 그의 어린딸은 **도련님 몸종으로** 신변잡사 수발을 맡고 있었다.

그날 저녁에도 여느때 처럼 새날에 도련님이 갈아 입을 세탁한 속옷들을 챙겨서 방안 한곳에 정리해 놓고 방바닥을 청소한뒤 **자리를 아랫목**에 깔았다. 지체는 다르나 갓피어 난 꽃 봉우리 같은 어린 소녀는 평소 위장부로 자라는 상전인 도련님에게 연정을 품고 있던 터라 이부자리 안에 스며든 남자의 **체취에 넋이 빠져** 그만 저도 모르게 **옷을 홀랑 벗고** 자리속으로 슬며시 들어가 가슴 깊이 사모하는 이성의 체취를 들여 마셨다.

밖은 한겨울의 함박눈이 내려 소복이 쌓여갔고 솜같이 피곤한 소녀의 몸은 따뜻한 아랫목 이부자리 속에서 그만 깜박 잠이 들고 말았다.

가물거리던 등잔불은 꺼지고…….

늦게 자기 침실로 돌아온 책방도령은 방에 들어오자 옷을 훌훌 벗어 던지기가 바쁘게 이부자리 속으로 쑥 들어갔다. 뭔가 보드랍고 물컹한 물체가 몸에 닿자 의아하고 놀라서 금방 일어났다. 얼른 옷을 대강 주워 입은 도령은 장지문을 **활짝** 열었다. 희미한 설야였는데 짐작에 몸종임을 알았으나 "남녀칠세 부동석"의 유교유습에 철두철미 교육

받아서 인지, 매정하게도 "웬년이 내방에 누워 있느냐!"며 호통을 쳐댔다.
　그 소리에 잠들었던 소녀도 놀라 깨어 났고 온집안 식구들도 일어났다. 집안팎이 발칵 뒤집어져 여기저기서 불을 켜들고 모여 들었다.
　소녀는 얼른 벗어놓았던 옷을 재빨리 입었으나 모여든 사람들의 눈총을 피할 수는 없었다. 결국 원망스런 눈초리로 책방 도령쪽을 향해 흘깃 쳐다본 뒤, 수치심에 떨면서 맨발로 뒷동산으로 단걸음에 달려가서 허불 좋은 뻗은 솔가지에 긴 치마끈을 걸고는 목을 매달았다.
　뒷날 장성한 도령은 당시 자신의 단견과 어리석었음을 뉘우쳤다.
　─그때 왜 조용히 깨워서 돌려 보내지 못했을까. 오랫동안 그렇게도 나를 정성을 다해서 신변잡사를 수발해 주었었는데….

　얘기를 마친뒤 이 얘기에 나오는 남녀가 후세에 남녀가 바뀌어 환생해서 현세의 여인은 전생의 도령으로서 그 업보로 여인이 겪는 온갖 고초를 다 겪었다던데, 아마도 부인의 전생도 이와 같았는지도 모를 일이오하고 말해 주었다.
　부인은 얘기를 듣는 동안 약간 마음이 풀렸는지 웃는 얼굴로 엉뚱한 질문을 했다. 「이제는 20여년을 시달렸으니 업장(業障)도 어지간히 소멸되었음직 한데요? 내가 복이 없어서 남편이 저 지경이 됐다면 헤어져 주는 것이 옳지 않을까요? 남편한테는 약 7년동안 동거하는 여자가 있답니다. 이번에 이혼하게 되면 저도 이참에 다른 연분을 만나면 어떨까요?」하며 물었다.
　「혹시 마음 먹은 후보자라도 있습니까?」
　「예, 실은 제가 사업을 할 당시 법적 수속절차 등 문제로 변호사사무소 사무장과 약 20년 가까이 업무상 알고 지내는 분이 계신데, 나이는 乙亥생 성은 박씨입니다. 이분이 농담반 진담반으로 남편과 정식 이혼하게 되면 함께 살자고 합니다. 오랫동안 사무적인 문제로 사귀었으나 깊은 관계는 한번도 없었어요(이점을 각별 강조했다). 자주 만나다 보니 그쪽 집안사정도 잘알게 되었고, 그분도 나의 집안 일을 환히 잘 알고 있어요. 그분은 여편네 없이는 못산다며 그동안 여러 여인들과 살림을 차렸었는데, 글쎄 얼마전에 미인계에 걸려서 기천만원을 떼였답니다. 과부인줄 알고 살림까지 차렸는데 난데없이 남편이라는 작자가 나타나서 **간통죄**로 고소하는 **바람**에, 몇일동안 구속되기도 **했는데** 돈주고 합의해서 고소가 취하되어 **풀려**났다지 뭡니까. 허물없는 사이라 "아니 변호사사무소 사무장이 어떻게 그런 작자한테 고소까지 당하느냐"고 놀려주기까지 **했어요**.

필자는 약간 아연했으나 이렇게 결론을 맺어 주었다.

「예, 박사무장과의 결혼은 찬성합니다. 그러나 먼저 남편과의 악연을 끊은 다음에야 성립될 문제고요. 또 한가지 알아 두어야 할 것은 이혼했다 하더라도 남편이 잘되면 문제가 없으나, 남편일이 안되면 염치없이 당신에게 손을 또 내밀 것이라는 점인데, 당신은 여전히 그것을 거절할 수가 없다는 점입니다. 그리 아시고 이혼하시더라도 제발 아이들 아버지가 잘되라고 불공을 드려주어야 합니다」하고 일러 주었다.

離六二 ䷝

(2) 黃永祚선수 제25회 올림픽 마라톤 제패 **豫斷**!

1992년 8월 9일. TV수상기 앞에서 밤을 세워가며 현지 위성중계 화면을 지켜보던 온 국민은 올림픽 메인스타디움 마라톤 골인 테이프를 통과한뒤 땅위에 쓰러지듯 엎드리는 황영조선수를 보면서 기쁨의 환성을 질렀다.

드디어 우리의 호프 황선수가 올림픽 마라톤에서 세계를 제패해 냈다. 오랫동안 온 국민이 갈망해 마지않던 올림픽 마라톤의 세계 제패의 꿈을 이룩한 황선수의 장한 승리.

마지막까지 끈질기고 집요하게 따라붙던 일본선수, 끝내 뿌리치고서 마지막 가파른 언덕 길을 달려 메인 스타디움에 들어서자 그라운드를 한바퀴 돌면서 두손을 번쩍 처들어 보이며 수만관중의 환호성과 박수갈채에 답하면서 결승점을 돌파한 황영조선수.

바르셀로나에서 열린 제25회 올림픽은 대회 첫 금메달을 우리 대한민국 선수가 따냈고, 대회 마지막 경기인 하이라이트 마라톤에서도 우리나라 황영조 선수가 금메달을 거머 쥐었다.

대회 마지막 시상대에 올라서서 금메달을 목에 거는 황선수와 뒤이어

높이 게양되는 태극기, 그리고 울려퍼지는 애국가 연주를 들으며 모든 시청자는 감개무량해 했다. 온국민이 얼마나 기다리고 갈망했던 순간이었던가. 그 옛날 손기정 선수가 베를린 올림픽 마라톤에서 세계를 제패한 이후 대한남아로서는 두번째의 쾌거였기에….

이보다 일주일전 (8월 2일 일요일) 식전에 갑장(동갑나기)인 친우 박용훈(朴容薰~易占硏究家)씨가 찾아 왔다. 함께 조반을 들고나서 차한잔씩 마시며 환담 끝에 올림픽 얘기, 금메달 얘기를 하다가 올림픽의 꽃, 마라톤 얘기가 나왔다.

우리 한국의 대표선수로서 호프로 꼽히는 황영조선수가 기어히 마라톤에서 우승 금메달을 따낼 것인가. 왕년의 금메달리스트 손기정 옹도 격려차 현지로 떠난다던데, 이렇게 화제가 번지자,

「홍선생의 특기인 "역점"으로 괘를 한번 내보시지 그래요!」하면서, 은근히 종용하며 역괘를 내보라고 부추겼다. 필자도 그래 볼 마음이 있던터라 이것이 점기(占機~점쳐보는 기회, 또는 계기?)라고 여겨져서 두말 않고 응낙 입서(立筮)준비를 했다.

우선 손을 씻고 분향한 뒤 50대의 서죽을 이마 위로 부채살 처럼 펼쳐 받쳐서 고축한 뒤 한대를 뽑아서 서독에 꼽고 나머지를 다시 먼저같이 이마위에 받쳐서 호흡을 정제한뒤 천·지로 가르고 인책을 끼웠다. 3변서 (三變筮).

득괘는 이지대유(離之大有~이위화의 六二).

```
離        ䷍      飛禽振羽之課
之                大明當天之象
大
有        ䷀      金玉滿堂之課
                  日麗中天之象

〈六二〉黃離. 元吉.
```

득괘를 보자 박선생이 "대길괘가 나왔네요!"하며 몹시 기뻐 했다. 참으

로 좋은 괘이다. 이대로라면 황선수의 마라톤 우승, 금메달 획득은 필지로 판단 되었다.

《풀이》
이위화괘는 맹렬히 불타오르는 태양이다. 청년의 넘치는 정열을 느끼게 한다. 이(離)괘 대상(大象)에 이르기를 「明兩이 作離하니 大人이 以하야 繼明, 照于四方하나리라」고 했는데 이는 두개의 태양을 뜻하며, 하나의 태양이 저물었을때 곧 다음 태양이 솟아오름을 나타내며, 예컨데 왕의 후계자를 뜻한다.

이로 미루어 말하자면 예전 손기정선수가 베르린 올림픽 마라톤에서 우승 세계를 제패, 월계관을 쓴 이후, 대한남아로서 그 건각을 이은 후계자로 지목받고 있는 황영조 선수가 제25차 바르세로나 올림픽 마라톤에서 당당히 우승하여 세계를 제패, 계승자로 월계관을 다시 쓰는 영광을 되찾게 됨을 나타낸다고 판단 되었다.

더구나 효사말씀이 「黃離. 元吉」이라 되어 있다. 누루황은 바로 황선수의 성씨이며, "황씨 성을 가진 자 으뜸으로 길하다"로 풀이함이 마땅하다.

지괘(之卦) 대유(大有)의 괘상(卦象)은 금과 구슬이 방에 가득 찬 모양이 바로 금메달을 획득함이며, 태양 빛이 온세상을 밝게 비치듯, 세상사람들한테 칭송받고 찬탄을 한몸에 받을 것으로 여겨졌다.

결과는 여러분도 잘 아시다시피 서두에 적은대로 황영조 선수가 마라톤에서 우승. 금메달을 획득했다. 조국에 개선했을 때는 카퍼레이드가 벌어졌고 황선수의 머리 위에는 영광의 월계관이 자랑스럽게 빛나고 있었다.

대한민국 만세! 황영조선수 만세!

離九三

(3) 車社長의 철지난 身數占

방산업체를 경영하는 차(車常道)사장은 근 20년간을 내왕하는 지면인사로서 신년초만 되면 찾아와 일년신수를 주역괘로 풀어 보아가는 단골이다. 사업상 제반사며 가족간의 신상문제 등을 역점괘로 판단해 결정을 짓는 역학신봉자(?)였다.

1990년(경오)에는 정초가 훨씬 지난 4월 중순쯤에야 내방 하였다.. 간단한 인사말은 주고받고 나서, 곧바로 년서(年筮~신수괘)로 들어 갔다.. 3변서로 작괘하여 이지서합(離之噬嗑~이위화의 九三)을 득괘 했다.

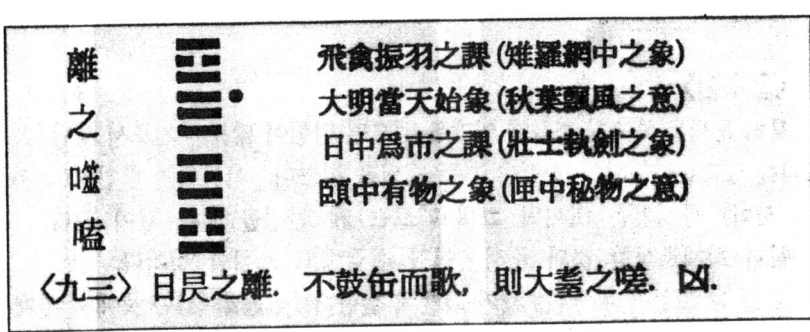

〈占考〉

이(離)괘는 불이 둘 포개진 괘상으로 불을 다루듯 신중히 면밀하고 엄격하게 점고해야 한다. 실제면에서 주로 길한 면을 내세워 말해주면 들떠서 그만 불을 내어 모든 것을 불태워 버리는 잘못을 저지르게 된다. 그렇다고 흉한 쪽을 강조해 주게 되면 그만 오그라들듯 낙심천만해서 불씨가 꺼져버리고 마는 경우가 발생한다.

어떤 일이건 그과정이 복잡, 변화가 많고 그만큼 대처하기에 어려운 시기로 보는 것이다.

안팎의 동향도 내쪽이나 저쪽이 알몸을 두터운 껍질 속에 감추고(가운데 음효 를 아래 위의 양효 둘이 쌓고 있음. 이모양 때문에 를 갑옷 투구·거북이·게 등으로 보는 것임) 서로 대항하고 있는 모양(전쟁)으로서 쌍방이 서로 양보 않으려 해서 단합이 어려운 지경에 이르도록 다툰다고 보는 것이다.

〈운수점〉

특히 운세를 보고자 했을때 이괘를 얻으면 위험이 많은 시기로서 재난(災難)에 말려든다. 피아 쌍방이 모두 재난을 겪는다. 이런때는 중간에(피차의 사이) 중재인을 내세워 그에 따르는 게 안정을 얻는 길이 된다.

한편 화재조심할 것과 문서·인장 취급에도 조심할 것이다.

또 ☲ 는 그물이다. 나는 새가 그물에 걸린다 (雉羅網中)는 뜻에서 관재(言災)수도 있기 쉽다.

다음 변괘인 화뢰서합(噬嗑)은 위턱과 아래턱 사이에 물건이 끼어있는 모양으로 (頤中有物) 중간에 장애나 방해물이 있다는 괘상이다. 음식이 목안에 있는 장애 때문에 목안으로 넘어가지 못하는 모양이라 목부위 질병 조심 또는 식중독을 주의해야 되리라 여겨진다.

이상을 요약해서 연운을 판단하여 말해 주었다.

〈판단〉

금년은 여러모로 재난이 발생하니 조심할 것이다. 봄에서 여름사이에 화재를 특히 조심할 것이며 겹쳐서 문서로 관재까지 일어난다. 남과 다투면 손재수 까지 있으니 중재인을 두면 최소한의 손해로 끝날 것이다.

또 가을에서 겨울가지의 후반기수는 식중독에 걸리거나 목의 질병 등으로 고생할 조짐이니 미리부터 대처함이 좋을 것이다.

-여기까지 말했을때 차사장은 내말을 가로 막고나서, 자기말을 하기 시작했다.

「사실은 이미 재난을 당하고 겪었소!」하며 지난 일을 얘기하기 시작했다.

지난달 3월10일 "근로자의 날"지방의 모처 소재 공장에서 공원의 부주의로 폭발사고가 발생, 사상자가 생기는 불상사가 있었다고 한다. 당시 서울

본댁에 올라와 있던 차사장은 사고 소식을 전해 듣고 급거 현지로 내려가 유족을 위무했으나 보상문제 등으로 무척 고통을 받았다고 한다. 그리고 "제발 다른 재난은 다시 일어나지 말았으면 좋겠다"고 하면서 일년운세 메모한 것을 받아서 집어 넣고 현금봉투를 내놓고 황망히 돌아갔다.

〈결과〉

다음해인 91년 초봄에 오셨는데, 목이 콱 막혀서, 쉰 목소리가 되어 있었다. "왜 그러시냐?"고 물었더니 식도암으로 진단되어 환부를 수술했다고 한다. 다행히 초기에 발견, 수술치료를 했기에 이만하다고 쓴 웃음을 지어 보였다.

'92년도에 왔을 땐 꽤 많이 좋아져 보였다.

화불단행(禍不單行)이라더니 참으로 재난이 겹친 악몽같은 행년이었다고 술회했다.

離九四

(4) 悲痛！ 外從姉兄의 必死占

이위화괘 九四하면, 생각만해도 애통한 점례가 있다. 어언 30여년도 더 지난 옛얘기가 되었지만.

1958년. 당시 필자는 대구시 동구 신암동 등성이에서 운명철학관을 개설, 성업중일 때였다.

하루는 외사촌 누님(둘째)께서 심각한 표정으로 찾아오셨다. 용건은 바로 아랫동생의 남편(제부)인 이서방이 급환으로 쓰러져 동산병원에 입원했다면서, 증상이 심상치 않으니 병점을 쳐봐 달라는 것이었다.

필자의 외가는 외숙부가 단 한분 밖에 없었고 4대 독자였는데, 당시까지는 딸만 5자매였다(훗날 외숙모가 작고한 뒤 재취댁을 맞아 5대독자를 보았는데 그 얘기는 이미 「월간 역학」 통권 제17호 ③水雷屯괘 실집례에 실린 바 있음.)

응급환자로 동산병원에 입원한 이서방은 외숙부의 세째 사위다. 이서방은 당시 일찍부터 건설업계에 투신, 꽤 성공한 청년 청부업자로 장래가

- 185 -

촉망되던 터였다.

평소 건장하고 당당한 체구의 소유자로 처가와는 반대로 슬하에 5형제를 두었고, 입버릇처럼 딸 하나 낳아달라 졸라 낳다보니 많아졌는데, 결국 딸하나를 마지막에 낳고, 그렇게도 기뻐하더니 급환으로 쓰러졌다.

누님의 간청으로 병점괘를 내었다. 6번서로 입서했다. 괘효는 아래서부터 소양·소음·소양·노양·소음·소양. 이지비(離之賁~離의 九四)였다.

점고(占考)에 앞서, 득괘를 보자마자 한숨과 신음소리가 저절로 나옴을 금할 수가 없었다. 효사말이 떠올랐기 때문이다. 「一돌연히 오는 듯하고 불타는 듯하다. 죽는 듯하고 버림을 받은 듯하다. (突如其來如. 焚如. 死如. 棄如)一」

그리고 병점에서 육충괘(六冲卦~八純卦)는 필사(必死)로 봄이 구결(口訣)로 되어 있다.

병증은 부위로 보아 심장이나 비위의 쇠약이 극심하여 위태롭다.

지괘인 비(賁)괘는 변괘 간토(艮土)를 보태어 문자를 만들면 분묘의 분(墳)자가 되니 더욱 불길한 조짐이 아닐 수 없다. 아울러 효사의 돌연하며, 죽은듯이… 등으로 보아 회생 가망이 없다고 밖에 판단 되지 않았다.

암담한 표정으로 주역 괘효막대만 만지작거리는 내마음 속을 재빨리 읽었는지,

「어떻냐? 점괘가 아주 나쁘냐?」고 곁에서 엿보시던 노모님까지 걱정어린 표정으로 물으셨다.

나는 차마 말로 표현 못하고 그냥 머리를 좌우로 흔들었다. 누님도 눈치를 채고, 일어서더니 황망히 돌아갈 채비를 서둘렀다.

노모님에게 "상태를 보아 다시 기별할께요!"하고 돌아갔다.

그러나 다음날 부고가 날아왔다. 새벽에 저세상으로 떠났다는 것이었다. 장례 전날 신문에도 부고가 실렸는데, 기이하게도 나란히 같은 크기의 부고란에 같은날 돌아가신 분이 실려 있었는데, 그댁도 아들이 5명이었다. 초상집에서 밤을 새우며 들은바 그댁 주인도 같은 동산병원에 입원했었고, 병실도 바로 이웃이었다고들 하는 이야기를 들었다.

참으로 기이하게 여기면서 이서방 혼자서 저승으로 가게되면 외로울까봐 동행자가 있었군, 하고 생각했던 일등이 비통한 가운데도 추상(追想)된다.

離六五

(5) 昔泉 吳宗植先生의 追憶記

  석천 오종식 선생님은 사단법인 한국역리학회 학술원 초대(初代)원장으로 추대 되었다. 선생님은 1905년 음 10월 20일생(乙巳·己丑·戊午·戊午)으로 1976년 10월 26일 작고 하셨다. 동양철학에 조예가 깊은 노학자였다.

  선생님과의 지우(知遇)는 67년도 부터로, 사모님 박여사(2년 年上·癸卯生)와 그해 초여름 강화보문사에 기도차 갔다가 만나 대화를 나누다 제 나이를 묻기에 임신생이라 했더니 4남 1녀를 두셨는데 막내와 동갑이라고 반기는데서 비롯되었다. 일제시 큰 자제분께서 학병에 끌려가 청도 운문사경내 사리암에서 불공드려 무사 귀환한 애기도 들려 주셨다. 7일기도가 끝나 귀가할때까지 자주 환담을 나누다보니 필자의 직업이 역술이며 집이 가까운 정릉 골짜기라 했더니 서울가서 재회할 것을 약속하셨다. 결국 몇일 뒤 두분 노부부께서 함께 누옥을 찾아오셨다.

  석천선생은 근엄해 뵈는 외모와는 딴판으로 매우 자애로운 분으로 특히 자녀들에게 쏟는 애정은 각별하였다. 노령에도 아직 자녀들의 뒷바라지를 하셨는데, 자제분은 모두 수재로 서울대 출신이었다. 오실 때마다 거의 문점사는 자제분의 신상문제가 위주였다.

  당시 석천선생은 한국일보 사주였던 장기영(張基榮)사장과 친분이 두터워 부사장 겸 주필도 역임했고, 신문연구소 소장, 영자신문 이사장 등을 맡기도 하고 일반 대학 강의도 맡고 계셨다.

  75년도의 어느날 언제나 처럼 아침일찍 노부부 동반으로 산책길에 들렀다면서 내방했다. 그러나 실은 문점사가 있었다. 요지는 친지분의 자제 직장문제였는데, 속된 말로 "높은자리에 있을 때 자식을 좋은 자리에 앉혀 주오"하는 청탁을 받은 모양이었다.

  곁에서 사모님도 거들었다. "만약에 그 젊은이를 데려오는게 본인에게 해롭다면 단념시키고자 한다"는 것이었다. 그러면서 그 청년의 사주가 적힌 쪽지를 건네 주셨다. 분부대로 사주팔자와 대운을 살피고나서 3변서로 득괘했다.

이지동인(離之同人~이위화의 六五).

점단하기를, 이청년은 섭섭하겠지만 단념시키는게 당자를 위해서도 좋겠다고 말씀드렸다.

〈占考〉

본괘나 지괘 괘상(卦象)이 모두 길상의(吉象意)지만 지괘가 귀혼(歸魂)괘인 점과 특히 효사말이 "눈물이 비오듯 한다. 근심하고 한숨짖는다(出涕詑若. 戚嗟若)"가 마음에 걸렸기 때문이었다.

이로 미루어 석천선생께서 직장을 물러날 날이 멀지 않은 것을 예견했다. 그리되면 어른 후광으로 맡았던 직책은 물거품처럼 하루 아침에 사라질 것이 뻔했기 때문이었다. 그래서 강력히 거절함이 당자를 위하는 길 임을 역설, 말씀 드렸다. 노부부는 "알았다!"고 하시며 돌아가셨으나 필자는 인정이 많은 어른들이라서 필시 거절하지 못하여 측근에 끌어다 놓을 것으로 여겨졌다.

아닌게 아니라 석천선생께서 모든 직책에서 물러나신 뒤, 사모님한테 들은바에 의하면 그때 그 젊은이를 정실 때문에 거절치 못하고 특채했다. 실력보다 월등한 직위에 앉혔던 것 같다고 한다. 그러나 어른께서 퇴임하자마자 밀려났다고 한다.

필자는 석천선생님이 별세하셨다는 보도에 접하고도 영전에 조위도 못하였다. 다만 당시 역리학회지「易友」誌에 추모기사를 게재하고 아울러 생존시 논고 한편「易學管見(玄岩社刊 周易)」을 전재하여 추모의 정을 표하였다.

언젠가 사모님께서 들렸을때 서고에 가득찬 장서의 처분문제로 고민하셨는데, 몇 트럭 분량인 많은 서적들은 "석천문고"로 고인과 인연있던 대학교 도서관에 기증되어 졌다는 후문이다.

離上九

(6) 希望地 海外支社로 發令된 占斷例.

92년 초봄. 화창한 토요일 오후 단정한 옷차림새의 젊은 부인이 내방했다. 문점사는 대기업 상사에서 차장급으로 있는 부군이 해외지사 파견설이 떠도는데 그 진위여부와 희망지가 될 것인가를 봐 달라는 것이었다.
부부의 사주팔자를 살펴보니 둘다 매우 유능한 인재로서 사회활동운 등이 왕성해 보였다.

○ 乾命 癸巳 · 甲寅 · 己丑 · 戊辰 一歲運
○ 坤命 丙申 · 辛卯 · 丁亥 · 乙巳 六歲運

그래서 부인도 전업주부가 아닌 것으로 짐작 "부인도 직업인이시군요.' 하자 "네, 그렇습니다."는 대답이었다.
우선 문점사를 위해 분향한 뒤 3변서로 입서 이지풍(離之豊~이위화의 上九)을 득괘, 다음과 같이 판단했다.

〈斷曰〉
부군은 해외지사장으로 발령이 난다. 시기는 약 60일후가 될 것이다. 임지는 일본이 유력하다.
부인은 역괘의 판단을 듣고 매우 기쁜 표정을 지었다. "사실은 남편의 희망도 일본을 원하고 있는데, 그대로만 된다면 정말 좋겠어요"하며 웃어 보였다.

〈占考〉
이(離)는 이별의 이, 조국을 떠난다, 친지 · 가족과 헤어진다 등을 뜻하고, 변괘 진(震)은 분동(奮動)으로 출동 · 출행 · 출발을 뜻한다.
우뢰는 하늘에서 움직이는 것으로 항공기 · 여객기 · 제트기로 볼 수 있다.
진방(震方)은 정동(正東)이다.
한편 효사에 「임금이 나아가 정벌하면 아름다운 공이 있다. 적의 우두머리를 꺾고 그 얻는 것이 동류가 아니면 허물이 없을 것이다. (上九 王用出征. 有嘉折首. 獲匪其醜. 无咎.)
이로 미루어 보아 일본으로 가게 되면 업무상 성과도 크게 얻을 것으로 보인다. 그래서 임지에 가게 되면 크게 성과가 있겠고 임기가 끝나면 닦은 기반에서 독립사업도 하게 될 것이다라고 고무적인 판단을 말해 주었다.
부인은 그 말에 더욱 기뻐하면서 "실은 남편이 그런 계획과 의도를 말해 주었다"며 더욱 신기해 했다.

《결과》
점단 대로 2개월후 일본지사장으로 발령이 났다고 전화로 알려왔다. 젊은 부부의 앞길이 대명당천(大明當天)의 발전과 건투를 빌면서 이위 화괘의 각 효변의 실점례를 마친다.

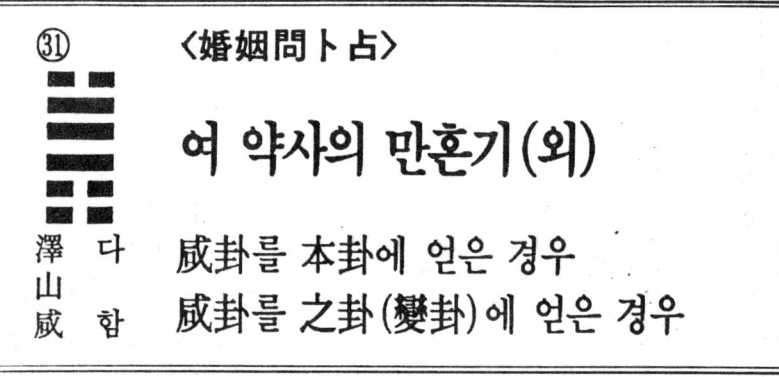

③① 〈婚姻問卜占〉

여 약사의 만혼기(외)

澤 다 咸卦를 本卦에 얻은 경우
山 함 咸卦를 之卦(變卦)에 얻은 경우
咸

咸卦의 占考口訣

● 택산함괘는 3음3양(三陰三陽)괘다.
  모든 3음3양괘는 남녀간 애정문제가 얽혀 있는 경우가 많다.
● 함괘는 소녀(☱兌)가 소남(☶艮)위에 올라 타 기뻐하는 모양이다. "사랑을 고백하는 청년"을 뜻하며 청춘남녀의 연애·애정관계를 나타낸 괘다.
● 함(咸)은 느낌감(感)이며, 사물을 민감(敏感)하게 느끼는 것, 또 감응(感應)이 신속하며 형통(亨通)한다.
● 함괘는 길괘이긴 하지만 점단(占斷)의 속성상(屬性上) 본괘(本卦~元卦)에 얻었을 때 보다는 지괘(之卦~變卦)에 나타남이 길(吉)인 경우가 많다.

실점에서 애정·결혼점에는 본괘에 얻으면 거의 결과가 좋지 않으며, 결혼이 성립되더라도 후회할 일이 발생하는 경우가 태반이다.

이와 반대로 함괘가 지괘·변괘에 나타났을 때가 좋으며 모든 일에 그 결과가 좋은 경우가 많다. 결혼문제일때 지괘에 얻으면 혼사도 원만히 성립되고 결합한 뒤에도 잘 되어 간다.

이를 증명할 두건의 실점례가 있으니 그 실상을 알 수 있을 것이다.

咸卦를 本卦에 얻은 경우의 占例

內緣女의 執念

93년 2월 중순, 앳되고 곱상한 여인이 찾아 왔다. 신상문제로 왔다면서 생년월일시를 말했다. 나이는 35세, 이름은 소미나, 나이를 듣고 약간 놀랐다. 나이에 비해 하도 어려 보였기 때문이었다. "미쓰냐?"고 물었더니 애매 모호한 표정으로 눈웃음만 짓기에 재차 "그럼 미즈시오?" 하고 되묻자 그때서야 고개를 끄떡거리며 그렇다고 수긍하는 것이었다. 사주팔자는 다음과 같았다.

己亥 년
丁卯 월　　식신생재(食神生財)이나
癸卯 일　　식신과다(食神過多)하다
乙卯 시

일진을 보니 추명가 구절이 떠오른다.
「壬癸日生 태운몸은 白頭郎君 모시고요.
壬寅癸卯 生日女는 八字順坦 못하리라」
(檀村推命歌 259구 李錫暎 作)

연초였기에 년서(年筮~일년신수점괘)겸 내정(來情)도 살펴 볼 양으로 서죽을 들었다. 3변서로 입서 함지대과(咸之大過~택산함괘 六二)가 나왔다.

咸　　　　　　山澤通氣之課　山澤通氣之象
之　　　　　　至誠感神之象　鸞吟鳳舞之意
大
過　　　　　　寒木生花之課　如常山蛇之象
　　　　　　　本末俱弱之象　走馬花街之意

〈六二〉咸其腓. 凶. 居吉.

《판단》
　우선 소미나씨의 사주를 살펴 보건데, 당신의 남편복은 연령차가 많은 사람과 인연이 있다. 그러므로 시셋말로 중고품인 기혼자, 과거가 있는 홀아비나 노총각, 심한 경우 유부남의 소실이나 첩, 정부(情婦)가 된다.
　역괘로 미루어 보건데, 당신은 소녀시절 남보다 일찍 성(性)에 눈떠서 연애를 했고(咸卦), 상대는 연령차가 많은 남자로 오랜 세월 애정관계를 맺어 왔다(大過). 당신은 남편에게 일편단심 정을 쏟아 봉사하는 성질(癸卯日生은 日貴~水生木으로 坐下를 生해줌)로 뒷바라지로 성공시켰으나 오늘에 와서 남편 마음이 변했거나 문제가 발생 당신을 멀리하려고 하고 있다(內卦의 倒兌).
　당신의 마음은 미련이 남아 있어서 예전처럼 함께 하기를 바래서(常山之蛇~중국 상산이란 곳에 살았다는 머리가 둘있고 몸은 하나였다는 뱀) 앞 일을 알고 싶어 그것을 묻고자 왔지요? ! 」
　그는 필자의 말을 귀기울여 듣고 나서 예쁜 눈을 반짝이며 지난날 얘기를 꺼내기 시작하는 것이었다.
　「네, 선생님 말씀이 모두 맞습니다. 실은 여고시절 사모하던 국어선생과 그만 깊은 관계를 맺게 되었고 오랜세월 그의 뒷바라지를 해서, 박사학위도 받도록 내조했지요. 지난 겨울철 자가용 때문에 미묘한 갈등이 생겼는데, 그 뒤부터 변심했는지 저를 피한답니다. 어떻게 다시 예전 처럼 되돌아 올 수 없을까요?」하면서, 남편의 생년월일을 대고 아울러 본부인 것도 함께 일러 준다(생시는 모두 미상).

남편	乙酉년 戊寅월 庚戌일	본부인	戊子년 庚申월 乙丑일

　세사람의 사주를 나란히 놓고 살펴보니 기이하고 묘한 것이 눈에 띠었다.
●첫째, 남편사주에 처·첩별인 정·편재가 공존해 있는 점(庚日主 月令 寅木 偏財, 正財는 年干乙木, 다만 正財와의 사이에 戊土가 끼어 있어서 방해꾼이 되고 있다. 神殺로는 酉年에서 寅月은 重婚殺임).
●둘째, 본부인 사주는 정관이 월상에 투간해 있어서 남편이 건재하고 출세도 한다(乙日主 庚申月, 但 日坐 丑이 年支 子와 六合되어 있어서 남편을 혼자 독차지 하지를 못하리라 보임).
●셋째, 소미나씨 사주에서 남편별은 있으나 한칸 건너편에 있어서 중간에 방해자가 있을 수 있다는 점(癸日主 年干己土 偏官이 夫星이나 사이에 月柱가 끼어 있고 月日支 卯木이 剋土하고 있음).
●넷째, 세사람의 부부관계를 生日干支로 대조해 보면 남편 庚과 본부인 乙은 干合이고 남편 戌日과 소씨 卯日은 支合되어 있다(이는 서로 헤어지기 어려운 관계임을 말한다).

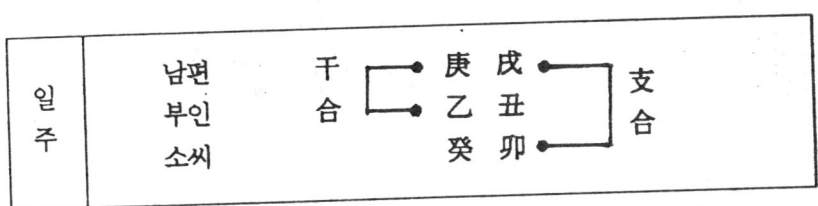

　판단하기를 — 세사람의 사주팔자로 보건데, 세사람은 삼각관계를 지속하면서 평생을 살아가야 할 것 같소 — 했더니, 소미나씨는 자기 팔자와 처지가 가여웠던지 약간 흥분한 어조로 말하기 시작했다.
　「저는 어린시절 일찍 아버님을 잃어서인지 나이가 지긋한 남성이 좋아요. 지금은 명예나 재산, 사회적 지위 등은 상관하지 않아요. 모든 것을 다 줘버려도 좋아요. 남편만 예전처럼 돌아와 주신다면 제가 기댈 수 있게 곁에만 계셔 준다면 그것으로 만족 하겠어요.」

이는 요즘 유행인 랩송 가사 같았다. 심중에 맺혔던 한을 다 털어 버리려는 듯 일사천리 청산유수로 내뱉았다.

「요즘 몇일째 남편의 집 앞에서 밤을 새우며, 기도를 드리고 있어요. 속히 나에게로 돌아오라고. 일단 마치고 나면 이번에는 기도 도량인 산사로 들어가 삼칠기도 드리려 떠날 작정입니다. 부처님도 나의 처지를 불쌍히 여기시어 내 남편을 속히 내곁으로 돌려 보내 주실꺼예요!」

그때 손님 여러사람이 한꺼번에 밀어 닥쳤다. 그는 미리 준비해 온 돈봉투를 경상 위에 올려놓고 공손히 묵례하고는 물러났다. 가냘픈 그녀의 뒷모습을 보면서 어디에 저렇듯 강한 집념이 숨어 있는 걸까? 인생이란 무엇이며, 끝자란 무엇이기에 얽히고 설킨 인생행로가 제각기 타고 난 끝자대로 살아가는게 인생이고 운명일까?

咸卦를 之卦(變卦)에 얻은 경우의 占例

● 女薬師의 晩婚記

천호동에서 오랫동안 약국을 경영하고 있다는 박약사가 정릉 청수천변 역리원을 찾아 왔던 것은 84년 경이었다.

당시 33세였던 박약사는 작은 키에 피부빛이 까무잡잡해서 미인형이랄 수는 없었으나 새까만 눈동자가 반짝거려 눈매가 고와 생동감이 넘치는 것이 활기 차 보였다.

그녀는 혼자서 온게 아니라 안내한 동행자가 두 사람이나 있었다. 그 중 한분은 외우(畏友) 이양수 선배였고, 또 한분은 초면인사로 수인사를 나누었는데, 강신환씨(역술인)였다.

초가을이었으나 늦더위가 심해 냉차를 마시며 환담 끝에 권하는대로 박약사의 운명을 봐주게 되었다.

그때부터 박약사는 필자를 자주 찾아 왕래하게 되었는데, 어느날은 박약사의 자당님이 소문을 듣고 들리게 되었다.

모친 말씀에 의하면 박약사는 "매우 효심이 지극하여 연로한 노부모를 극진히 봉양할 뿐만 아니라 몇년 전에는 큰집 한채를 지어 살림을 늘렸다"고 하며, "또 두 남동생을 공부시켜서, 큰 동생은 서독에서 박사학위를 받았고, 작은 동생도 도미유학 시켰으며, 짝을 지어 장가들게 했다"고

했다.

 "그러느라고 장작 장본인 청춘사업은 지체되고 늦어져서 노처녀 신세를 면치 못하고 있다"면서 "제발 홍도사께서 내 딸을 속히 시집 보내게 해달라!"고 올때 마다 신신 당부 했다.

 각설하고, 본론으로 돌아가기로 한다. 그녀는 양력으로 1952년 6월 27일생. 사주간지는

〔壬辰년 丙午월 甲辰일 癸酉시〕

 갑목일주에 월령이 화기가 왕성해서 식신・상관(食神・傷官)이다. 두뇌가 명석하고 총명한 재원(才媛)임이 분명하다. 일주 甲辰은 이른바 칠대백호의 하나로 백호대살이다. 의약업에 진출한 것은 성공의 지름길을 택한 것으로 식상이 생재(食傷生財)해서 재운은 좋은 편이다.

 다만 월령의 식신・상관은 부성(夫星)인 관・살(正官・七殺)을 만나면 해꼬지하니 비유컨데, "문안으로 들어서려는 신랑감을 방망이를 휘둘러 정강이를 까부시는 격이 되어 신랑후보들이 추풍낙엽으로 나가 떨어지는 꼴이다" 그러므로 혼기가 늦어짐은 당연하다. 만약 어쩌다 일찍 결혼했다면 남편과 생사이별수를 면치 못했을 것이다. 그렇지만 천만다행스럽게도 생시에 관・인(官・印)성이 들어 있어 만혼이 될지라도 멋진 남편을 반드시 만날 것이다.

 이상과 같은 그녀에 대한 운명판단은 피상적인 것이었기에 어느정도 역학지식을 습득하고 있던 그녀를 만족시킬 수는 없었다.

 그녀는 좀더 구체적인 운명상의 여러문제를 핵심과 본질을 따져서 조목별로 명확한 해답을 원했다.

 이에 그녀의 질문에 대한 해답을 해석과 함께 기재하기로 한다.

① 문 : 언제 결혼하게 됩니까?
 답 : 38・39세에 결혼할 것이다.
 풀이 : 병인・정묘년이 지나야 되는데 그것은 천간자가 병・정(丙・丁) 화기가 성하기 때문이며, 그전에 시집가면 바로 이 두해에 낭군과 생사이별을 겪는다고 보기 때문이다. 그렇다면 결국 기사・경오년에 풀린다고 보므로 그때가 38・39세 되는 해이다(庚午년 쪽이 더 가능성이 많다. 庚字는

偏官으로 夫星임).

   또 기학(氣學~九星術)상으로 박약사는 3벽목성이 본명성(本命星)인데, 3벽(三碧)이 건·태금궁(乾·兌金宮)에 입궁(入宮)하는 해가 기사·경오년 9성판이다(兌宮은 金錢과 結婚의 象意).

② 문 : 남편의 직업은 어떤 업이 좋은가?
   답 : 관계(官界)가 가장 알맞고, 다음의 의사이고, 상공·실업가는 재미가 적을 것이다.
   이유는 식상생재격은 다시 재생관(財生官)이 될때 전전상생(轉轉相生)의 효(効)를 거두므로 관공직 공무원을 배우자로 삼으면 내조의 큰힘을 발휘하여 부군을 성공 출세 시킬 것이기 때문이다.
   버금은 의사로서 일주 갑진인 여명(女命)이 의사부인으로 잘 사는 예가 흔히 있다.
   상공인은 불가라고 본 것은 설재(泄財)되기 때문인데, 예컨데 부인의 재물을 끌어내어 무리한 사업확장 등 일을 저질러서 여러차례 탕진을 거듭하는 사례를 실지로 많이 보았기 때문이다.

③ 문 : 남편은 몇살쯤이 적당한가?
   답 : 역점으로 미루건데 말띠 남자가 미래의 당신 배필로 나와 있다(易卦생략). 그렇다면 연상일때는 10년 위인 임오(壬午~1942년)생이 있고, 연하라면 갑오(甲午~1954년)생이 될 것이다.
   "그런데 박약사는 10년 연상이 좋겠소? 아니면 연하인 남편이 좋겠소?" 하니, 그때까지 듣고만 있던 그녀가 고운 눈을 살짝 흘기는 척 하면서 대답 하기를, 「선생님도… 10년 연상은 너무 심하셨다. 2년 연하인 편이 좋은데….」
   그녀의 말에 그만 좌중이 웃음바다가 되고 말았다. 그러나 "말은 씨가 된다"는 속담 아닌 격언(?)이 들어 맞는 날이 왔다.
   6년 뒤, 그러니까 90년도 연초에 그녀가 오랜만에 필자를 다시 찾아왔다. 그동안 부친상을 입었다고 해서, 때늦은 조문과 함께 모친의 안부를 물으면서 그녀의 안색을 살펴보니 의외로 몹시 밝은 표정이었다.
   우선 신수겸 연운을 역점으로 득괘(3변서)했다.

소과지함(小過之咸～雷山過之五)

〈六五〉
密雲不雨, 自我西郊, 公弋取彼在穴

(구름이 짙어도 비가 내리지 않는다. 그러나 서쪽 하늘에 검은 구름이 왕성히 일어나고 있으니 이윽고 비가 내릴 것이다. 공께서 주살을 가지고 저 속에 있는 것을 잡는다.)

득괘를 잠시 살펴본 뒤 다음과 같은 활단을 내렸다.

〈斷曰〉
드디어 금년에 옳은 배필을 만나 결실을 맺을 것이오! (之卦澤山咸은 처녀와 총각이 정분을 나누는 형상) 상대방 남성은 공직자 즉 공무원이지요 (효사에 公자로 판단했다). 그리고 말띠인 남성일 가능성이 큰데? (官鬼가 午火).

巽	離	坤
震		兌
艮	坎	乾

九星本位圖

一	六	八
九	二	四
五	七	三碧

〔己巳年〕
1989년판

九	五	七
八	一	三碧
四	六	二

〔庚午年盤〕
1990년판

박약사「예! 선생님 모두 맞아요. 실은 작년 겨울(己巳년)에 상대가 나왔는데 2년 연하인 갑오생으로 행정고시를 수차 응시한 공무원입니다. 그 사람 사주를 잘 봐주세요. 사실은 그 사람에겐 이미 맞선을 본 연하여인이 있답니다. 그것이 약간 마음에 걸려서…, 이 사람과 연분이 될 것인지를 묻고자 왔어요.」

상대방 남자의 사주는 〔甲子日生〕으로 (여러가지 이유로 사정상 공개할 수 없음을 독자에게 양해를 구하면서) 매우 건전했고, 인연이 아주 강했으므로 단호한 어조로 「이 사람과 꼭 결혼이 성립됩니다! 그리고 결합하면 50일 이내에 잉태되어 생남할 것이오. 또 아들은 둘을 둘 것이오!」—역점에서는 동효수치를 활단에 이용하는 바 5효동에 포괘(包卦)가 되기 때문에 태중되는 시기를 그렇게 점단(占斷)한 것이다. 또 원괘 소과괘가 두 양효(陽爻)가 곤모(坤母)안에 있는 모양(또는 震長男과 艮小男으로 되어 있기 때문)에 그렇게 단정했던 것이었다.

〈결과〉

필자의 역점 판단에 용기를 얻었는지 필연의 운명인지는 신만이 아실 영역이 아니겠는가? 그녀는 39세 나이로 드디어 꽃피는 3월에 그 남성과 결혼에 성공했고 이듬해(1991년~辛未년) 5월에 첫 아들을 낳았다. 원체 만혼에 만산(晩産)이라서 제왕절개 수술로 분만했다. 그리고 다시 1992년 10월에 둘째 아들을 출산했다. 첫 아들과 마찬가지로 자연분만이 어려워 역시 제왕절개 한 것은 물론이다.

그녀는 필자를 포함하여 여러 역술가와 신중히 상의 끝에 길일길시를 가려서 출산 했던 것인데, 그래서인지 산모도 건강하고 삼부자가 모두 건재하며, 오늘날까지 이른바 승승장구 발전을 거듭하고 있다.

장자(도권)	차자(도연)
辛未년	壬申년
癸巳월	庚戌월
己丑일	戊寅일
癸酉시	戊午시

93년 초봄에도 다녀 갔는데 두 아들 사진(카메라로 찍은 것을 확대 한 것)을 가방에서 꺼내어 보여 주는데 참 잘 생긴 모습이라 저절로 감탄사가 나왔다. 흰한 얼굴, 양미간이 넓어 시원스럽게 생긴 것이 특징이었다.

가끔 신랑과 입씨름을 벌인단다. 신랑은 "당신은 참으로 행복한 꺼야. 셋이나 되는 미남·호남아들에 둘러 싸여 살고 있으니 말이오!"
　"당신이 진짜 행운이세요. 저를 만났기에 이렇듯 멋지고 잘생긴 아들을 둘씩 낳았으니 말이예요!"
　연상인 아내도 질세라 말대꾸 한단다. 앞으로 이댁 가정이 더욱 화목해서 나날이 가운이 융성 발전하기를 빌면서 이 장을 마치는 바이다.

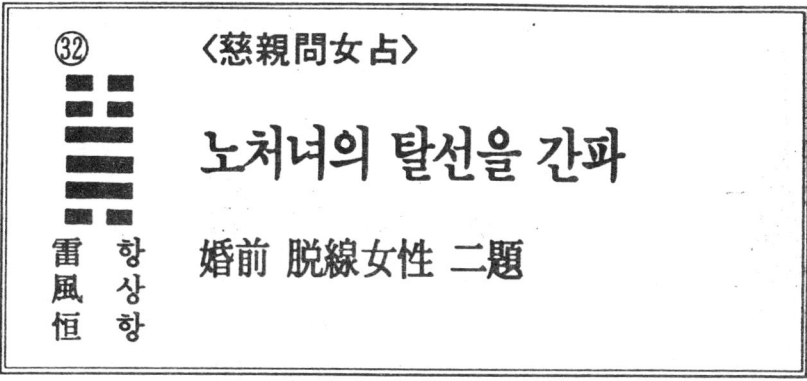

卜筮序律인 筮前審事

　점사(占師)는 점치고자 하는 사안에 대해서 우선 첫째로 충분한 예비지식을 알아두어야 한다. 그것을 「서전심사(筮前審事 : 점복에 앞서 살펴둘 일)」라 하며 「복서서율(卜筮序律)」로서 다음의 6항목을 들고 있다.

1. 점을 청한 사람(問占人)의 신분을 소상히 살펴 둘 일.
2. 그 사람의 사회적 지위를 살펴 둘 일.
3. 그 사람의 시운을 소상히 살펴 둘 일.
4. 그 사람이 있는 거처를 알아 둘 일.
5. 문점하려는 사정을 자세히 들어보고 점적(占的 : 점의 목적)을 정할 일.
6. 그 사람의 세(勢)를 살펴 둘 일.

　이상의 6항목을 들어 반드시 이를 살펴서 밝힌 연후에 입서(立筮)하는 것이 순서라는 것이다.

　이와같은 「복서서율」은 역점에서 뿐만 아니라 모든 역술·역학에 공통된 서율(序律)이 되어야 할 것으로 여겨진다. 왜냐하면 만약에 우리가 질병 때문에 병원을 찾아 갔을때, 의사한테 진찰를 받으려면 그에 앞서 성명·성별·연령·직업을 알리고 자각증상을 소상하게 말하듯이 문점자도 점술가에게 그처럼 하는 것이 바람직한 것인데도 불구하고, 점단 의뢰자는 문점할 일의 모든 면과 숨겨진 속사정 등에 대해서 올바른 설명을 말해주지 않을 뿐만 아니라 때로는 사실조차 은폐하려 하는 일도 비일비재한 실정이다.

　그것은 세속(世俗)의 역점·역술에 대한 그릇된 통념이 침투해있기 때문이기도 하다. 즉, 육효점은 괘만 내어보면 무엇이든 거울에 비춰보듯 모든 것이 통찰되는 것으로 알고 있다. 그래서 의뢰인에게 무엇이든 되물어 보는 역술가는 아주 미숙한 것으로 취급한다.

　이런 경우 때문에 역술가로서는 더구나 이를 생업으로 삼았을 때에는 「서전심사」를 행하려해도 판단과는 별도로 어떤 다른 방술이나 방도를 필요로 하게 됨도 적지 않다.

　이런 문제와 관련된 재미있는 글이 있어 여기에 소개 한다(일본의 月刊 「易學硏究」誌에 30여년전에 오끼모토·하루스이씨가 쓴 것으로 제목은 「易占」이라는 보고문의 일부분임).

　　　방년 27세라는 모여인이 찾아와서 운세를 봐 달라고 청했다. 역점은 먼저 「서전심사」라고 해서 어떤 사정으로 인해서 무슨 문제에 봉착했는지, 그 사람의 경력·신분·지위 등을 상세히 듣고 난 후에 점서를 행하는 것이 정식 방법인데 대다수의 문점 의뢰인들은 역점을 아무말 하지 않아도 귀신처럼 척척 알아 맞히는 것으로 알고 있기 때문에 「서전심사」를 했다가는 그야말로 서투른 역술가로 치부, 경멸하고 무시한다. 경멸 당하거나 무시 받으면 지도며 교육이 될턱이 없음은 물론이다. 그리고 이런 부류의 문점인들은 모두 한결같이 무엇을 물어 봐도 그 말에는 대답하기 않고, "운이 어떻습니까?", "내 팔자가 어떻습니까?"란 말만 되풀이 할 뿐이다.

　　　그러므로 역점의 제일보는 「서전심사」 대신에 이 사람이 무엇을 점치려고 왔나를 알아 맞히는데 있다. 그것은 몹시 어려운 것처럼 생각되겠으나 그 방법만 알고 나면 별것 아니다.

그녀는 눈썹 선단이 산란하고 귓밥이 흐린 점으로 미루어 숫처녀가 아님을 나타내고 있다. 또 손바닥 손금을 살펴보니 결혼선이 약하고 힘이 없는 것으로 보아 현재는 사내와 동거하지 않고 있다.

눈이 크고 물기를 머금은 것은 색정상 재난이 있는 상이다. 간문(奸門)꼬리가 하향해서 긴 것은 애정이 남달리 농후한 편이며, 그 진한 애정 때문에 몸을 망치거나 그르칠 위험이 있음을 보여주고 있었다.

지금 입고 있는 원피스, 검은 바탕에 홍·백색 작은 물방울 무늬를 흩어 놓았는데 아사리(淺利~색채연구가)씨에 의하면 이 색조는 사물에 대한 두려움을 나타내는 것으로서 실패감과 자책, 사회에 대한 비난, 증오의 생각을 마음 속에 간직함을 알 수 있다.

골상을 살펴보건데 옥침(玉枕)이 잘 발달되어 있어서 성적으로 조숙하다고 생각되었는데, 가장 마음에 걸리는 것은 코끝인 준두부위에 눈에 띠는 검은 점이었다. 풍만한 얼굴인데도 와잠이 전혀 없다. 수상을 보니 손목줄인 수경선이 움푹 패여 완곡해 있고 손톱에 흰반달(爪半月)이 나타나 있지 않은 점 등이었다.

이는 불치의 질병을 가리키는 것으로써 자궁의 비정상을 상징하는 것들이다. 「당신은 월경이 없군요. 그리고 자궁에 좋지못한 병이 걸렸었군요!」

입을 열자 첫마디를 토해냈다.

「네, 맞습니다. 자궁척출(子宮剔出)수술을 받았습니다.」라고 하며 맥없이 얼굴을 떨구었다. 27세라는 젊은 나이인데 참 안됐다.

「실례지만, 정식으로 결혼도 하지않고 살던 남자와는 지금은 헤어져서 남남이 됐지요. 당신의 눈빛은 그 때문에 후회하고 사람들에 대한 분노를 나타내고 있어요.」

「네, 저는 잘못된 길을 걷는 여자예요. 선생님 어쩌면 좋을까요. 지치럼 불구가 된 여자, 정조를 잃은 여자의 갈길을 가르쳐 주십시오.」

「당신은 절대로 불구자가 아니오!」

나는 결연히 단언했다. 역접가는 순순히 타이르기도 하고 끊임없이 말해주기도 하며 언어가 갖고 있는 힘을 최고로 발휘하지 않으면 안되는데, 요긴한 대목에 이르러서는 단호하게 선언함이 특히 중요하다. 문점인이 비관 혹은 절망하고 있을때 확신에 찬 역점가의 한마디가 대단한 위력을 발휘, 보탬이 되어 기사회생의 처방이 되는 것이다.

그러나 그것은 아무렇게나 나오는데로 튕겨 나온 듣기 좋은 말이 되어서는 절대로 안된다. 거기에는 반드시 근거가 있을 필요가 있다.

「당신의 후두부 밑쪽, 이 부위는 본능의 힘, 배우자의 자리, 남녀성의 애정을 살펴보는 곳인데 이곳이 참 잘 발달되어 있고, 손바닥 엄지손가락 밑부분과 새끼손가락 아래쪽을 금성언덕, 수성언덕이라해서 애정과 성욕을 나타내는 곳인데 여기가 볼록하게 잘 발달한 것은 당신의 정력이 쇠퇴하지 않았음을 가리키며, 자궁은 떼어냈어도 섹스할 때의 쾌감, 즐거움은 예전과 다름이 없을 터, 내말이 맞지요!」

「네, 그것은 수술전과 마찬가지였습니다.」라고 하면서 여인의 볼이 갑자기 붉어졌다. 섹스 얘기가 나오자 그만 얼굴을 붉힌다는 것은 아직 닳고 닳지 않은 증좌이다. 이 순정은 귀중한 것이다. 문점자에 대해서는 말 한마디 한마디가 상대방을 설득하기 위한 것임과 동시에 그 심리를 알기 위한 촉수가 되는 것이다.

성생활이 정상인 한은 여자로서 온전한 구실이 한 몫이다. 애기를 갖지 못하는 일은 세상에는 선천성 불임증도 얼마든지 있으니 별로 탓할 바가 못된다. 당신은 육체를 잃었을 뿐이며 정신적으로는 청정결백하다. 속아 넘어간 것은 당신의 애정이 남달리 깊은 탓 때문이며, 죄가 있다면 그건 전적으로 당신을 기만한 남자한테 있다.

「자, 이 거울을 한번 들여다 보시오.」하고 손거울 하나를 내주면서 다시 말을 계속했다.

「당신 눈동자엔 한점 흐림이 없어요. 어떻소. 보면 볼수록 시원스런 눈매지요. 옛 성인 말씀에「사람을 알아보는데는 모자(眸子 : 눈동자)보다 나은 것이 없다」라고 하셨소. 바로 그 맑은 눈동자를 하고 있는 동안은 당신은 아름다운 처녀요. 당신의 육체 어느 부분 점막이 이성의 관능을 만족시켰다고 해서 당신의 영혼까지 오염되어 있지는 않소. 영원한 처녀라고 스스로를 높이 평가하시라. 그러면 운세를 역점으로 살펴보기로 합시다.」

이에 이르러 비로소 서죽을 잡았다. —이하 생략—

오끼모토씨는 "서전심사"를 다하기 위해서 관상학 지식과 기타를 활용하고 있다. 앞의 예에서 보듯이 접술가는 어느정도의 상식과 또한 지식이 요청됨을 알 수 있게 한다.

또 역점은 하나의 제기된 문제에 해답만 주면 그것으로 족한 것이 아니라, 운명의 기로(岐路)에 서있는 사람에게 궁지(窮地)에서 벗어나 조금이라도 밝고 명랑한 인생으로 나아가도록 도와줌으로써 그 사명을 다한다 하겠다.

특히 신경이 날카로와진 문점인과의 응대에는 「서전의 심사」를 할때에 세심한 주의와 열의있는 연구가 필요한 것이다.

대구 약장수 할머니댁에서 생긴 일

1956년 겨울은 대구 신암동 약장수 할머니 댁에서 보낸 적이 있다.

필자가 부산에서 대구로 올라와 한때 동인동 동인양조장 근처 판자집에서 역술업을 첫개업해서 한해를 보냈는데, 하루는 약장수 할머니가 수소문 끝에 찾아와서는 우리 모자더러 자기집에 와서 함께 살자고 제의했다. 어리둥절해 하는 우리 모자를 부추겨서 집구경 가자고 하는 할머니를 따라 가보았다.

당시 신암동 경북대학교 후문쪽 바로 길가에 지은 새집이었는데 한 울타리안에 주인네가 사는 안채가 있고, 여러개의 방에 부엌이 딸려 있어 여러 가구 세를 주도록 꾸민집이었다. 그 중 좀 넓은 방 하나를 우리더러 그냥 와서 살라는 것이었다.

갑작스런 얘기라 한편 어리둥절 했으나 '불감청이언정 고소원'의 심정이라 마다할 이유가 없어서 기꺼이 받아들였다. 물론 그러한 호의 뒤에는 나름대로 계산된 의도가 숨어 있음은 어렴풋이나마 짐작했지만 말이다.

약장수 할머니는 나의 모친(갑오생)보다 두살 연하로(병신생) 본향은 황해도, 아드님 최대령(예비역)이 상처 후 재혼하자 전처소생인 손녀(당시 여중생)를 데리고 나와서 새집을 짓고 살고 있었다. 할머니는 여러가지 신통한 재주를 갖고 있었으며, 손수 환약을 만들어 팔았기에 약장수라는 별명을 얻었는데, 용모도 특이하게 생겼었다(키가 큰편으로 광대뼈가 툭 튀어 나왔으며, 움푹 패인 안과에 형형히 빛나는 안광은 위압감을 주었다. 손발이 긴 편으로 마디가 굵은 손은 갈구리 같아 옛말에 나오는 마귀할멈이

- 203 -

연상되는 풍모였다).

일자무식이었지만 타고난 영능력자로서 온갖 신통력을 지니고 있었는데 회갑년이 되자 후계자를 물색중, 심성이 착하고 총명해 뵈는(?) 청소년인 필자를 점찍어 도술을 전수해 주고자 했던 것이었다. 결국은 여타의 사정으로 한해 겨울만 신세지고 신암동 감밭으로 집을 사서 이사가게 되어 많은 것을 전수받지 못하고 말았으나 나의 스승님 중의 한분이라 할 것이다.

그분 얘기는 이만하기로 하고 이댁에 기거할때의 실점례 한토막을 소개하기로 한다.

老處女의 脫線을 看破

1956년 10월 중순. 잘 차려입은 한 부인이 택시를 길가에 대기 시켜놓고 대문안을 기웃거려 마침 앞마당에 나와 있던 필자가 다가가, 「누구를 찾으시죠?」라고 묻자,

부인이 「저, 혹시 이집에 총각점바치… 학생철학박사가 살지 않소?」하고 되묻는데, 말투가 약간 이상하게 들려서 기분이 썩 좋지 않았다. 그러나 「저를 찾아 오셨으면 이리로 들어오십시오」하고 우리방으로 안내했다. 부인이 자리를 잡고 앉은 후 「가족의 운수를 봐주시오」해서 법식대로 각자의 나이, 생일을 물어서 적고 난 뒤 살펴 보았다.

네식구였는데 주인과 아들의 운세는 비교적 안정되고 평온하였으나 부인과 장녀(경오생 당시 27세)는 삼재가 든데다 흉한 신살이 들어 순탄치 못하리라 보였다.

그래서 역점괘를 내어 자세히 판단하기 위해서 6변서로 입서(立筮), 항지곤(恒之困~뇌풍항의 九三·六五등)을 득괘 점고(占考)했다.

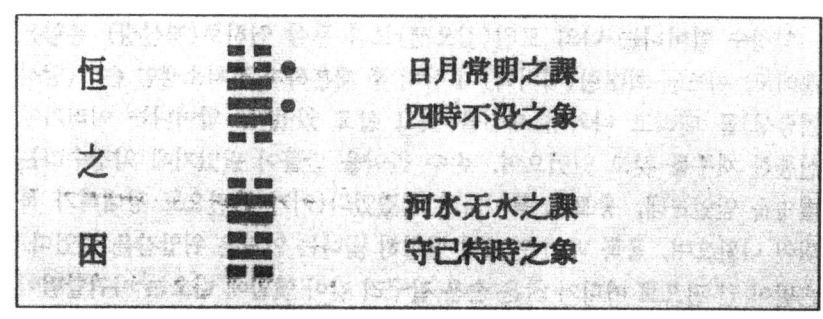

〈占考〉

뇌풍항괘는 부부가 무사평온한 나날을 보내는 괘상이다. 지괘(之卦~變卦)인 택수곤괘는 고난과 고통속에 빠져든다는 괘의로 "물빠진 마른 저수지" 꼴이다(澤水困은 水澤節의 반대다. 즉 節은 못위에 물이 있는 모양인데 반하여 困은 못밑으로 물이 흘러나가므로 처녀가 정조를 잃은 형상).

만약에 그렇다면 나이 찬 딸의 일을 모친이 모를리가 없을터. 그렇지만 모친이 얼마 동안 출타 중이었다면 몰랐을 수도 있을 것으로 여겨져서, 말을 꺼내기 시작했다.

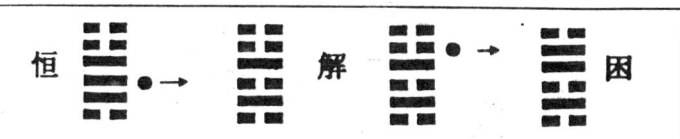

〈判斷〉

「가족의 운수를 살펴보니 대주와 아들 운세는 좋은 편이라 문제가 없는데, 따님과 부인운은 서로 살이 끼어 재미가 없는데요.」하고 서두를 꺼내기 시작하는데, 부인이 가로막고 말참견을 했다.

「딸애는 여대를 나온 뒤 건강상 이유로 요양하다 보니 혼기가 좀 늦어져서. 그렇지 아주 착하답니다.」하며 강조하는 것이었다. 약간 약이 오른 필자는 넌즈시 부인에게 물었다.

「부인께선 한동안 어디 다녀오셨지요?」하니까 부인은 의아스런 표정으로, 「예, 집안 볼일로 20여일 동안 출타했었지요.」한다. 이에 용기를 내어 「아뿔싸, 부인이 집을 비운 사이 딸의 신상에 변고가 발생 했습니다. 좋지 않은 남자가 딸을 따라 다니고 있어요!」

그러자 먼저와 똑같이 애써 태연한척 하면서 다시 자기 딸을 칭찬했다.

「우리 딸은 경박하거나 경솔하지 않아서 남자한테 속아넘어갈 리가 없어요!」하고 딱잡아 뗀다. 그러나 금방 어조를 낮추며 말하기를, 「그렇게 된 다음은 어떻게 되나요?」하며 반문했다.

「댁의 따님은 절대 그럴리가 없다면서요. 어떻게 되긴 뭐가요. 지금은 모친께서 달래주고 상처를 어루만져 줘야지. 만약에 방안에 가두고 닦달하면 몰래 도망쳐 나가 숨어버려서 그만 모친이 가출한 딸을 찾아 헤매게 되지요.」
 거기까지 말했을때 부인은 아무 말없이 가방에서 지폐를 꺼내 경상위에 내놓고 일어서더니 그냥 휭하니 나가버렸다. 하긴 영업용 택시를 대기시켜 놓았으니 서둘러 돌아갔겠지만 씁쓸한게 기분이 별로였다.
 그 부인은 이틀 후 점심때 다시 찾아왔다. 마침 그날은 어머님 생신날(음 9월 14일)이어서 고향 별미인 녹두지짐도 지지고, 만두국도 끓여서, 이웃집 어른들을 뫼시고 주인댁 대청마루에서 잔치를 벌였었다. 탁주잔을 돌리다 보니, 결국 여러잔을 받아 마시기도 하였다.
 누가 밖에서 찾는다고 해서 나가보니 그 부인이 와 있었다. 부인은 나를 보자 앞장서서 내방으로 들어갔다. 뒤따라 들어가면서 그댁 따님이 가출했음을 직감, 슬며시 화가 치밀었다. 부인은 미리 챙겨온 복채를 듬뿍 경상위에 올려 놓았다. 그때 평소 얌전한 필자가 갑자기 눈을 부릅뜨고 폭언(?)을 퍼붓기 시작했다(술기운도 가세했다).
「당신 딸을 어떻게 해줄까? 나무가지에 목을 매어달까? 철길을 베개삼아 눕게 해 줄까? 아니면 치마를 뒤집어 쓰고 강물에 뛰어들게 해줄까?」
 해괴하고 끔찍한 말만 골라서 서슴없이 내뱉는 서슬에 부인은 그만 기가 질렸는지, 눈만 껌벅이면서 연신 두손을 비벼대며 「제발 딸이 무사히 돌아오게 해 주세요!」하고 애원하며 비는 것이었다.
 잠시후에야 약간 마음이 풀려서 「어찌 되었습니까?」하니까, 그때야 비로소 지난날 얘기를 하기 시작했다.
 모친이 집을 비운 사이 해방감에 젖은 딸은 옛친구들과 카바레를 찾아갔다가 제비족 같은 남자에게 찍혀서, 그렇게 됐는데, 순진한 탓에 아직 미련이 남아 자꾸 나가려해서 모친이 방에 가두었으나 어젯밤 아니 오늘 새벽에 몰래 가출했다는 것이었다. 모두 짐작했던 그대로였다. 그래서 일단 이렇게 일러주었다.
「딸은 무사히 친한 친구네 집에 있습니다. 그리고 모친이 찾아가면 오지 않았다고 시치미 뗄 것입니다. 그러나 에미가 심했었다고, 반성하고 있으니 속히 돌아오라고 전해 달라고 하면 3, 4일내로 꼭 되돌아 올 것이니 너무 걱정하지 마십시요.」라고 하며, 몇가지 비방도 가르쳐 주어 돌려 보냈다.

〈후일담〉

그후 그 부인은 다시 보지 못했으나 그댁 따님은 자기가 숨어 있던 집 선배언니와 함께 다녀갔고, 58년도에 출가했다. 필자가 신암동 감발으로 이사간 다음에도 선배언니가 단골로 자주 들렀을 뿐만 아니라 많은 손님을 안내해 주고 보내 주었다. 그분은 당시 삼덕동에서 「마리아 미장원」을 경영하고 있었다. 30여년 전에 신세을 많이 졌었는데 이제 뒤늦게나마 심심한 사의를 표하는 바이다.

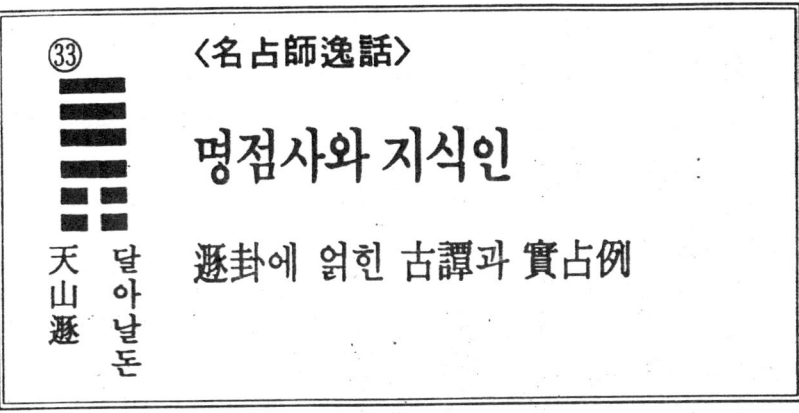

㉝ 〈名占師逸話〉
天山遯 달아날돈
명점사와 지식인
遯卦에 얽힌 古譚과 實占例

易占師와 知識人

남북조시대 양(梁)나라 완효서(阮孝緖)는 풍류고결(風流高潔)한 은자(隱者 : 속세와 인연을 끊고 명상에 잠겨 사는 숨은 선비)로 유명하였다.

어느날 역점의 최고명인으로 꼽혀 평판이 자자하던 장유도(張有道)가 그를 찾아와서 비아냥 거리듯 말하기를,

"자네의 은자다운 생활태도는 과연 훌륭한데 진짜 속마음은 어떨까? 점쳐보지 않으면 알 수 없지."했다.

장유도는 완의 면전에서 검은색 비단주머니에서 붉은 비단 보자기에 싼 서죽을 꺼내어 두손으로 이마위에 높이 치켜들어 축도 한 뒤 서법대로 엄숙히 설서하기 시작했다. 초효 소음, 2효 소음, 3효 소양, 4효 소양, 5효 소양 이렇게 제5효까지 이르자 ䷠의 모양이 나왔다.

"앞으로 음(= =)이 출현해서, 함(咸)괘 ䷞가 될걸세. 함괘는 세상(현실 사회)과 감응(感應)하는 괘상(卦象)으로써, 은둔(隱遁)의 상징이 아

닐세."라고 장유도가 외쳤다(이를테면 완효서도 별수없이 심중에는 현세의 名利를 완전히 끊지 못하고 있다는 증거가 아니냐 라는 것이었다).
완은 그 말을 듣자 대응하기를,
"아닐세, 마지막 상효(上爻)하나가 바로 양효(━)가 못되리라는 법이 없지 않나―"
과연 그의 말대로 양(陽)이 나와서 천산돈(遯)괘 ䷠가 되었다. 더구나 노양(老陽)으로써 상구(上九)의 변효였다. 장유도는 그만 감탄하면서,
"이거야 말로 초연하게 숨으니 이롭지 않은 것이 없음(肥遯. 无不利. ― 遯 上九효사)이로다. 이 괘모양은 자네의 덕(德)에 부합된다 하겠으니, 역시 자네는 마음과 행위가 일치해 있었군!"했다.
비돈(肥遯)이라 함은 느긋히 여유만만한 은둔, 이젠 세속과는 완전히 마음을 끊어버린 유유자적한 은둔인 것이다.
장유도가 감탄한 것도 당연했던 것이었다. 그러나 완효서의 뜻하는 바는 더욱 높았다.
"은둔의 괘는 얻었으나 상구효는 등선(登仙)의 길(道)을 가리키고 있지는 않다. 그러나 신선(神仙)은 될것 같지도 않네. 우선은 속세와 멀리 떠나 살아야겠네."
― 阮孝緒 「南史」「梁書」에서 인용 ―

卦名의 유래, 괘상의(卦象意)

천산돈(遯)의 괘명 「遯」은 돼지 돈(豚)에 책받침(辶)으로 되어 있다. 돼지는 달아나는 속도가 아주 재빠른 동물로서 「遯」이란 글자는 달아나 숨는다(隱), 피신한다(回避)는 뜻이다.
소장괘(消長卦)를 인용해서 살펴보면 소괘(消卦)에 들며, 순양(純陽)인 건(乾) ䷀ 맨아래에 1음이 생겨서 구(姤) ䷫가 되고 다시 음이 침식해서 양을 지워 (消)가 돈(遯) ䷠괘가 된 것이다.
음(陰) 소인(小人)의 화앙(禍殃)을 양(陽)인 군자(君子)는 물러나서 (退) 피해야 한다는 의미를 취한 것이다.
이상은 의(意)를 위주로 삼은 풀이 이고, 괘상(卦象)을 위주로 말하자면 내괘 간(艮   )은 산(山)이고, 외괘 건(乾 ☰)은 군자로 삼으니 이는 이른바 군자가 산속으로 은둔하는 상이라 할 수 있다.

또 물러나서 피한다는 상의(象意)인 이괘를 돈(遯)이라 하여 퇴(退)라고 하지 않은 까닭은 퇴하고 멈추는 것이 아니라 달아 나서 피하는 것을 중히 여긴 것이라고 선인들은 주석을 달고 있다.

돈(遯)은 피신(避身)이며 보신(保身)이다.

상경(上經)에 해당시켜 살펴보건데 건(乾)·곤(坤) 다음이 준(屯)괘이다. 준의 어려움은 암매(暗昧)한 초창(初創)을 개척하는 건설적인 어려움으로서 창조수난(創造受難)이었다.

하경(下經)에서 함(咸)·항(恒) 다음의 돈(遯)괘는 사녕(邪佞)에 바탕한 세상의 암매(暗昧)에서 신명(身命)을 온전하게 보전(保全)하는 소극적인 보전책(保全策)이다.

소인들의 세력이 늘어남을 억제하거나 혹은 이들을 전화양도(轉化良導)함도 또 하나의 수단이지만, 아무래도 제어할 수 없는 시운도 있기 마련이다. 그럴때는 이를 억제코자 투쟁하면 세상을 혼란시키고 민초를 다치게 하며 손재를 당하고 제몸 또한 망치니 그 보다는 일단은 물러나서 피하고 회천(回天)의 기회를 기다리는 편이 낫다.

善避身이 保身策인 占例

61년 가을. 대구 신암동시절 점례 한토막.

5·16군사혁명이 일어나 대학생 반혁명운동 주동자로 지목되어 지명수배된 당시 청구대학교 교수(청년)가 찾아왔다. 그때 얻은 역점괘가 돈지점(遯之漸~천산돈 九四)이었다.

잠시 점고(占考)후 판단하기를, "당신은 현재 피신중인데, 생일이 일귀(日貴~坐下에 天乙貴人이 臨함)격이라 천우신조(天佑神助)가 있다. 효사말도 좋아(五四好遯君子吉) 앞으로 안심해도 될 것이오!"라고 말해주었다.

그러자 그 교수가 되받아 말하기를, "주역의 점괘가 참으로 신묘하오. 그 역점괘와 현실에 직면한 나의 처지가 일치하니 참으로 신기하기 짝이 없소."하고 재삼 감탄을 연발하고 나서, 지난 사연을 이야기 하기 시작했다.

-자기는 현재 청구대학교 교수인데 학생들과 군정반대 모의에 가담했다

고 지명수배령이 내렸다고 한다. 실은 며칠전 기관원 2명이 대학교 교수실로 조사차 나왔다면서, 교수명단을 요구해와 사무처 직원이 건네주었다.

그들은 갖고 온 "수배자 명단"이 적힌 쪽지와 일일이 대조해 갔으나 박○○이라는 이름이 없고 이○○ 밖에 없자(이름은 같으나 명단의 성씨가 달라) 그냥 가버렸다는 것이다(훗날 밝혀진 바로는 이미 잡혀간 학생들이 지도교수에게 해가 미칠 것을 염려해서 서로 짜고 성씨를 바꾼 것이었다). 이리하여 이 교수는 은신처를 전전하다가, 버젓이 다시 강단에 섰으며, 떳떳하게 강의를 계속했다.

遯은 "夜半逃走"라는 占例

65년도 여름. 서울 성동구 신당동에서 개업하고 있을 때이다. 어느날 밤중에 문접객이 찾아왔다. 닫힌 문을 열고 감정실로 맞아들여 보니 낯익은 얼굴들이었다. 바로 길건너에서 세탁소를 경영하는 양씨네 부부가 함께 들어선 것이었다.

두 사람은 앉으면서 이구동성으로 "신수 좀 잘 봐주세요!"해놓고 멋적게 피씩 웃었다.

법식대로 부부의 사주를 적고나서, 현실점단을 위해 역괘를 내었다. 3번서로 득괘 돈지여(遯之旅～천산돈 九五)가 나왔다.

이 괘는 "야반도주"하는 괘상입니다. 두분은 금년 여름 운수가 매우 비색(否塞)해서 손재수가 들어 패가망신할 수요(小人道長, 君子道消), 겨우 수습할 길은 단 하나 멀리 객지 타향으로 떠나야(之卦 旅～길손) 궁즉통(窮則通)으로 살길이 열릴 것이니 이미 결심한 바가 있으면 실행하시오.

묵묵히 듣고만 있던 양씨가 한숨을 내쉬면서 말문을 열었다.

"실은 어젯밤에 세탁소에 도적이 들어 보관중이던 고객이 맡긴 고가의류(밍크코트, 실크제품, 동복정장 등)를 몽땅 도난 당했습니다. 지금껏 동네에 알려질까 두려워 숨기고 있는데, 현재도 빚으로 꾸려가는 영세한 편이라서 배상문제가 제기되면 그것을 감당할 길이 전연 없어요. 점포문을 닫고, 종일 궁리 끝에 야반도주 계획을 세우고 준비를 마치고는 내자가 신수나 한번 보자고 해서 따라왔는데, 결국 그 길밖에 도리가 없군요! 어쨌거나 좋건 나쁘건간에 옳게 판단해 주셔서 고맙습니다."하면서 어깨가 축처져서 돌아갔는데 결국은 날이 새기 전에 도주하고 말았다.

遯은 政界一線의 後退(亡命)이다.

어느 나라건 시국이 변화하고 국내 정치정세가 불안할 때면 정치망명객이 생기게 됨은 당연하다. 예전 남미 여러나라 대통령들이 정변때마다 보따리를 싸들고 망명길에 올랐다.

필리핀의 독재자 마르크스 대통령도 야당지도자 아키노를 암살하자, 미국에 의해 강제로 망명길에 올랐고, 동구권의 몰락은 동독의 독재자 호네커를 망명길에 나서게 했다.

국내에선 4·19이후, 국부 이승만대통령의 하야, 결국 하와이 망명길에서 별세했다. 제3공화국 시절 반혁명으로 몰려 출국한 장도영 장군을 비롯 수많은 인사가 망명길에 올랐다.

제5공화국 시절, 5·18 등으로 망명했던 인사가 문민정부 탄생과 함께 해원되어, 다시 돌아오는 인사가 있는가 하면 국회의원 재산공개, 금융부정 등에 대한 사정(司正)바람에 자의반 타의반으로 국외로 떠난 지난날의 정계와 재계 거물급 인사들이 있다. 이것이 천산돈(遯)이다.

노다지 광맥(鑛脈)을 찾아내다.

60년대 후반. 어느 여름날 참으로 오랜만에 김중배(金重培, 병인생)형께서 감정소로 나를 찾아왔다.

중배형은 62년도에 필자가 대구에서 상경 직후에 사귀게 된 분이다. 형은 당시 서울에서 쟁쟁하던 역학대가들과 오래전부터 교유, 친분이 두텁던 관계로 수도성명철학관 金桂鴻선생, 을지로 7가 청오 池昌龍선생, 마포 공덕동 崔亨祿선생, 인천술객 李月亭선생, 지금은 고인이 되신, 첨성대 鄭潑선생 등 여러 선배님에게 인사시켜 주시고, 필자를 연소하지만 주역점의 귀재(?)로 과찬 천거해 주셨던 분이다.

그 동안 각처를 돌아다니며 쇠락한 가운을 만회코자 별별일을 다해 보았으나 여의치 않자, 드디어 일확천금의 꿈을 찾아 산판 그것도 금광에 눈을 돌려 방방곡곡을 돌아다니면서 구경도 하고 실습도 하던중, 어느 곳에서 남이 덕대하려고 점찍어 놓은 곳에서 드디어 전도 유망하다는 확신이 서자, 그 자리에서 동업계약을 맺고, 상경 자금조달 겸 물자 구입차 하산했다는

것이었다. 그러면서 말하기를,

"몽선아, 이번 광산에서 노다지가 나올 것인가 여부를 역점괘를 내서 한번 봐주지 않으련……." 했다.

"예으이! 뉘 청이라 분부를 거역하리오! 보아 드립지요.

약간은 농담조로 대답했지만, 마음속으로 중배형이 잘되기를 바라던 터라 성심껏 입서했다. 우선 일주향을 향로에 분향하고 축도한 뒤 6변서로 득괘 천산돈(天山遯)의 불변(不變)을 얻었다.

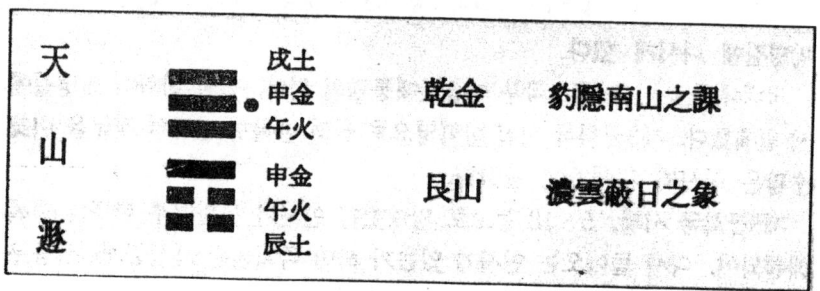

불변괘였으므로 효에다 납갑을 붙여 보았다.

한편 점고(占考)하면서 동시에 말을 건네기를 "득괘를 보니 뭔가되기는 될것 같아요. 외괘 건(☰乾)은 金이고, 내괘 간(☶艮)은 山이니 바로 金山이 됩니다. 그리고 바로 그 금산의 전괘는 납갑(納甲)이 午·申·戌 인데 그 광구의 광맥이 안에서 혹시 세갈래라면, 申방이(申金)가장 유력시 됩니다. 다음이 午방인데 그것은 申金이 있는 중효를 임의로 동하면 이화 (離火)괘가 되고 건변이(乾變離)는 금을 볼수 있다고 봅니다.(午~離는 正南) 戌方은 土이므로 채산성에 맞지 않을 것 같아요."

"몽선아! 거, 참으로 주역괘가 신통하구나. 현지에 가보지 않고도, 그림 들여다 보듯 알아 맞히니 말일세! 지금 현장에서도 세갈래로 탐사가 진행중인데 약간 서북쪽(戌方)에 가까운 곳은 오래전에 다른 꾼들이 한목 본 곳이라는데 버럭에 잡것이 많아 점괘대로 채산성이 없다고 여겨 일단 포기했지, 서남간(申方)과 정남(午方)쪽에 기대를 걸고 광석을 채취 분석 중인데 점괘대로 맞아 떨어져 노다지가 나오면 좋겠는데."

"그리고 괘명 '돈'은 '돼지돈'도 되고 현찰인 '돈'도 암시하니 멀지않아 돼지꿈 꾸시고 쇠가루 돈푼께나 만져 볼 것 같아요!"

말만 듣고도 기운이 나는지 회색이 만면 약간 흥분한 중배형은

"응 알았다. '돼지돈'은 말이야 현장인부들과 현지주민들이 입버릇처럼 요즘 재촉하는 산재(山祭)일꺼야. 돼지 한마리 잡아서 산재를 지내야겠군!"

그래서 자금 조달차 하산했다고 다시 되풀이 했다. 한편 괘상이 아무래도 필자의 마음에 걸렸다. '달아나다' '도망치다'는 무엇일까. 혹시 하는 나쁜 예감이 들어 "형! 진짜 노다지가 나오면 옛말에 '황금은 흑인심'이라, 누가 훔쳐 도망갈지 모르니 조심하세요!"라고 일러 주었다

그러나 기분이 좋아진 중배형은

"걱정마라! 사람이 많고, 눈이 많은데, 그럴리는 없을꺼야. 그럼 몽선이 잘 있게. 나는 바빠서 이만 가네!" 하며 필자의 손을 단단히 잡고나서 떠나갔다.

필자는 다시 득괘(천산돈 불변)를 떠올리고 애써 불길한 예감을 털어 버리듯 고개를 설래설래 흔들었다.

나중에 들은 바에 의하면 그 금광에서 상당량의 순도 높은 금광석이 채굴 되었다고 한다. 소위 '금노다지'가 나왔단다. 그러나 흑심을 품은 동업자는 제련(製煉)한다고 반출해 가서는 다량의 금을 무단 착복했고 나중에 들통이 나서 추궁 받게되자 그만 종적을 감추고 말았다고 한다. 중배형도 투자금은 회수했으나 수중에 많은 액수는 벌지 못했던 것 같다. 얼마후 인부삯 등 부채가 늘게 되자 도망간 동업자를 찾아 나선다는 핑계로 역시 뛰쳐 나오고 말았다.

역시 역접괘의 불길한 예시대로 종결된 결과가 되고 말았으니….

오래전에 고인이 된 형! 이 글을 쓰면서 형의 다정하던 모습이 상기되어 하염없이 눈물이 두볼을 적셔대어 멈추지를 않았다.

부디 저 세상에서 명복이 있기를 빌면서 남은 유족들(고생만 하시던 필자와 동갑인 형수님, 그리고 후성, 주성군 형제, 출가한 여식)의 잘살기를 축복하면서 이 장을 마친다.

㉞ 〈所望達成占〉
雷天大壯 장대할대장

귀성·귀향에 얽힌 얘기
秋夕名節 歸鄕·休暇 占斷例

추석명절이 다가오면 객지 생활자나 타향살이 인생은 "귀성(歸省)"을 생각하며 마음 설레임은 인지상정이겠다.

　필자의 생애에도 "추석"하면 귀성에 얽힌 잊지 못할 추억과 함께 역점례가 있다. 그 하나는 30대 초반이었고, 또 한번은 10대 후반으로 시대배경 연륜은 각기 상거가 있으나 득괘는 똑같은 대장지쾌(雷天大壯之澤天夬 ~ 大壯 六五)였으니 지금에 와서 생각해도 기이하기만 하다.

국토건설대 복무중, 보상휴가 유무 및 기일 점단

　1962년 4월에 국토건설대에 지원입대 제5지단 제51건대(처음에는 53건대였으나 허약자로 지목, 전출 당함)에 소속 경북 예천근교에서 복무, 경부선 철도부설지 성토작업에 동원 되었다(㉔地雷復卦易占例 參照).

　길고 긴 한여름의 뙤약볕 아래 평범한 병영생활도 아닌 노동판에 동원되어 낯선땅 서툰 막노동은 몸을 야위게 했고 마음은 모친과 처자식이 기다리고 있을 대구 나의집 생각 뿐이었다. 그동안 7월에 노모님께서 막내가 보고 싶다며 한번 면회 오셔서 하룻밤 여인숙에서 함께 숙식을 했을 뿐 처자식 구경도 못했다(59년에 결혼, 60년에 첫 딸을 낳았고 62년초에 둘째 딸을 낳아서 면회오지 못했고, 내자는 애타게 휴가오기만 손꼽아 기다린다는 사연은 "편지왕래"로 알았으나 군기가 엄하여 휴가명령이 일체 없었다).

　그럭저럭 세월은 흘러 9월초에 접어들자 아침저녁은 서늘한 이른바 일교

차가 심해졌다. 가을이 되었고 추석명절도 다가왔다.

어느날 저녁식사 후 전대원이 연병장에 집합 오락회를 개최했다. 대원들은 제각기 노래자랑 등으로 목청을 뽑으며 한껏 젊음을 발산했다. 그러나 해가 서산에 지기 시작하고 기온이 내려가자 오락회의 열기도 식어갔다. 각기 자기 소대원끼리 옹기종기 모여앉아 잡담이 시작됐고 어느새 화제는 오직 한가지 이번 추석에 휴가조치가 내려질 것인가에 관심이 쏠렸다. 그때 대대향도 김선생이 단상에 올라 "여러분 이번 추석에 보상휴가가 있겠는가의 여부를 육효점의 명인 홍동지에게 문점함이 어떻겠소!"하고 중의를 물었다. 그러자 "찬성이요!" "재청이요!" "삼청이요!"하는 소리가 여러 곳에서 터져 나왔다.

"중의가결!" 의사봉 대신 향도는 군화발로 단상을 "탁탁탁"세번 쳤다. 그리고 모든 대원의 시선이 나에게 집중 되었다. 완전히 코너에 몰린 꼴이 됐다. "절체절명" 이것도 나의 운명으로 받아들여 일단 그 자리에서 일어나서 연단으로 걸어 나갔다.

「삼국지연의」에 나오는 제갈공명선생의 제단위에서 동남풍을 빌때의 제스처는 아니나, 단상에 오르자 동서남북 사방에 삼세번씩 합장 배례한 후 두팔을 하늘에 펼치며 우러러 쳐다보고, 팔을 앞으로 모으고 땅을 굽어 본 뒤 팔면주사위를 선좌우후(先左右後)로 작괘, 다시 두 손을 모았다 펴고서 동효를 내었다.

그때 얻은 역괘가 대장지쾌(大壯之夬)였다(뇌천대장 5효).

점고(占考)

진뢰(震雷 ☳)가 변하여 태택(兌澤 ☱)이 됨은 먼저는 움직이고(震은 奮動) 나감(進)이요, 나중은 기뻐하고(兌는 喜悅) 웃게(兌는 笑)됨이니, 이번 추석엔 꼭 귀향·휴가가게 된다.

3·8목(震木數)과 4·9금(兌金數)하니 이달 양력11일(3+8) 음역13일(4+9) 출발하게 될 것이다.

휴가기간은 5일간(동효수5)이라 판단 했다.

이상의 점단을 발표하자 모든 대원들은 "와!"하고 함성을 질렀다.

〈결과〉

그로부터 일주일도 못되어 지단본부에서 전대원에게 5박 6일간의 휴가명령이 하달 되었다. **출발일자는** 예단대로 9월11일(음 8월13일)이었다.

귀향 가능여부를 斷時占으로 間占

1950년 추석날은 9월 26일이었다.

동란직후 자의반 타의반으로 끌려간 곳은 강서전기공장(**평남** 강서군 기양소재 일제시 "소화전기" 후신으로 현재 북한이 자랑하는 대규모 산업시설의 하나로 "중앙산업"이라던가?!) 부설 기능자 양성소였다.

이곳 생활은 전시중이었음에도 평온했으며, 오전 중에는 전기과 학생으로 정규수업을 받았고, 오후에는 지하 군수공장에서 실습명목으로 노동에 동원되었다. 추석날은 임시 휴일로 하루 쉬었는데 기숙사 식당에서는 쇠고기국에 이밥(쌀밥)이 나왔다.

식사후 기숙사 2층방에 벌렁 드러누워서 앞서 귀성길 떠난 동료들을 생각하니 부러웠다. 지금쯤 차례도 끝내고 성묘도 갔을꺼야. 불현듯 어머님이 그리워졌다. 행여나 막내아들이 올까 이제나 저제나 신작로 쪽을 바라보시며 목이 빠지도록 기다리실 고향집 어머님을 떠올리자 저절로 양볼에 뜨거운 눈물이 주루루 흘러 내렸다. 지난날 그러니까 6·25가 터지기 전부터 북쪽에서는 청소년 사냥에 나섰으며, 농촌에도 손을 뻗쳐 청소년들을 강제연행, 군복을 입혀 인민군을 충원 최전방으로 내몰았다. 필자는 논일 나갔다가 요행히 호구를 면했었다(⑮地山謙「위기일발」참조.).

그러나 그들의 책략이 그것으로 끝날턱이 없었다. 이번에는 민청조직을 통해 유사시에 대비 "군사훈련"을 3일간 실시한다고 속여 양곡 약간, 담요 1장씩을 배낭처럼 짊어지고 모이게 한 뒤 야간에 15킬로 강행군으로 순안(당시 대동군청 소재지)에 데려다가 징병 검사를 실시했다.

그 소식을 뒤늦게 전해 들은 **부모들은 밤새 뒤따라 왔다.**

나의 어머님도 동리사람을 따라서 35리 길을 걸어서 아침에 도착 교문밖에서 초조히 기다렸다. 신검 도중 누군가가 '너의 모친께서 찾더라'고 귀뜸해줘 팬티바람으로 뛰쳐나가 "여기다!" 하는 어머님 소리에 달려가 담을 사이에 두고 손을 마주 잡았다. 어머님은 나를 보자, 주머니에서 고액권 두장을 꺼내어 내 손에 쥐어 준다. 어디서 급전을 마련한 모양이다(앞으로 그 이자와 원금을 갚으려면 몇달 품을 팔아야 할 큰돈이었다). "어머니 너무 걱정 마세요! 체중도 미달이라 불합격됐는데 눈도 나빠 떨어질 겁니다. 그러니 이 돈은 넣어두세요. 이따가 함께 점심으로 냉면이나 사먹고 갑시다!"하며 위로하고 신검장으로 되돌아 갔다.

이윽고 우리면 청소년들 신검이 끝났고, 우선 호명자는 저쪽 교실로 일단 들어가라 하고 호명이 시작됐다. 그속에 나도 호명 되었다.

교실안에 들어온 친구들은 웅성거리며 서로 병신(?)임을 확인하고, 우리 모두는 불합격 되었으니 귀가 시켜줄 것이라 지껄이고 있었다. 바로 그때 레닌모자를 쓴 세 사나이가 들어왔다.

「주목!」해서 연단에 오른 자를 쳐다보자 그 자가 하는 말의 내용은 대략 다음과 같았다.

「동무들은 불행하게도 신체검사에서 불합격 처분이 내렸다. 그러나 너무 실망할 것은 없다. 제군들에게도 공화국에 충성으로 보답할 길을 마련해 놓았다. 강서 기양에 있는 「강서 전기공장 기능자 양성소」가 있는데, 여기가 바로 동무들을 기다리는 곳이다. 이곳에 입소하면 숙식은 물론 피복일체를 무료로 지급할 뿐만 아니라 장학금도 준다. 본 양성소 6개월 과정을 이수하면 기능자 자격증을 수여하고 공장에서 정식채용 우대한다. 또한 수료시 성적이 우수한 자는 특전으로 기술자 연수원생으로 승격, 그 과정을 이수하면 기술자격을 취득하게 되고 당공장에서 채용 우대, 사택도 주고 대학진학도 국가가 보장해 준다. 이 기회를 놓치지 말고 즉시 지원하라. 여기 지원서와 서약서 용지가 접수대에 있으니 이름을 적고 지장만 찍으면 된다. 지원한 자는 즉시 귀가시켜 주겠다!」

나는 이 말을 듣고 서슴없이 제일착으로 손을 들고 나가서 서명했다. 모집 안내원이 건네주는 집합장소와 일시가 적힌 쪽지를 받아들고 교실문 밖으로 나왔다. 대낮의 햇살이 눈이 부셨다. 나는 운동장을 가로질러 모친이 기다릴 교문쪽을 향해 달려갔다. ―그 뒤의 교실안은 난장판이었다고 한다. 내가 나가는 것을 보자 서로 먼저 접수시키려고 한꺼번에 접수대에 몰려들어 아우성을 쳤다나―.

정문 보초에게 쪽지를 보여주고 나와서 어머님과 함께 냉면집에 들어가 냉면을 시켜 먹고 난 다음 자초지종을 말씀드렸다.

「이제 다니던 직장(북조선 국립영화촬영소)도 출신성분이 나빠 쫓겨났고 극단 무대에도 설수 없게 되었어요. 그러니 앞으로는 기능공으로 나가는 길밖에 도리없으니 이번 기회가 잘 된 것이라 생각됩니다. 한 반년만 고생하시면 다시 함께 살 수 있으니 그동안만 참아 주십시오.」
　어머님도 체념하셨다. 이틀 뒤 평양역으로 가서 집결 열차편으로 강서 기양까지 갔다. 기양은 아담한 분지였고 한 가운데 공장이 웅장하게 여러 건물이 서 있었는데 둘레에는 직원 사택들이 즐비한 순 공장 도시였다. 주물을 위한 용광로도 있어서 높은 굴뚝도 몇개 하늘로 치솟아 있었다. 근로자 우선주의 선전대로 처우는 좋은 편이었다.
　-어머님과 헤어질때 추석에는 기회를 봐서 꼭 휴가 오겠다고 약속했었는데… 가고 파라 가고파… 불시에 어머님이 보고 싶어졌다. 그렇지 않아도 요며칠새 전세도 심상치 않았다. 상급생들이 직접 만든 단파 수신기를 통해 몰래 남쪽방송을 들은바 UN군의 인천상륙작전이 성공, 서울도 곧 탈환될거라하여 인민군은 패퇴하는 모양이었다. 게다가 평화롭던 이곳 기양 상공에 미군함재기가 대낮에 공습을 감행 대피하던 공원들에게 기총소사를 퍼부어 사상자가 발생하는 것을 직접 목격도 했다. 하루 속히 이곳을 빠져 나가야 할텐데….
　하루가 또 지나갔다. 귀향 갔던 제1진팀이 돌아온다는 날짜인데, 오후가 되어도 단 한명도 오지 않았다. 그들이 와야 우리 제2진팀이 떠나게 되는데, 속이 답답해져서 단시점(斷時占)을 쳐볼 생각이 들어 세수하고 방에 올라와 신명(神明)께 고축(告祝)하고나서 점괘를 내봤다.
　점적(占的~점의 목적)은 물론 귀성 가능성 여부였다.

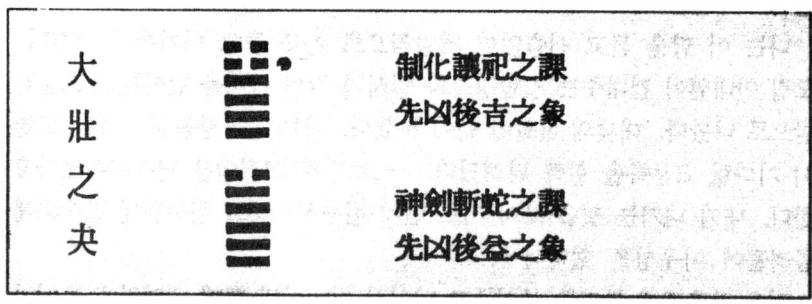

　우선 월·일·시로 역점괘를 내었다.
　〔9월 27일 오후 5시〕∴雷天大壯 5효동
　★ 9월+27일=36 ∴상괘 4진뢰(震雷)

⟨36을 8로 제해가면 (8×4) 나머지 4로 작괘⟩
★ 36+5시=41 ∴하괘 1건천(乾天)
⟨41을 8로 제해가면 (8×5) 나머지 1로 작괘⟩
★ 36+41=77 ∴동효 5효
⟨77을 6으로 제해가면 (6×12) 나머지 5효 효변⟩

점고(占考)
　대장괘나 쾌괘는 모두 능동적으로 움직인다는 괘상이다. 과감 단호하게 단행결행 하라는 괘시(卦示)가 아닌가!
　이튿날 오전 수업이 끝나자 전기과 담임 선생님을 만나 간곡히 사정을 했더니, 서울공전출신인 김선생은 순순히 휴가중 용지에 내용을 적고 날짜 밑에 임인을 찍어 주며, 교무주임에게 가서 허락받고 직인을 찍어달라고 하라고 했다. 곧바로 교무주임을 찾아갔다. 마침 계셔서 사정을 말씀드리고 허락해 달라고 애원했다. 그러나 본 양성소 노동당세포위원장까지 겸임하고 있는 교무주임은 절대 안된다고 딱 잡아 뗐다. 이곳 방침은 먼저 휴가간 제1진이 돌아와야 나머지 제2진을 보내기로 결정했다면서, 점심먹고 공장으로 돌아가라고만 했다.
　어쩔수 없어 그냥 나왔다. 식사 후 공장에 가서 군화 못을 두들기며 할당량을 채우고 돌아오는 길에 같은 처지인 순안출신 친구를 끌고 한적한 뒷산 언덕으로 데리고 갔다. 이친구는 농촌출신이라 나이는 같았으나 덩치는 아주 컸다. 귀가 나빴는데 겨우 한쪽 귀만 약간 들렸다. 그 들리는 귀쪽에다 나팔손을 갔다대고 고함을 치듯이 설득했다. 현사태의 심각성을 설명하고 며칠 더 여기 있다가는 전투에 휘말려 총알받이가 될거라고, 그러니 내일 새벽 이곳을 함께 도망가자고 종용했다. 그는 내말을 알아들었고 곧 동의했다(大壯卦의 反對 즉 賓卦가 天山遯으로 야반도주괘니 三十六計 走者 上計를 결심, 동행자를 만난 것이었다).

새벽의 탈주극
　그 친구와 나는 내 방에서 함께 잤다. 휴가중의 내 이름 밑에 외1명이라고 같은 색 잉크로 적어 놓았다. 새벽에 일어나 2층 계단을 살금살금 내려와서 뒷산 언덕길로 해서 약5분가량 걸었을까 그때 전방에서 발자국 소리가 들려와서 둘은 잠시 그 자리에 멈춰섰다.
 낯선 청년이 한명 우리쪽으로 다가왔다.
 "너희들 어디가니?"
 "네, 우리 휴가 갑네다."
 "아무도 휴가 못가게 되어 있다!"
 "우리는 휴가증이 있어요!"
 "그럼 함께 경비실로 내려가 보자!"
 이대로 따라가면 끝장이라고 생각되자 나는 순안친구 옆구리를 쿡 질렀다. 그제서야 눈치챈 이친구 즉시 자세를 낮추는가 했더니 "쌍"하고 퉁기면서 순찰대원의 이마를 정통으로 받아 넘겼다.
 "어쿠!"소리와 함께 넘어가자 우리 둘은 손을 맞잡고 잽싸게 뛰어 그 자리를 피해 달아났다. 20여분간 산길로 오르내리며 뛰었고 쉬었다가도 누가 뒤쫓아 오는 것 같아서 또 뛰었다. 덮어놓고 북쪽인 고향쪽을 향해서 -.
 날이 밝아왔다. 골짜기에서 흘러내리는 물을 만나 떠마시고 세수하니 땀이 가셨다. 방향을 알기 위해 높은데 올라가서 사방을 둘러보니 저쪽 산아래로 신작로가 보였다. 이대로 산길만 헤메다가는 아무래도 엉뚱한 곳으로 가게 될지도 몰라 위험을 무릅쓰고 신작로까지 내려왔다.
 한참을 산작로를 따라 가다가 언덕길이 나와 올라갔다. 고갯마루에서 잠깐 쉬고 내리막길을 내려오는데 전방을 바라보니 아뿔싸! 야단이 났다. 왜냐하면 한길 옆으로 병영막사(벙커)가 있었고 검문소가 설치되어 길가에 가로막대를 놓고 보초가 왔다갔다하고 있었다.
 가슴이 덜컹 내려앉는 기분이었다. 그렇다고 이제 되돌아 갈수도 없었다.「절체절명」이었으나 47년 귀국길에서 어머니와 함께 두만강을 불법도강할 때 천우신조로 무사히 건넜던 일이 생각났다. 그때 외웠던 산주(神呪)「북두대성(北斗大聖) 칠원성군(七元星君)」을 여러번 마음속으로 외웠다(사실은 모친의 신앙대상이었지만 가호를 빌었다).
 얼마쯤 걸어가자 동초가 총뿌리로 겨누며 수하(誰何)했다. "거기섯! 두손 들고 이리와!" 우리는 두손을 번쩍 처들고 그쪽으로 갔다. 초소안엔 창가쪽에 하사관이 앉아 있었다. 제증명서를 꺼내놓으라고 했다. 공민증, 군인증, 민청맹원증, 학생증 등을 모두 건네주니까 사진과 대조하더니 여행중이나 휴가증이 있느냐 묻고 제시하라고 했다. 얼른 접힌 휴가증을 내밀었다(속으로 조마조마 하면서).

그는 힐끗 읽어보더니 "홍아무개 외 1명, 좋소! 가시오!"하며 돌려주었다. 재빨리 받아 제중명서와 함께 주머니에 넣고 "수고 하시라우요!" 하며 경례를 붙이고 그곳을 잰 걸음으로 떠났다. 그곳 초소가 멀어진 뒤에야 겨우 한숨을 몰아 쉬었다. 사실은 그 휴가증은 무효인 것이었다. 직인도 없는 겨우 담임선생의 임인만 찍혔고, 동행자 1명도 내가 적어 넣은 것이었는데 병사가 무식해서 몰랐거나 아니면 신명이 도우사 못보게 눈을 감게 했을 것으로 믿고 있다. 또 그네들이 수배를 안했거나…

나는 갑자기 시장기를 느꼈다. 순안친구를 쳐다보며 큰소리와 제스처로 배가 고픈가 물었더니 큰덩치씨 배가 많이 고프다며 배를 끌어안고 죽어가는 시늉을 하는 바람에 어찌나 우스운지 내가 웃자 자기도 덩달아 웃었다.

때마침 길가 나무 그늘에 뭔지 광우리를 보자기로 덮고 물건파는 아낙이 눈에 띄었다. "무엇이요" 물었더니 찐고구마였다. 따뜻한 고구마를 배부르게 먹고나서 내친구는 몇개 신문지에 쌌다. 그리고 다시 걷기 시작, 해가 저물녘에야 고향마을이 내려다 보이는 지점에서 동행자와 석별했다. 그는 아직 30리 길을 더 가야만 했다.

집에 당도하니 어머님께서 무척 반기셨고 나도 어찌나 기뻤던지 이루 말로 못할 만큼이었다. 얘기를 듣자니 이웃 학다리 마을이 엊그제 폭격 당했다며 다시는 헤어지지 말자고 하셨다. 그러겠다고 나도 약속드렸다.

그런데 다음날 우리집도 폭격을 당했다. 한낮 초가삼간인 집에서 기르던 암코양이는 바로 내곁에서 웅크리고 단잠을 자고, 나는 방바닥에 엎드려 역학서를 보고 있었다. 그때 갑자기 벼락치는 소리와 함께 한쪽 뒷담벽이 펑 뚫리면서 불길이 솟아 나오며 연기가 꽉 찼다. 그순간 앞문이 활짝 열리자 고양이가 쏜살같이 밖으로 나갔다. 나도 엉겁결에 따라서 밖으로 뛰쳐나갔다.

잠시 도랑에 엎드려 동정을 살피는데 조용했다. 바로 그때 우리 윗집 만표네 부친이 "아이구 나 죽는다. 살려주오!"하는 비명이 들려왔다. 그래서 나도 "만표 아버지가 부상 당했다!"외치며 구원을 청했다.

당시 모친은 막내가 와서 양식을 만들려고 벼 반가마 있던 것을 도정하고자 바로 밑에 있던 방앗간에서 찧고 있었는데 누가 "공습이야"해서 정미기

- 221 -

를 일단 멈추었는데 우리집 쪽에서 폭탄 터지는 소리가 들리자 걱정을 했는데, 내 목소리를 듣고 나서 안심했다고 한다.
 이 이야기는 그만 하고 이산가족 상봉기(離散家族相逢記) 한토막 -.

부친과의 극적상봉

 며칠이 지나자 국군과 UN군이 평양에 입성 했다는 소문이 들리고, 쫓겨가는 인민군 패잔병들이 늘어 각처에 피해가 잇따르자, 우리 마을에서도 자경대를 조직, 마을을 지켰다. 한편 국군이 나타날 경우에 대비, 환영하기 위해 물자를 추념하여 위문키로 했다. 성의껏 돼지새끼며, 개나 닭, 쌀, 계란 등이 모아졌다.
 동구밖 마을 입구에서는 생솔가지로 솔문을 크게 세우고 "대한민국 만세!" "국방군·UN군 환영!" 등을 크게 써붙였고 대형 태극기도 게양해 두었다.
 10월 9일 오전11시쯤이었다. 신작로에서 동네로 들어서는 길로 백색 짚차 한대가 뽀얀 먼지를 풍기면서 질주해 들어왔다.
 진사댁 마당 앞에 그 짚차가 정차했다. 진사댁 넓은 마당에 웅성거리며 주민들이 모여들었다. 그때 짚차 뒷좌석에 탔던 세명의 헌병이 먼저 뛰어내려서 기관단총을 집총하고 세방향으로 경계태세를 취했다.
 뒤이어 헌병마크 짚차의 오른쪽 좌석에서 몸집이 비대한 장교가 지휘봉 가죽채찍을 들고 내려섰다. 그는 몇발자국 걸으며 "국방군 만세!"를 외쳐대는 군중 가운데로 들어서며 한손에 헬멧을 벗어들고 다른 한손에 색안경을 벗어들면서 큰소리로 마을사람들에게 자기소개를 했다.
 "바로 이 사람은 이 고촌골에서 태어난 홍순봉(洪淳鳳)이외다!"
 그러자 "와아!" 하는 탄성과 함성이 뒤섞여 터져나와 동네를 진동시켰다.
 순식간에 그의 곁으로 모여들어 제각기 아제비, 조카님, 형님, 아우님 하며 손을 벌갈아 잡더니(홍씨 집성촌이라 모두 일가 친척이였음) 뒤이어 그 비대한 체구를 여럿이서 행가래를 치기 시작했다.
 "홍순봉 만세!" "국방군 만세!" "대한민국 만세!" 만세를 부르며 드높이 세번씩이나 행가래 쳤다.
 누군가 나를 이끌고 앞으로 내밀면서 "아버지가 오셨다"고 부자상면을 시쳤다. 실로 북간도 연길에서 헤어진지 11년만의 부자상봉이었다.
 나는 그 앞에서 맨땅에 큰절하고 다시 엎드려 "아버지"하고는 "엉엉" 울기만 했다. 아버님이 손을 잡고 일으켜 주며 등을 어루만져 주셨다.
 얼굴을 쳐들어 저쪽을 쳐다보니 동네 부녀자들에 둘러싸인 어머니가 보였다. 잽싸게 달려가서 어머니 손을 잡고 몇발자국 앞에 나서며 "아버지가 오셨어요." 했더니 두분은 잠시 눈이 마주쳤으나 금방 서로 눈을 돌리시고 외면했다. 어머님은 나름대로 맺힌 "한(?)" 때문이였겠고, 아버님은 지난날의 지은 "죄(?)" 탓에 면목이 없어서였으리라.
 그날은 대낮부터 동네잔치가 자연히 벌어졌다. 오후4시경 아버지는 일선으로 떠났다. 아쉬워하는 동네사람들을 뒤로 하고 국군 제2군단 헌병대장이란 막중한 군무에 바쁘신 몸이였기에.
 이틀이 지났다. 아버지가 보냈다면서 스리쿼터 한대가 왔다. 평양으로 이사를 떠나가게 됐다. 동네 어른들과 작별을 고하고 떠났다. 서평양 기림리 아담한 집은 적산가옥으로 군에서 접수한 집이었다.
 아버님께서 후방에 올때마다 기거했다. 그러나 12월초 국군의 전세가 중공군의 개입으로 불리해지자 우리 모자는 개성을 거쳐 서울로 올라오게 되는데 이야기가 길어져 이만 줄이기로 한다.
 마지막으로 역점괘풀이 한토막. 지괘였던 택천쾌 ䷪ 의 빈괘(賓卦~거꾸로 본것) 천풍구 ䷫ 는 부친(☰ 父)을 뜻밖에 만남(姤는 遇也)을 미리 점시(占示)하고 있었던 것이였다. 이를 나중에야 깨달았음을 말미에 밝혀두며 이장을 마친다

易占實話(上)

1994년 8월 25일 발행
2009년 2월 25일 재판발행

저 자 홍몽선
발행인 안영동
발행처 출판사 동양서적
        경기도 파주시 광탄면 용미리 251-2
        전화 (031) 957-4767
        FAX (031) 957-4768
등록일 1976년 9월 6일
번 호   제6-11호

값 15,000원

ISBN 89-7262-019-X 03180